Die Luftstreitkräfte der NVA

Wilfried Kopenhagen

Die Luftstreitkräfte der NVA

Motor buch Verlag
spezial

Einbandgestaltung: Katja Draenert

Sämtliche Farbfotos und das Foto auf den Seiten 2 und 3
stammen von Herrn Stefan Petersen.

ISBN 3-613-02235-4

Spezialausgabe: 1. Auflage 2002

Ein Unternehmen der Paul Pietsch Verlage GmbH + Co.

Beim Transpress-Verlag Berlin 1992 erschienen unter dem Titel:
Die andere deutsche Luftwaffe

Lektor: Martin Benz
Innengestaltung: Jürgen Schumann
Gesamtherstellung: Druck- u. Verlagsgesellschaft Südwest mbH, Karlsruhe
Printed in Germany

Ein Wort zuvor

Mit der Vereinigung der beiden deutschen Staaten am 3. Oktober 1990 endete die Geschichte der Nationalen Volksarmee und damit auch die des Kommandos Luftstreitkräfte/Luftverteidigung. Schon seit 1950, sechs Jahre vor der Gründung der Nationalen Volksarmee, arbeitete man in der gerade gegründeten DDR am Aufbau einer Luftwaffe. Daß dabei vieles im Geheimen betrieben wurde, versteht sich von selbst.
Die Darstellung des fast 40 Jahre dauernden Abschnitts deutscher Luftfahrtgeschichte ist Anliegen des Buches. Es würde jedoch dessen Rahmen sprengen, auf alle Faktoren des komplizierten Gebildes NVA-Fliegerkräfte einzugehen. So ist bewußt darauf verzichtet worden, die einzelnen Entwicklungsetappen – wie beispielsweise die Einführung neuer Waffensysteme – in den jeweiligen aktuellen politischen Bezug zu setzen, alle Höhen und Tiefen des Kommandos Luftstreitkräfte/Luftverteidigung darzustellen oder eine Wertung der Ereignisse vorzunehmen. Das sollte Historikern und Militärwissenschaftlern nach gründlichem Studium der Archive vorbehalten bleiben, die für das Buch noch nicht genutzt werden konnten.
Erstmals werden die exakte Gliederung des Kommandos Luftstreitkräfte/Luftverteidigung aufgezeigt sowie deren Ausbau und Strukturveränderungen beschrieben. Ausführliche Angaben über Anzahl und Basierungen der einzelnen Flugzeugtypen, über die Geschichte der Truppenteile und Einheiten, über die Flugplatzverteilung bis hin zu Übersichten über sämtliche am 2. Oktober 1990 vorhandenen und ab 1972 ausgesonderten militärischen Luftfahrzeuge finden sich in diesem Buch.
Über die davor außer Dienst gestellten Luftfahrzeuge sind im Kommando LSK/LV keine Daten gespeichert worden. Damit fehlen die genauen Angaben über den Verbleib/die Verschrottung der Jak-18/18U/18A, Jak-11, MiG-15bis/MiG-15UTI, MiG-17, MiG-17F (teilweise), MiG-17PF, MiG-19S sowie MiG-19PM und MiG-21F13. Informationen über die in einigen Fällen erfolgten Lieferungen von Flugzeugen in das Ausland waren so geheim, daß diese in den offiziellen Aussonderungslisten unter »verschrottet« geführt wurden. Ein Beispiel dafür ist die Lieferung von 12 MiG-17F und einer MiG-15UTI an Mocambique (»Land 58«) im Jahre 1981, worüber ein daran beteiligter Pilot erstmals 1992 in der Fachpresse berichtete.
Der Typenteil umfaßt rund 60 Beschreibungen aller Versionen von Jagdflugzeugen, Jagdbombern, Zieldarstellern, Ausbildungs- und Schulmaschinen, Transport-, Verbindungs- und Passagierflugzeugen, Hubschraubern und Fla-Raketen.
Mit dem Ende des Kommandos Luftstreitkräfte/Luftverteidigung war verbunden, daß seine Soldaten und die Ausrüstung als intakte Verbände in der neu zu formierenden 5. Luftwaffendivision mit Kommandositz in Strausberg eingingen.
Die 444 Kampfflugzeuge mit Strahlantrieb einschließlich der Trainer und Zieldarsteller wurden bis Anfang 1991 auf den Flugplätzen Laage, Drewitz und Rothenburg zusammengezogen. Davon sind nach den Verpflichtungen der Bundesrepublik im KSE-Abkommen in der Zeit vom 22. September 1992 bis zum 16. November 1993 in den Elbe-Flugzeugwerken Dresden-Klotzsche 140 MiG-21 unterschiedlicher Versionen verschrottet worden. Mehrere Luftfahrzeuge gingen zur Untersuchung in die WTD-61 und an die USA-Streitkräfte. Nach der Ausschreibung der VEBEG sind zahlreiche Flugzeuge und Hubschrauber von deutschen und ausländischen Museen bzw. Expositionen geordert, jedoch noch nicht in vollem Umfang übernommen und aufgestellt worden. Eine der umfangreichsten Sammlungen mit 10 Flugzeugen und drei Hubschraubern der exNVA befindet sich im Flugplatzmuseum Cottbus e.V. Eine Entscheidung über den Verbleib der nicht von Ausstellungen/Museen übernommenen Maschinen steht noch aus.
Die An-2 sowie die Z-43 sind von der NVA verkauft worden, die L-410 UVP/T der Kamenzer Ausbildungsstaffel flogen zunächst noch bei der Bundeswehr. 1992 wurden sie ausgesondert. Je 2 Maschinen erhielten Estland, Lettland und Litauen, die beiden restlichen erwarb eine USA-Firma.
Alle anderen Transport-, Passagier- und Verbindungsmaschinen sowie Hubschrauber des früheren Kommandos LSK/LV flogen für unterschiedliche Zeiten zunächst im Bestand des neu gebildeten, jedoch Ende 1992 aufgelösten Lufttransportgeschwaders 65 (LTG 65, Stab Neuhardenberg, früher Marxwalde). Zum LTG 65 gehörten die Lufttransportgruppen Neuhardenberg (TU-134A und Il 62M, von VEBEG verkauft; Tu-154M, L410UVP/Salon und Mi-8S: alle jetzt im Bestand der Flugbereitschaft des Bundesministers für Verteidigung), Dresden-Klotzsche (An-26, bis auf eine Meßmaschine für den Abflug von Bodennavigationsmittel der MiG-29-Flugplätze verkauft, Verband Ende 1992 aufgelöst) und Brandenburg-Briest (Mi-2, zunächst als Verbindungs- und Rettungshubschrauber verwendet, Ende 1992 außer Dienst gestellt; Mi-8 mehrerer Versionen, teilweise noch als Transport-, Verbindungs- und SAR-Hubschrauber im Dienst; Verband seit Ende 1992 im Bestand des LTG 62). Bis auf das Jagdfliegergeschwader 3 sind alle anderen fliegenden Verbände von der Luftwaffe aufgelöst worden. Über die Etappe Versuchsgeschwader MiG-29 entstand daraus das am 1. Juni 1993 offiziell in den Dienst gestellte JG 73, dessen neuer Standort Laage wird. Außer diesem Flugplatz betreibt die Luftwaffe die Fliegerhorste Holzdorf (Transportfliegerverband erwartet) und Trollenhagen weiter. Das JG 73 untersteht als einziger fliegender Verband der Luftverteidigung in den neuen Bundesländern der 3. Luftwaffendivision. Die frühere 5. Luftwaffendivision trägt die Bezeichnung ab 1. April 1994. Verbunden damit ist die Verlegung des Kommandos von Strausberg nach Berlin-Gatow. Zum Personal der Luftwaffe zählen mit Stand Anfang 1994 900 Offiziere (beworben: 1500) und 2100 Unteroffiziere (beworben: 2400), die vorher Angehörige der NVA waren.
Nach der Übernahme durch die Bundeswehr sind bei den Fla-Raketen-Verbänden alle Standorte bis auf Sanitz/Prangendorf (umformiert zum Fla-Rak-Geschwader 51) und Ladeburg/Badingen (FlaRakG 52) – beide Stellungen mit S-200 »Wega«/SA-5 ausgerüstet – aufgelöst worden. Im Verlaufe des Jahres 1992 wurden dieser Fla-Raketen-Typ und bis Ende 1993 beide Verbände außer Dienst gestellt.
Der stark veränderte und gestraffte Radarführungsdienst verwendet von den ehemals 240 Höhenmeß- und Rundumsuchradargeräten in fünf Gefechtsständen noch etwa 60. Das sind die Typen PRW-17 und P-37. In Cottbus stellte die Bundeswehr aus dem Kampfhubschraubergeschwader 3 (KHG-3) die Heeresfliegerstaffeln Ost (für das Heereskommando in Potsdam zuständig) und 70 (Stab Leipzig) auf, während das KHG-5 Basepohl die Basis für die Heeresfliegerstaffel 80 (Stab Neubrandenburg) bildete. Für einen begrenzten Zeitraum flogen die inzwischen umformierten und umbenannten drei Heeresfliegerstaffeln mit der Mi-8. Sämtliche Kampfhubschrauber Mi-8TB, auch die der Marine, sind entwaffnet und zu Transportern umgerüstet worden. Die Kampfhubschrauber Mi-24D/P flogen zunächst zur Qualitätserhaltung, gingen dann aber außer Dienst. Die aus dem Marinehubschraubergeschwader 18 Parow hervorgegangene Marinehubschraubergruppe hat sehr früh die Mi-14 ausgesondert (die Firma Aerotec in Rothenburg rüstet sie zu Feuerlöschhubschraubern um), die Mi-8 jedoch noch eine gewisse Zeit verwendet.
Zahlreiche ex NVA-Luftfahrzeuge gehören zum Luftwaffenmuseum Appen (ab 1995 Berlin-Gatow).

Inhalt

Die getarnte Armee der DDR (1949 – 1956)

Polizeibereitschaft Großenhain im Dezember 1949. Von hier kamen später viele Angehörige der Volkspolizei Luft.

Die Hauptverwaltung für Ausbildung beim Ministerium des Innern

In allen Veröffentlichungen über den Aufbau der Nationalen Volksarmee (NVA) ist in der DDR mehr oder weniger so getan worden, als hätte die Volkskammer auf »Forderung großer Teile der Bevölkerung« nach einer eigenen souveränen Armee am 18. Januar 1956 das »Gesetz über die Schaffung der Nationalen Volksarmee und des Ministeriums für Nationale Verteidigung« verabschiedet, und ab 1. März des gleichen Jahres hätten die quasi aus dem Nichts gekommenen Stäbe, Truppenteile und Verbände der Land-, Luft- und Seestreitkräfte gestanden. Die Tatsache, daß es vorher bereits militärische Verbände in Form der Hauptverwaltung für Ausbildung (HVA) sowie der Kasernierten Volkspolizei (KVP) gegeben hatte, war so gut wie tabu.
Wie Militärhistoriker Anfang 1990 in der Noch-DDR in Zeitungsbeiträgen hervorhoben, bedarf dieses Kapitel ostdeutscher Militärgeschichte einer gründlichen Aufarbeitung. Hier sollen lediglich im Zusammenhang mit der Entwicklung der NVA-Fliegerkräfte die zugänglichen Fakten über die Volkspolizei-Luft dargelegt werden, die bisher so gut wir gar nicht publiziert worden sind.
Bereits im November 1949, nur wenige Wochen nach der Gründung der DDR, wurde beim Ministerium des Innern die Hauptverwaltung für Ausbildung (HVA) geschaffen. Dazu gehörten Volkspolizeibereitschaften und -schulen, die ab Mitte 1948 von der damaligen Deutschen Verwaltung des Innern aufgestellt worden waren. Für die von Generalinspekteur der Volkspolizei, Wilhelm Zaiser (1950 erster DDR-Minister für Staatssicherheit), geleitete HVA arbeitete die SED die Prinzipien für die Auswahl, Ausbildung und Erziehung der Kader aus. Diese Rolle blieb bis zu Beginn des Jahres 1990 – als die SED/PDS von der Armee getrennt wurde – erhalten.
Wie es in der offiziellen »Zeittafel zur Militärgeschichte der Deutschen Demokratischen Republik 1949 – 1988« (Berlin, 1989. –

S. 13) heißt, standen den Führungskadern der HVA auf Ersuchen der DDR erfahrene sowjetische Offiziere zur Seite. Dazu sei festgestellt: Bis zum August 1958 hatten alle Geschwader, die Divisionen und der Stab der Luftstreitkräfte sowjetische Berater. Später gab es noch zeitweilig – so bei den Hubschraubern – Fluglehrer, und in den Divisionsstäben wirkte je ein sowjetischer Offizier als Verbindungsmann. Im Kommando Luftstreitkräfte/Luftverteidigung saß ein Vertreter des Vereinten Oberkommandos des Warschauer Paktes.
Zeitgenossen wissen zu berichten, daß die Militärberater nicht in jedem Fall – wie gern in Publikationen dargestellt – »sich selbstlos einsetzende Kommunisten und wahre Freunde waren«. Vielmehr hätten sie sich mitunter auch als unnachgiebig und dogmatisch gezeigt, wenn es darum ging, das sowjetische Grundmodell in Erziehung, Struktur, Ausbildung und Ausrüstung sowie ihre persönliche Meinung durchzusetzen. Nicht nur in Einzelfällen sei es zur Ablösung widersprechender deutscher Offiziere gekommen (siehe Hanisch, W.: Zur Aufarbeitung der Geschichte der NVA und der Geschichte der Militärpolitik der DDR. – In: Militärgeschichte. – Berlin 3 [1990]. – S. 229 – 234).
Andererseits erinnert sich heute noch mancher Flugzeugführer und Stabsoffizier der früheren NVA gern an seinen sowjetischen Fluglehrer oder Berater, der ihn geduldig und gewissenhaft unterstützt hat. In einigen Fällen haben sich daraus langjährige Freundschaften entwickelt.
Doch zurück zur HVA: Eine weitere Aufgabe der Militärhistoriker könnte darin bestehen, zu klären, inwieweit die Sowjetunion – laut Potsdamer Abkommen in ihrer Besatzungszone in Deutschland für die Regierungsgewalt zuständig – Einfluß auf die Militarisierung dieser Zone bzw. später in der DDR ausgeübt hat. Fest steht jedenfalls: Die damalige Partei- und Staatsführung der DDR ging in ihrem Sicherheitsdenken davon aus, daß der Übergang zum Sozialismus sowie dessen militärische Stärkung notwendig und der Imperialismus – also die westlichen Staaten – friedensunfähig wäre.
Anfang 1950 gehörten insgesamt 48921 Mann zu den Bereitschaften der HVA, womit die geplanten Zahlen nicht erreicht wurden. Die HVA-Angehörigen hatten Polizeidienstgrade und trugen blaue Uniformen. Generalinspekteur Heinz Hoffmann – später Verteidigungsminister – übernahm im Frühjahr 1950 die Leitung der HVA. Ende 1950 galt deren Aufbau als abgeschlossen, und aus den spezialisierten Bereitschaften – 24 vom Typ A für Infanterie, acht vom Typ B für Artillerie, drei vom Typ C für Panzer sowie Sonderkommandos, wie Nachrichten oder Kfz-Ausbildung, – waren 24 gemischte Bereitschaften mit einem Sollbestand von je 1800 Mann geworden. Die Gliederung hatte man nach dem Vorbild der sowjetischen Regimenter gestaltet.
Waren vorher noch zum großen Teil von der Roten Armee im Kriege erbeutete und übergebene Waffen verwendet worden, so kamen nun ausschließlich sowjetische Weltkrieg-II-Waffen in den Bestand, für die übrigens nach Ansicht deutscher Historiker ein unverständlich hoher Preis gefordert worden ist.
Zur Heranbildung von Offizieren standen 14 Schulen zur Verfügung, während die Qualifizierung für höhere Dienststellungen an der VP-Schule Kochstedt bzw. an Militärakademien in der Sowjetunion erfolgte.
Insgesamt gesehen war die Hauptverwaltung Ausbildung eine militärisch gegliederte und organisierte Formation, ohne jedoch auch nur annähernd die qualitativen Kennzeichen einer Armee zu erreichen.

Volkspolizei Luft und die Aeroklubs

Die führenden westeuropäischen Staaten und die Bundesrepublik Deutschland unterzeichneten im Februar 1952 das Abkommen über die Europäische Verteidigungsgemeinschaft (EVG). Dieses EVG-Abkommen sah das Aufstellen, Bewaffnen und Einbeziehen westdeutscher Truppen in multilaterale Verbände vor. Damit schien sich für die Partei- und Staatsführungen der sozialistischen Länder Stalins These von der Herausbildung zweier Lager sowie die Unvermeidlichkeit militärischer Auseinandersetzungen zwischen ihnen zu bestätigen.
Stalin selbst – so der Potsdamer Militärhistoriker Dr. Torsten Diedrich in einem Zeitungsbeitrag (Wochenzeitung trend 7/90, S. 8) – glaubte im Frühjahr 1952, ein Überfall auf die Sowjetunion und deren Verbündete stehe unmittelbar bevor. Er verlangte deshalb, das sozialistische Lager müsse ökonomisch und militärisch besser gerüstet sein als der potentielle militärische Gegner. In der DDR ist diese Leitlinie Stalins bereits in Vorbereitung auf die 2. Parteikonferenz der SED vom 9. bis zum 12. Juli 1952 aufgegriffen und konsequent umgesetzt worden. Diese Parteikonferenz beschloß neben dem beschleunigten Aufbau des Sozialismus in der DDR auch das Aufstellen nationaler Streitkräfte.
Ein deutlich sichtbarer Schritt dahin war bereits der 2. Juli 1952: An diesem Tag wurden die Hauptverwaltung Ausbildung in die Kasernierte Volkspolizei (KVP) sowie die am 15. Juni 1950 geschaffene Hauptverwaltung der Seepolizei zur Volkspolizei See (VP See) umgewandelt und die Volkspolizei Luft (VP Luft) neu gebildet. Formell waren damit die Grundsteine für die künftigen drei Teilstreitkräfte der NVA gelegt (Gesamtbestand im Dezember 1952: 90250 Mann).
Diese Militarisierung der DDR hat nicht zuletzt viel Geld gekostet, sondern unter anderem auch die weitgehende Liquidierung der Privatindustrie des Landes mit verursacht.
Bereits im Frühjahr 1953 zeigte sich allerdings, daß es die ökonomischen Möglichkeiten des Landes übersteigt, die beiden von der 2. Parteikonferenz gestellten Hauptaufgaben gleichzeitig zu lösen. Stalins Tod im März 1953 und die damit verbundenen Veränderungen – nicht zuletzt auch der Volksaufstand vom 17. Juni 1953 – mögen dazu beigetragen haben, daß man den forcierten Aufbau eigener Streitkräfte bremste, der seit dem Sommer 1952 immerhin etwa zwei Milliarden Mark verschlungen hatte.
Jedenfalls ist nach einem Ministerratsbeschluß vom 23. Juli 1953 ab 1. August 1953 eine gewisse Reduzierung der KVP und eine Umstellung der Ausbildungsprogramme vorgenommen worden. Gleichzeitig wurden dem Stellvertreter des Innern und Chef der KVP, Generalleutnant Hoffmann, die bis dahin selbständigen Formationen Volkspolizei See und Volkspolizei Luft unterstellt.
Um die Entwicklung der Volkspolizei Luft zum Kommando Luftstreitkräfte/Luftverteidigung zu schildern, ist nochmals ein Rückblick bis zum Beginn der fünfziger Jahre notwendig: In der bereits erwähnten Zeittafel zur DDR-Militärgeschichte nennen die Autoren nur sehr wenige Fakten, Daten und Ereignisse zur Vor-NVA-Etappe. Speziell zur Volkspolizei Luft fehlen die Informationen weitgehend. Die Aufnahme der fliegerischen und technischen Ausbildung mit Schulflugzeugen Jakowlew Jak-18 und Jak-11 ist erst unter dem 14. September 1953 zu finden. Über die Aktivitäten eines Fliegerstabes wird nichts erwähnt.
Tatsächlich existierte ab dem 31. Oktober 1950 in Berlin-Adlerhof in einer Baracke der Hauptverwaltung Ausbildung eine Institution, die sich mit dem Aufbau künftiger Fliegerkräfte befaßte. Insgesamt waren das samt Dolmetscherin sieben Personen mit Generalinspekteur der VP Heinz Keßler (am Ende seiner Karriere DDR-Verteidigungsminister) an der Spitze.
Diese Institution befand sich ab 20. Januar 1951 in Berlin-Johannisthal und nannte sich Referat z. b. V. Luft (z. b. V. – zur besonderen Verwendung). Die Hauptaufgabe dieses Stabes bestand nach Erinnerung daran

Nur noch im Museum zu betrachten – die Jak-18 für die Anfängerausbildung (der Spinner fehlt bei diesem Exponat).

Beteiligter in der Auswahl und Vorbereitung des fliegenden, des technischen und des Stabspersonals sowie in organisatorischen Arbeiten für die aufzustellenden Fliegereinheiten. Im Mai 1951 wurden das Referat z. b. V. in »Hauptverwaltung Ausbildung/ Zweigstelle Johannisthal« umbenannt und das zentrale Versorgungslager geschaffen. Am Jahresende gab es außer diesem Stab mit zwei Generalen, 34 Offizieren, 21 Unterführern und 66 Mannschaften einschließlich Wachzug und zentralem Versorgungslager noch keinerlei Formationen. Das änderte sich im Jahr darauf: Die ersten Dienststellen entstanden, in Kasernen- und Flugplatzanlagen wurden Um- und Neubauten vorgenommen, Lehr- und Übungsgeräte, Waffen und Munition flossen den Dienststellen im Zusammenwirken mit sowjetischen Einrichtungen zu.
Eine der ersten Dienststellen der Volkspolizei Luft befand sich im sächsischen Pirna auf dem Sonnenstein (Tarnbezeichnung Volkspolizei Dienststelle 400 – VPD 400). Nach der Eröffnung am 15. Februar 1952 begann dort Anfang März ein dreimonatiger Lehrgang, in dem unter Anleitung sowjetischer Lektoren zukünftige Fachlehrer für die fliegertechnische Ausbildung qualifiziert wurden.
Zum gleichen Zeitpunkt wie in Pirna-Sonnenstein hatte im abgelegenen Pinnow nördlich Schwedt/Oder eine völlig anders geartete Dienststelle ihre Pforten für einige hundert junge Männer geöffnet und sofort wieder hinter ihnen verschlossen. Dort wurden unter strengster Geheimhaltung und unter fast vollständiger Isolation von der Öffentlichkeit die zukünftigen Flugschüler auf den Besuch einer Fliegerschule in der Sowjetunion vorbereitet. Da der Bildungsstand der Kursanten recht unterschiedlich und lückenhaft war, wurden Kenntnisse in der russischen Sprache und in der Allgemeinbildung vermittelt, darüber hinaus die Fächer Mathematik, Physik und Chemie gelehrt. Am 15. Juli 1952 ist der Lehrgang nach Pirna verlegt worden, von wo aus der größte Teil der Kursanten am 22. September des Jahres die Reise in die Sowjetunion antrat.
Diese etwa 250 Personen umfassende Flugschülergruppe wurde vom Herbst 1952 bis zum Oktober 1953 in Sysran an der Wolga nahe Kujbischew (Samara) ausgebildet. Unter härtesten klimatischen Bedingungen waren die künftigen Piloten an der Jak-18 und zuletzt an der Jak-11 geschult worden. Gestartet wurde von den glattgewalzten Schneebahnen mit Hilfe breiter Holzkufen am Hauptfahrwerk sowie einer kleinen Kufe am Heck der Jak-18. Unter diesen Bedingungen war das Einziehen des Fahrwerks natürlich nicht möglich, und der zusätzliche leichte Luftwiderstand mußte in Kauf genommen werden.

Instrumentenbrett und Sitz der Jak-18.

Ein sowjetischer Mechaniker und ein deutscher Flugzeugführer an einer Jak-11.

ORGANISATIONSSCHEMA 1952

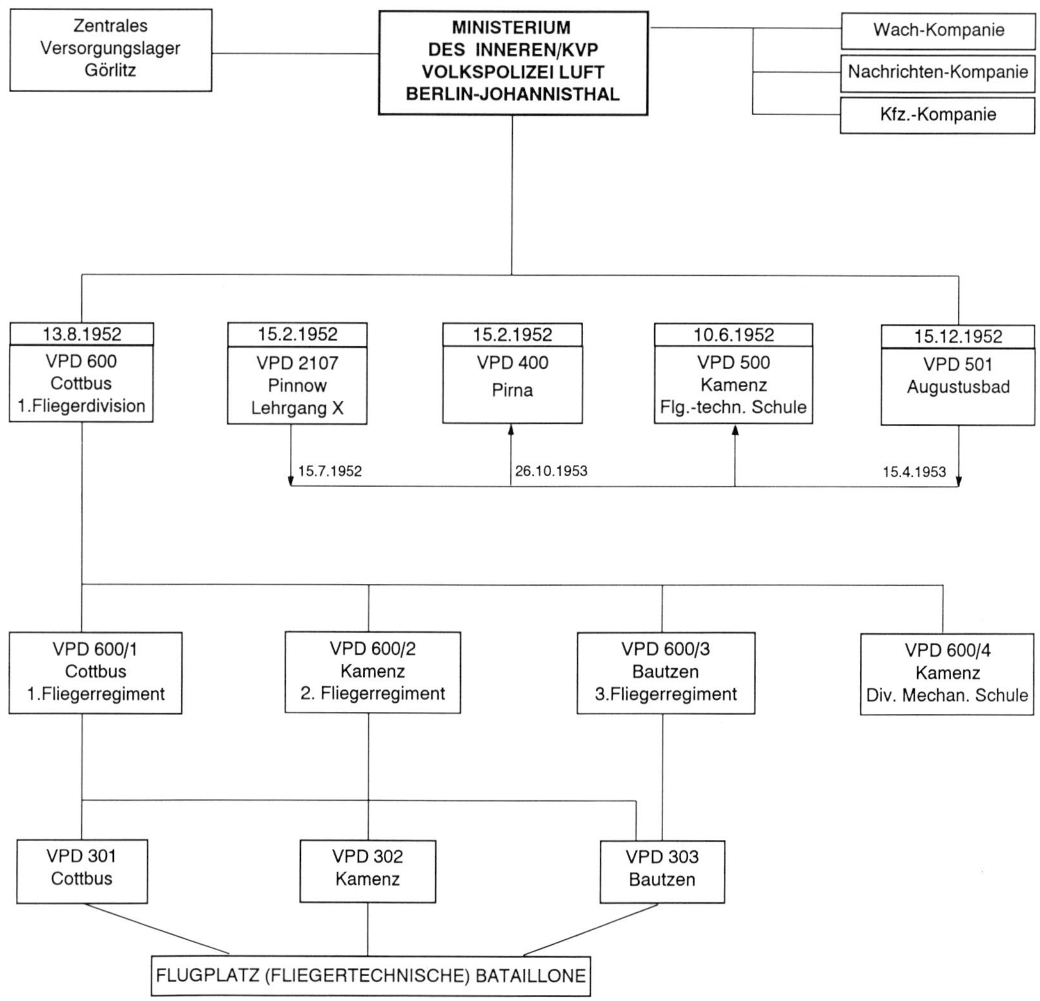

VPD: Volkspolizeidienststelle
Div. Mechan. Schule: Divisions-Mechaniker Schule

Zu diesem als Lehrgang X in die Geschichte der NVA-Fliegerkräfte eingegangenen Unternehmen gehörten mehrere sehr bekannt gewordene Piloten – so die späteren Generalleutnants Klaus Baarß und Dr. Klaus Henkes (von 1975 bis 1990 Stellvertreter des Verkehrsministers und Chef der INTERFLUG) sowie Generalmajor Herbert Bohne (†) und Oberst Leander Ratz (†).
Noch während sich der Lehrgang X in der DDR vorbereitete, waren weitere Planungsvorhaben des Stabes Johannisthal realisiert worden. So wechselten die in Pirna ausgebildeten Fachlehrer zu der in Kamenz/Sachsen am 10. Juni 1952 gegründeten Fliegertechnischen Schule, um zukünftige Flugzeugtechniker und -mechaniker aller Spezialgebiete zu unterrichten. Auch dabei waren sowjetische Berater tätig. Die Flugzeugtechniker (Offiziere, 1. Kurs ab 1. Juli 1952, Dauer zwei Jahre) und Flugzeugmechaniker (Unterführer, 1. Kurs ab 1. August 1952, Dauer eineinhalb Jahre) sollten bis zum Stand MiG-15 ausgebildet werden. Für diesen Zweck hatte die Schule neben fünf Kolbenmotorjagdflugzeugen Lawotschkin La-9 aus der Nachkriegszeit auch fünf Mikojan MiG-15 erhalten.
Ab 1954 dauerte die Ausbildung zum Offizier in Kamenz drei Jahre. Die Absolventen verließen danach als Unterleutnant die Fliegertechnische Schule in den Fachrichtungen Offizier für Stäbe der Luftstreitkräfte (nur 1957 und 1958), Techniker für Triebwerk/Zelle, für Elektro/Spezialausbildung, für Funk/Funkmeßausrüstung oder für Flugzeugbewaffnung. Im Verlaufe der Jahre wechselten die Profile.
Ein Teil des in Pinnow/Pirna zusammengezogenen Personals ist damals in der DDR verblieben und im Rahmen der hier ab Spätsommer aufgestellten drei Jagdflieger-Truppenteile in Cottbus/Brandenburg (1. Regiment) sowie Kamenz (2. Regiment) und Bautzen (3. Regiment) – beide Sachsen – zum Flugzeugführer ausgebildet worden (siehe Übersicht Stand 1952).
Zusammengefaßt waren diese drei Truppenteile in der 1. Fliegerdivision Cottbus, deren Stab dort am 13. August 1952 offiziell den Dienst unter Leitung von VP-Kommandeur Paul Wilpert – vorher Chef vom Lehrgang X, 1965 bis 1975 Stellvertretender Verkehrsminister und Leiter Hauptverwaltung Zivile Luftfahrt – aufgenommen hatte. Die völlig untypische Aufgabe dieses Verbandes bestand darin, daß er gleichzeitig Flugzeugführer sowie Flugzeugmechaniker und -techniker, aber auch Offiziere, Unteroffiziere und Mannschaften auszubilden hatte, die für die flugplatztechnischen Belange und für die Versorgung von Personal oder Technik verantwortlich waren. Da weder eigene Flugzeuge noch erfahrenes Personal vorhanden waren, stellte ein sowjetisches Lehrregiment mit Stab in Cottbus den Bedarf der drei deutschen Truppenteile mit je einer Staffel in Cottbus, Kamenz und Bautzen sicher. Die Flugzeuge flogen selbstverständlich mit roten Sternen als Hoheitszeichen. Das blieb auch so, als eigene Flugzeuge verfügbar waren, ein DDR-Hoheitszeichen jedoch noch fehlte. (Dieses wurde erst im September 1956 festgelegt.)
Zu den vorbereitenden Tätigkeiten für den Aufbau von DDR-Fliegerkräften gehörte die Ausbildung von Meteorologen, Dolmetschern und Offizieren für Stäbe in der Dienststelle Pirna-Sonnenstein und von Fernmeldeoffizieren in Augustusburg/Sachsen im Zeitraum von 1952 bis 1953. Hinzu kam der sehr ungewöhnliche Aufbau einer Division der Rückwärtigen Dienste ab 10. Januar 1953 in Bautzen mit anschließender Verlegung nach Augustusburg. Diese Division führte ab 10. Mai die Flugplatztechnischen Bataillone, operativ blieben sie jedoch den Fliegerregimenten unterstellt. Da sich diese Form nicht bewährte, wurde die Fliegertechnische Division im Oktober 1953 aufgelöst.
Die Bezeichnung 1. Fliegerdivision ist in der Öffentlichkeit nicht bekannt gewesen. Vielmehr war vom Aeroklub Cottbus die Rede, wenn es um Berührungen mit zivilen Einrichtungen ging. Aus den drei Fliegerregi-

mentern – 1953 als Abteilungen und 1955 als Kommandos bezeichnet – gingen nach Auskunft der Teilnehmer am Lehrgang X zwei weitere Aeroklubs hervor. Geführt wurden alle drei Verbände von dem im August 1953 aus Berlin-Johannisthal nach Cottbus verlegten Stab der Volkspolizei Luft, der im gleichen Monat dem Stellvertreter des Innenministers und Chef der Kasernierten Volkspolizei unterstellt und am 23. September in Verwaltung der Aeroklubs umbenannt worden war.

Die in Sysran in der Sowjetunion weitgehend isoliert gehaltenen Flugschüler erhielten nach Lehrgangsabschluß für sie völlig neue Uniformen: Im September 1952 waren für die gesamte Kasernierte Volkspolizei und damit auch für die Flieger nach sowjetischem Vorbild gestaltete Uniformen sowie militärische Dienstgrade festgelegt worden. Erstmals erschienen die neuen Uniformen zur Berliner Parade vom 7. Oktober 1952 auf dem Marx-Engels-Platz in der Öffentlichkeit. Ohne auf alle Formationen einzugehen, beispielsweise zählte auch eine Kfz-Schule zur Volkspolizei Luft, sei festgestellt: Die Planungen und Vorbereitungen militärischer Fliegerkräfte waren im Zeitraum vor 1956 weit umfangreicher als sie bisher in Publikationen dargestellt worden sind. Die Organisationsschemata vermitteln eine Übersicht zu den Strukturveränderungen von 1952 bis 1955.

ORGANISATIONSSCHEMA 1953 (Dezember)

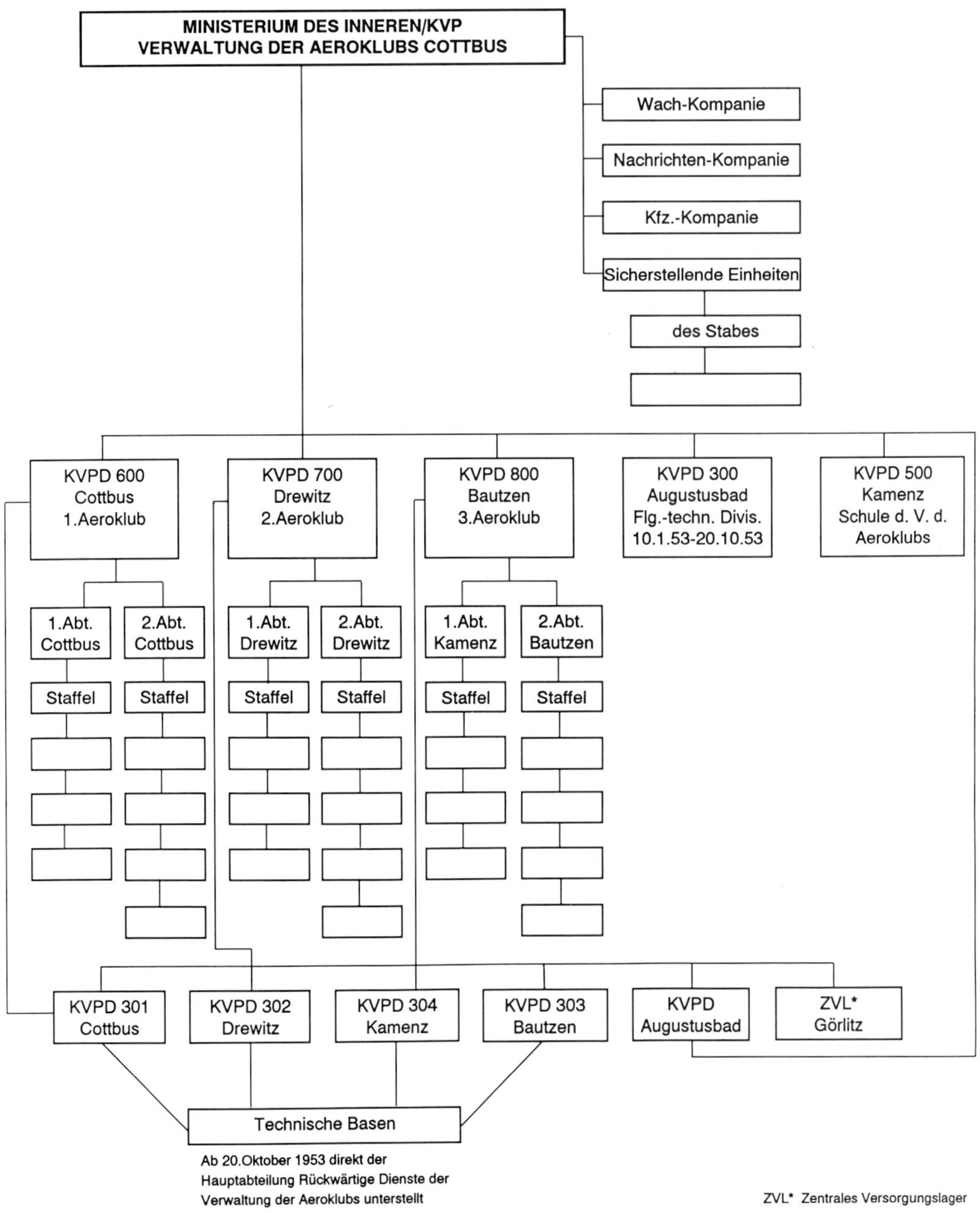

Das erste Jagdfliegergeschwader

Am Beispiel des 1. Jagdfliegerregiments soll die Entwicklung bis zur Bildung der Nationalen Volksarmee (NVA) im Detail gezeigt werden. Generell kann gesagt werden, daß dieser Truppenteil durch zahlreiche Umbesetzungen einzelner Personen und größerer Gruppen oder ganzer Staffeln wesentlich zum Aufbau der anderen Geschwader beigetragen hat.

In den Monaten Juli und August 1952 sind die ersten Einheiten und Truppenstrukturen der Volkspolizei Luft gebildet worden. So begann am 16. August 1952 auf dem ehemaligen Luftwaffen-Feldflugplatz Bautzen/Sachsen der Aufbau des 1. Jagdfliegerregimentes (JFR). Von der sowjetischen Terminologie abgeleitet, ist auch die Bezeichnung 1. Regiment gebraucht worden. Das Personal für das 1. JFR setzte sich aus Offizieren, Unteroffizieren und Soldaten zusammen, die aus den VP-Dienststellen Zeithain und Großenhain stammten. Hinzu kamen Freiwillige, die dem Aufruf der Jugendorganisation FDJ zum IV. Parlament (Mai 1952 in Leipzig) gefolgt waren, den bewaffneten Organen der DDR beizutreten.

Kommandeur des mit der Tarnbezeichnung KVP-Dienststelle 600/1 versehenen 1. JFR war VP-Oberkommissar Wolfgang Reinhold (zuletzt Generaloberst, Stellvertreter des Ministers und Chef Luftstreitkräfte/Luftverteidigung bis 24. November 1989). An der Spitze der 1. Jagdfliegerstaffel (JS) stand VP-Kommissar Wolfgang Reuter, die 2. JS führte VP-Rat Ulrich Remmer und die 3. JS VP-Kommissar Gerhard Stephan. Bei der Aufstellung hatte das 1. JFR eine Gesamtstärke von 258 VP-Angehörigen – davon waren 73 Offiziere, 31 Unterführer und 154 Mannschaften.

Noch bevor das Regiment Anfang September 1952 seine Aufstellung abgeschlossen hatte, kommandierte es am 20. August Angehörige des fliegenden, wenig später auch des technischen Personals zur Ausbildung auf den durch eine sowjetische Einheit belegten Flugplatz Cottbus. Dort begann etwa in Staffelstärke am 1. September 1952 ein dreiwö-

ORGANISATIONSSCHEMA 1955 (DEZEMBER)

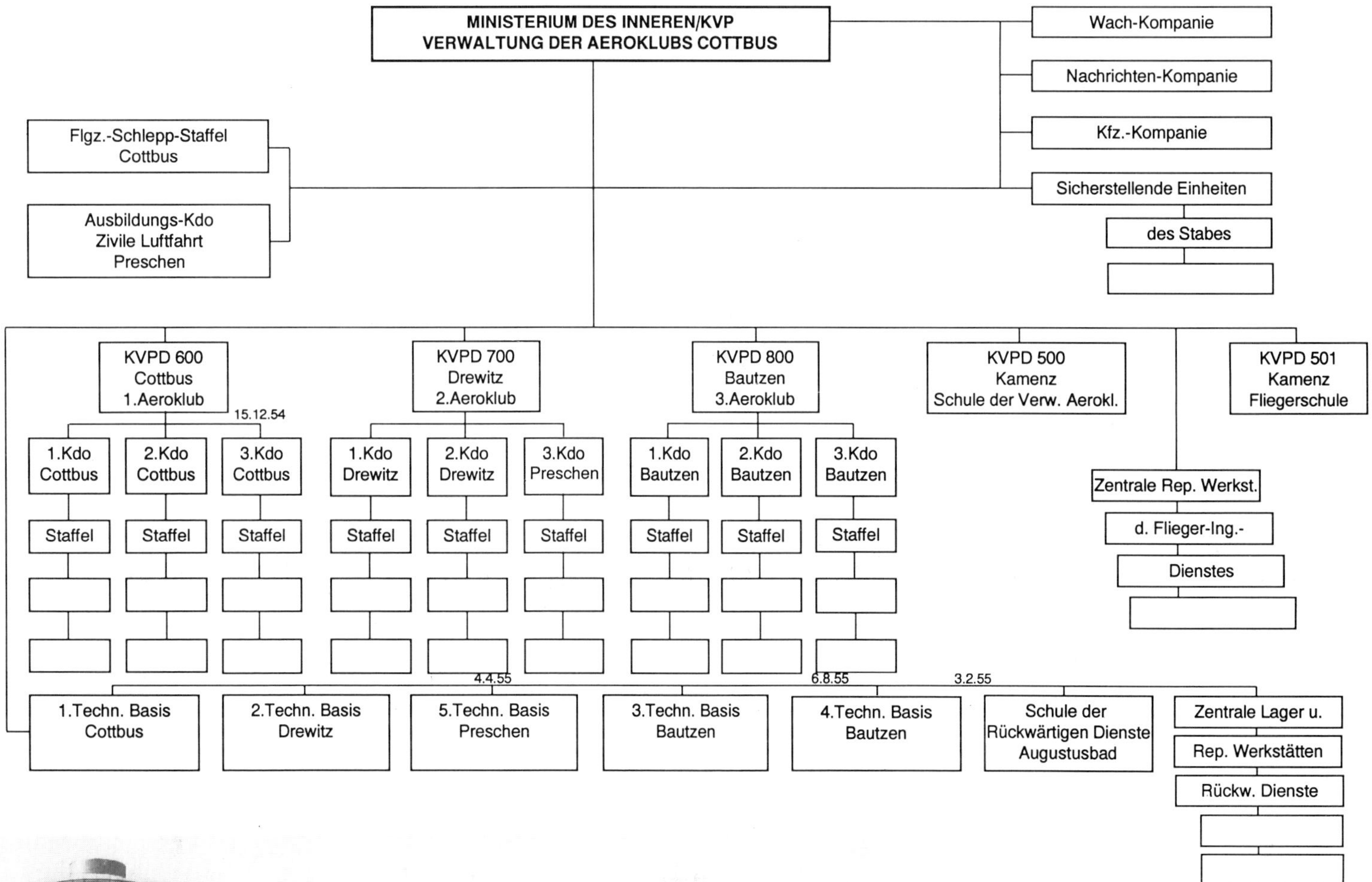

chiger theoretischer Kursus für alle zukünftigen Flugzeugführer der 1. Fliegerdivision. Dabei waren etwa 50 Prozent Offiziere und etwa 50 Prozent Unteroffiziere und Soldaten. Oberstleutnant a. D. Manfred »Paul« Grundmann – als Soldat Teilnehmer an jenem Kurs in der sowjetischen Einheit – erinnert sich: Den drei Wochen Theorie schloß sich eine Woche Praxis mit der Jakowlew Jak-18 an. Am 1. Oktober 1952 begann offiziell der Flugdienst im 1. JFR (am 26. September 1952 nach Cottbus verlegt), und Mitte April 1953 hatte er bereits die Ausbildung mit der Jak-11 hinter sich.
Am 1. Mai 1953 wurde er zum Gefreiten befördert, und mit diesem Dienstgrad startete er nach entsprechender theoretischer Umschulung am 10. Juni 1953 mit einem

1. Mai 1953 – Abordnung der Kasernierten Volkspolizei Luft zur Parade in Berlin: khakibarbene Uniform, Mützenrand und Spiegel blau, silberne Schwingen, bei Piloten goldfarbene Schwingen und goldfarbene Spiegelpaspelierung.

Eine Gruppe deutscher Piloten in Winterkombination auf dem Flugplatz Cottbus.

Piloten des 1. Fliegerregiments – Offiziere und Unteroffiziere 1954 auf der Landeskrone Görlitz.

Flugzeugführer »Paul« Grundmann in Sommerkombi vor der MiG-15.

sowjetischen Fluglehrer zu insgesamt sieben Flügen mit der Mikojan MiG-15 UTI. Das waren sechs Platzrunden und ein Flug in der Flugplatzzone. Durch die Ereignisse um den 17. Juni 1953 war vorerst die Ausbildung an der MiG-15 abgeschlossen. Ab Sommer 1953 flog Unteroffizier Grundmann wieder mit der Jak-11, und als Unterleutnant – im Februar 1954 dazu befördert – blieb er auch in den nächsten Jahren bei diesem Typ.
Ein Teil der Flugzeugführer, die wie Grundmann mit dem Dienstgrad Soldat (später zeitweilig als Flieger bezeichnet) begonnen hatten, war bereits am 7. Oktober 1953 Offizier geworden, während die Ernennung für die letzten erst im Sommer 1954 erfolgte. Außer dem Gefreiten Grundmann absolvierten auch andere Regimentskameraden nach der im Mai 1953 begonnenen theoretischen Ausbildung mit der MiG-15 UTI mehrere Flüge. Insgesamt waren ab April 1953 101 MiG-15 für die 1. Fliegerdivision verfügbar, wurden aber gemeinsam mit den fünf Maschinen der Fliegertechnischen Schule Kamenz bis August 1953 wieder abgegeben. Das Regiment verlegte nach Drewitz, um Sicherheitsaufgaben auf dem im Bau befindlichen Flugplatz zu übernehmen. Nach Rückverlegung auf den Flugplatz Cottbus und dem Abzug des sowjetischen Fliegertruppenteils von diesem Platz übernahm das 1. JFR am 28. August 1953 die ersten eigenen elf Flugzeuge vom Typ Jak-18.
Der am 29. September 1953 in 1. Abteilung des Aeroklubs Cottbus umbenannte Truppenteil hatte ab 15. Oktober 1953 den Flugdienst nun völlig selbständig zu organisieren. Zu dieser Zeit stand bereits eine beträchtliche Zahl von Mechanikern zur Verfügung, die ab Mitte Januar in Kamenz ausgebildet worden waren.
Typisch für die Anfangszeit waren die zahlreichen Umstrukturierungen und Versetzungen: So verließen im Dezember 1953 62 Angehörige die 1. Abteilung, um die 2. Abteilung aufzufüllen. Die aus vier Jagdfliegerstaffeln (JS) bestehende 1. Abteilung hatte insbesondere in der 3. und 4. Staffel personelle Probleme, so daß die Techniker der 1. und 2. JS Unterstützung geben mußten. Ab 1. September 1954 ist dann die gesamte 1. JS der 1. Abteilung in die 3. Abteilung eingegliedert worden. Dieses Beispiel verdeutlicht eine charakteristische Erscheinung aus den Gründungsjahren der NVA-Fliegerkräfte. Auch nach dem Vergrößern der Fliegerkräfte auf drei Aeroklubs blieb das 1. Jagdfliegerregiment – nun als 1. Abteilung bezeichnet – im Bestand des Aeroklubs Cottbus. Jeder Aeroklub verfügte am 31. Dezember 1953 über zwei Abteilungen. Jeweils die erste

Zu Beginn nicht recht ernst genommen und mehr Schaustück – ein Blindflugtrainer der Kasernierten Volkspolizei Luft.

Abteilung eines Aeroklubs hatte vier Staffeln und flog mit der Jak-18, während jede zweite Abteilung über fünf Staffeln Jak-11 verfügte. Kommandeure waren: 1. Aeroklub Cottbus, Oberstleutnant Leander Ratz; 2. Aeroklub Drewitz, Oberstleutnant Wolfgang Reinhold; 3. Aeroklub Bautzen, Oberst Paul Wilpert. Flugzeugbestand: 35 Jak-18, 35 Jak-11, zwei Antonow An-2, fünf Lawotschkin La-9 (Lehrflugzeuge).
Hatte etwa bis Mitte 1954 jedes Geschwader die Anfänger- und danach bzw. parallel dazu die Fortgeschrittenenausbildung betrieben, so ging man im Verlaufe des gleichen Jahres mit der Bildung der Fliegerschule und des Fliegerausbildungsgeschwaders 1 (FAG-1) auf dem Flugplatz Kamenz zur zentralisierten, längerfristigen Ausbildung von Offiziersschülern über. Im ersten dreijährigen Lehrgang der offiziell am 1. Januar 1955 eröffneten Fliegerschule begannen 112 Kursanten, 82 schlossen ihn erfolgreich ab und füllten die Geschwader auf.
Neben den zum FAG-1 gehörenden Jak-18

Die wenigen sowjetischen Po-2 (S. 14 unten) und tschechoslowakischen Trener (S. 15 oben links) der Anfangsjahre werden in Publikationen immer wieder der Kasernierten Volkspolizei bzw. der Armee zugeordnet, gehörten aber tatsächlich den Flugsportlern.

Offiziersschüler der Fliegerschule vor ihrer Jak-11.

und Jak-11 befanden sich 1954/55 auf dem Flugplatz Kamenz mindestens eine Absetzmaschine Antonow An-2, eine Polikarpow Po-2 sowie mehrere tschechoslowakische Moravan Z-26/126/226 Trener und Meta Sokol. Alle diese Schulflugzeuge gehörten 1956 zum Armee-Sportklub »Vorwärts«. Zum Teil waren sie auf dem Flugplatz Cottbus stationiert und flogen dort mit dem roten Stern. Etwa bis Mitte 1955 hatten sich die Grundstrukturen der Volkspolizei Luft herausgebildet. Sie sind – wie auch bei den Land- und See-Verbänden – zunächst ohne große Veränderungen mit einem Gesamtflugzeugbestand (29. Februar 1956) von 99 Jak-11, 34 Jak-18, zwei An-2, sechs Z-26/126/226 Trener und zwei Meta Sokol im Jahre 1956 in die NVA-Luftstreitkräfte integriert worden. Aus dem inzwischen als 1. Kommando bezeichneten Cottbuser Truppenteil wurde am 1. Juli 1956 das Fliegergeschwader 1, im Januar 1961 in Jagdfliegergeschwader 1 umbenannt.
Der 1. März 1956 gilt als Gründungstag der Nationalen Volksarmee. Jedoch erst in den Jahren 1956 bis 1958 wurde der Entwicklungsprozeß zu vollwertigen, modernen Streitkräften bewältigt. In diese Zeit fällt die Umrüstung der NVA-Geschwader auf MiG-15bis und MiG-17F. Außerdem wurden in diesem Zeitraum die Strukturen – so durch den Aufbau von Hubschrauber- und Transportfliegerkräften – vervollständigt.

Zuerst zivil, dann militärisch genutzt und seit 1990 wieder bei einer Luftverkehrsgesellschaft – die einzige An-2 der NVA mit eckigen Fenstern.

Zwischen Jak-18 und MiG-29 – die Luftstreitkräfte der NVA

Wurde bald gegen das Kaliber 100 mm ausgetauscht – die 85-mm-Flak.

Hauptaufgabe Luftverteidigung

Die Geburtsurkunde der Nationalen Volksarmee – das am 18. Januar 1956 von der Volkskammer verabschiedete Gesetz – betonte die nationale Komponente der zu schaffenden Streitkräfte. Es hieß darin: »... Zur Erhöhung der Verteidigungsfähigkeit und zur Sicherheit unserer Deutschen Demokratischen Republik beschließt die Volkskammer...

(1) Es wird eine Nationale Volksarmee geschaffen.

(2) Die Nationale Volksarmee besteht aus Land-, Luft- und Seestreitkräften, die für die Verteidigung der Deutschen Demokratischen Republik notwendig sind...«

Parallel zur Bildung des Ministeriums für Nationale Verteidigung formierten sich aus der Verwaltung der Aeroklubs die Verwaltung Luftstreitkräfte in Cottbus mit Generalmajor Heinz-Bernhard Zorn an der Spitze (Generalmajor Keßler befand sich an einer sowjetischen Militärakademie) sowie die Verwaltung Luftverteidigung in Strausberg unter Leitung von Oberst Gerhard Bauer.

Ab Juli 1956 begann die Aufstellung der fünf Offiziersschulen der Luftstreitkräfte und der Luftverteidigung. Das waren neben der Fliegertechnischen und der Fliegerschule Kamenz die Transportfliegerschule Dessau, die Funkmeßschule Oranienburg und die Flakartillerieschule Geltow.

Bis zum Herbst 1956 war der Übergang der Truppenteile und Einheiten im Gesamtbestand von zwei Fliegerdivisionen (Cottbus und Drewitz) und einer Flakartilleriedivision (Strausberg-Eggerdorf, bewaffnet mit Fliegerabwehrgeschützen im Kaliber 37 mm und 85 mm) abgeschlossen.

Die sechs Jagdfliegergeschwader wurden nach und nach von Jakowlew Jak-18/Jak-11 auf die Strahljagdflugzeuge Mikojan MiG-15bis/MiG-15UTI umgerüstet. Sie hatten die Aufgabe, mögliche Luftziele im Interesse der Luftverteidigung abzufangen.

Zunächst stand nur die unzureichende Funkmeßstation P-8 zur Verfügung. Erst im Verlaufe der Formierungsetappe, die etwa bis Anfang der sechziger Jahre reichte,

Flugplatz Cottbus – letzte Anweisungen vor dem Flugbeginn, im Hintergrund eine MiG-15 UTI.

kamen geeignetere Stationen hinzu – P-10 für die Rundumbeobachtung, P-12 und P-15 für geringe Höhen, P-20, P-25 und P-30 als cm-Stationen speziell zur Jägerleitung.
Zur Radarführung war den Jagdfliegergeschwadern in der Regel eine in der Nähe stationierte Kompanie (FuTK) mit mehreren Radarstationen operativ unterstellt. Zentral geführt wurden die FuTK vom Divisionsgefechtsstand. Dieses Unterstellungs- und Führungssystem ist mehrmals geändert worden, bis es zur Bildung Funktechnischer Truppen kam.
Je nach Ausbildungs- und Ausrüstungsstand der Jagdfliegergeschwader wurde das Abfangen von Luftzielen am Tage unter einfachen und danach unter schwierigen Wetterbedingungen, in der Nacht unter einfachen Wetterbedingungen oder nach erreichter Qualifikation bei Nacht über oder zwischen den Wolken trainiert.
Das Abfangen von Luftzielen in den Wolken am Tage und in der Nacht konnte erst in das Ausbildungsprogramm übernommen werden, als ab 1959 mit Funkmeßvisieren ausgestattete Jagdflugzeuge verfügbar waren – MiG-17PF, MiG-19PM und später MiG-21PF/M (nach dieser Version waren alle anderen MiG-21-Ausführungen mit einem Funkmeßvisier versehen).
Aufgrund des sehr begrenzten Territoriums, der Stationierung zahlreicher sowjetischer Verbände, der drei je 32 km breiten Lufttrassen nach Berlin sowie der Berliner Kontrollzone (Trassen und Kontrollzone machten insgesamt 1/7 des DDR-Territoriums aus), der internationalen Luftstraße Nord-Süd sowie der Flüge ziviler Maschinen (Luftverkehr, Sportflug, Landwirtschaftsflug usw.) gab es außer in Peenemünde für jeden Flugplatz drei Flugtage in der Woche. Beispielsweise flog das Jagdgeschwader 8 Marxwalde montags, mittwochs und freitags in drei Schichten. Jeder Flugdienst wurde auf der Linie der Gefechtsstände angemeldet, koordiniert und erlaubt, eingeschränkt oder verboten. Da sich fast alle Flugplätze in der Nähe der polnischen Grenze befanden, mußte der bei Landungen und schwierigen Wetterbedingungen notwendige Einflug nach Polen ebenfalls beantragt werden.
Im Interesse einer besseren Koordinierung ist 1975 beim Stab der sowjetischen 16. Luftarmee in Wünsdorf/Zossen die von deutscher Seite mit russisch sprechenden Offizieren besetzte Vereinigte Hauptzentrale (VHZ-14) eingerichtet worden, die für die einheitliche Leitung der Flüge im Luftraum der DDR verantwortlich war.
Neben dem Abfangen von Luftzielen in den unterschiedlichsten Höhen- und Geschwindigkeitsbereichen wurden von den Jagdfliegern natürlich auch andere Elemente trainiert. Dazu zählten das Bekämpfen von Bodenzielen mit der Bewaffnung des jeweiligen Typs, z. B. mit Kanonen, Bomben, ungelenkten oder gelenkten Raketen, das Decken der Bodentruppen oder Aufklärungsmissionen unterschiedlichster Art. Spezielle Aufklärungsfliegerkräfte gab es zunächst nicht, jedoch waren wie bereits in den Aeroklubs der Kasernierten Volkspolizei einzelne nichtstrukturmäßige Ketten für Aufklärungsaufgaben vorbereitet.

Zur Entwicklung der Luftverteidigungskomponente (Fliegerabwehrkanonen) im Kommando LSK/LV

Ab Februar 1952: Ausbildung zukünftiger Offiziere für Flak-Einheiten an der Offiziersschule Oranienburg (Schloß). Technik: Fla-Waffen 12,7 mm, 37 mm, 85 mm, Feuerleitgerät PUASO-3.

Oktober 1955: Bildung eines Flak-Regimentes (Tarnbezeichnung S 5-Regiment, S für Sonder) in Strausberg/Eggersdorf zur Deckung des zukünftigen Ministeriums (MfNV) in Strausberg-Nord. Technik: 37-mm- und 85-mm-Flak.

Herbst 1956: Verlegung eines Vorkommandos nach Frankenberg als Quartiermacher und Stamm für aufzustellende 1. Flak-Divison der Luftverteidigung, gleichzeitig Stamm für neues Flak-Regiment. Parallel dazu über mehrere Jahre verlaufender Prozeß der Umrüstung von 85-mm- auf 100-mm-Flak und 37-mm- auf 57-mm-Kanonen sowie Feuerleitgerät SON-4.

Herbst 1958: Abschluß der Umrüstung auf die neuen Kaliber sowie der Aufstellung von drei Flak-Regimentern mit den Standorten Frankenberg (FR-14), Wolfen (FR-15) und Brandenburg (FR-16). Je Regiment eine Abteilung 57 mm und zwei Abteilungen 100 mm.

Nach Verlegung des Kommandos Luftstreitkräfte von Cottbus über den zeitweiligen Aufenthalt im MfNV (Block 6) zum ständigen Sitz Strausberg/Eggersdorf.

Bildung der Abteilungen Luftschutz als Tarnbezeichnung für die aufzubauenden Fla-Raketen-Regimenter. Aus Abteilung Luftschutz wurde das „Erweiterte Sekretariat Chef LSK/LV", und daraus entstand die Abteilung Fla-Raketen.

Mit Bildung der Luftverteidigungsdivisionen war die Auflösung der Flak-Regimenter sowie der Aufbau der Fla-Raketenregimenter abgeschlossen.

MiG-17 – das erste NVA-Standardjagdflugzeug

Im März 1957 begann die Ausbildung an Transportflugzeugen und Hubschraubern, was einen weiteren Schritt zum Ausbau der Fliegerkräfte darstellte. Am 31. Mai des gleichen Jahres wurden die Verwaltungen Luftstreitkräfte und Luftverteidigung zum Kom-

mando LSK/LV mit Sitz des Stabes in Strausberg zusammengefaßt.
Ab Sommer 1957 erhielten die Geschwader mit der Mikojan MiG-17F ein Jagdflugzeug, das bis zur Ablösung Mitte der sechziger Jahre durch MiG-21-Versionen der Mehrzweckstandardtyp blieb. Die robuste und zuverlässige, einfach zu wartende und insgesamt sehr beliebte Maschine ließ sich unter einfachen Wetterbedingungen am Tag und bei Nacht für Abfangaufgaben in geringen, mittleren und großen Höhen verwenden. Die Bewaffnung mit drei großkalibrigen Kanonen sowie die Möglichkeit, die Zusatzbehälter gegen Bomben oder Luft-Boden-Raketen auszutauschen, ermöglichten es, die MiG-17F auch als Jagdbomber einzusetzen.
Die Ausrüstung mit dem doppelte Schallgeschwindigkeit erreichenden Jagdflugzeug MiG-21 als dem zweiten Standardjagdflugzeugtyp der NVA begann 1962 mit der Umrüstung des Jagdgeschwaders 8 Marxwalde. Um es vorwegzunehmen: Am Ende ihrer Geschichte, am 2. Oktober 1990, verfügten die fünf Jagdfliegergeschwader der

Typisches Bild aus den Anfangsjahren – alle Maschinen stehen frei aufgereiht an der Rollbahn.

Zu Beginn der sechziger Jahre – Angehörige einer Staffel des JG-8 bei der Flugvorbereitung.

NVA (das JG-7 ist 1989 aufgelöst worden) über insgesamt 246 Jagdflugzeuge (ohne doppelsitzige Schul- und Übungsversionen), davon waren ein Geschwader mit 20 MiG-29, eins mit 37 MiG-23 und drei mit insgesamt 189 MiG-21 ausgerüstet.
Im Gegensatz zu den polnischen oder tschechoslowakischen Fliegerkräften mit einer gewissen Anzahl von Bomber- bzw. Jagdbombergeschwadern hatten die der NVA bei ihrer Gründung keine Luftangriffskomponente geplant oder aufgebaut. Als die militärische Führung der UdSSR Ende der fünfziger Jahre alle Armeen des Warschauer Vertrages drängte, eine Kräfteverschiebung in Richtung einer modernen Luftverteidigung vorzunehmen, bedeutete das für die NVA zahlreiche qualitative und strukturmäßige Veränderungen. Der schrittweise Übergang zur durchgängigen Ausrüstung mit der MiG-21 war die eine Seite, der Aufbau von Fla-Raketentruppenteilen mit mehreren Modernisierungen, die Einführung leistungsfähigerer Radargeräte sowie die Vervollkommnung des Führungssystems waren weitere Faktoren. Die Veränderungen wurden sicher nur dem genau informierten Beobachter sichtbar. Sie deuteten sich an, als

die Fliegergeschwader 1961 in Jagdfliegergeschwader umbenannt wurden, was darauf verweisen sollte, daß diese Truppenteile sich immer stärker auf ihre Rolle als Jagdfliegerkräfte einzustellen hatten.
Die Anzahl der Offiziersschulen – sie hatten sämtlich durch Beschluß des Ministerrates vom November 1958 den Status von Fachschulen erhalten – war auf vier reduziert worden: Die Funkmeßschule in Oranienburg hatte zur Fliegertechnischen Schule Kamenz verlegt.
Für die vorgesehenen Fla-Raketenregimenter entstand Ende 1959 in Pinnow das Lehr- und Ausbildungsregiment 12, das in relativ kurzer Zeit den gesamten Personalbestand für den Dienst in den Fla-Raketenabteilungen qualifizierte. Es wurde im Jahre 1961 in Spezialausbildungsregiment 12 umbenannt und bildete ab September 1962 gemeinsam mit der Ausbildungseinheit Funkmeß der Technischen Schule und der Flakartillerieschule die Funkmeß-Flakartillerieschule Pinnow.
Nur wenig später, im November 1962, stellte die Transportfliegerschule Dessau ihre Tätigkeit ein. Die Jagdfliegerschule Bautzen und die Ausbildungseinheit Fliegertechnik der Technischen Schule bildeten zusammen ab 1. Dezember 1962 die Fliegertechnische Schule. Mit der Reduzierung auf insgesamt zwei Offiziersschulen im Bereich des Kommandos Luftstreitkräfte/Luftverteidigung war eine weitere Etappe der Zentralisierung im Heranbilden von Offizieren für diese Bereiche abgeschlossen.

Großverband Luftverteidigungsdivision

In der Truppe hatten sich inzwischen ebenfalls Veränderungen vollzogen: Im September/Oktober 1960 fanden Übungen in den Divisionen mit dem Schwerpunkt statt, einzelne Flugzeuge, kleine Gruppen sowie unbemannte Luftangriffsmittel am Tag und in der Nacht in allen Höhenbereichen abzuwehren. Im Mai/Juni 1961 nahmen die LSK/LV der NVA erstmals an einer gemeinsamen Luftverteidigungsübung der Armeen des Warschauer Paktes teil, und danach an allen weiteren. Probeweise gingen einzelne Geschwader – so das JG-8 – in das Diensthabende System über (DHS, siehe Seite 21). Die beiden Divisionen waren schließlich zu Luftverteidigungsdivisionen umformiert

Das JG-3 war das einzige Geschwader, das über die MiG-19 verfügte – oben die Allwetterausführung MiG-19 PM. Hinzu kamen Tagjäger MiG-19 S.

DIE ENTWICKLUNG DER BEIDEN FLIEGERDIVISIONEN 1955 bis 1961

STRUKTUR 1956

- 1. FLIEGERDIVISION STAB COTTBUS
  - FG-1 Cottbus
  - FG - 2 Rothenburg
  - FG - 3 Preschen

- 3. FLIEGERDIVISION STAB DREWITZ
  - FG-7 Drewitz
  - FG - 8 Preschen
  - FG - 9 Drewitz

STRUKTUR 1961

- 1. LUFTVERTEIDIGUNGSDIVISION STAB COTTBUS
  - JG - 1 Cottbus
  - JG - 3 Preschen
  - JG - 7 Drewitz
  - JG - 8 Marxwalde
  - Fla-Raketenregiment 14 Straßgräbchen/Bernsdorf
  - Fla-Raketenregiment 16 Bernau (später 41. Fla-Raketen-Brigade)

- 3. LUFTVERTEIDIGUNGSDIVISION STAB TROLLENHAGEN
  - JG - 2 Trollenhagen/Neubrandenburg
  - JG - 9 Peenemünde
  - Fla-Raketenregiment 13 Parchim
  - Fla-Raketenregiment 17 Stallberg
  - Fla-Raketenregiment 18 Sanitz (später 43. Fla-Raketen-Brigade)

worden, zu deren Bestand zunächst je drei Jagdfliegergeschwader, zwei Fla-Raketenregimenter sowie Funktechnische Truppen, Spezialtruppen und Dienste gehörten. Obwohl sich das Kräfteverhältnis innerhalb der beiden Luftverteidigungsdivisionen etwas verschob (siehe Strukturschema oben), blieb die Grundstruktur des gemischten Verbandes bis zuletzt erhalten.
Aus Platzgründen wird darauf verzichtet, im Detail auf die Fla-Raketentruppen einzugehen. Eine gewisse Übersicht vermittelt die Struktur einer Fla-Raketenbrigade (siehe Seite 21). Im Typenteil finden sich Angaben zu den in der DDR-Luftverteidigung im Bereich der Luftstreitkräfte/Luftverteidigung vorhandenen Fla-Raketentypen.
Im Frühjahr 1962 gingen Personal und Material der LSK/LV – Jagdflieger, Fla-Raketen, Funktechnische Einheiten und Gefechtsstände – in das Diensthabende System des Warschauer Paktes über. Die ständigen Verbindungslinien sind in der Nacht zum 2. Oktober 1990 gekappt worden.
Die Luftverteidigungsübungen zu Beginn der sechziger Jahre ließen die Verantwortlichen zu der Schlußfolgerung gelangen, daß unter den gegebenen Bedingungen keine Luftverteidigung in engen nationalen Grenzen zu verwirklichen ist. Im Ergebnis dessen ist am 1. Februar 1963 das »Protokoll über die Bildung eines einheitlichen Systems der Luftverteidigung der Warschauer Vertragsstaaten« in Kraft getreten. Somit war der Oberbefehlshaber der sowjetischen Luftverteidigungstruppen gleichzeitig Befehlshaber dieses einheitlichen Luftverteidigungssystems. Anders ausgedrückt: Ihm unterstand die Luftverteidigung von der Elbe bis zum Stillen Ozean. Die Luftverteidigung der DDR gehörte neben der Polens, der Tschechoslowakei sowie von zwei sowjetischen Luftverteidigungsarmeen (Baltikum und Belorußland) zur Westrichtung, während die Luftverteidigung Ungarns, Rumäniens und Bulgariens mit der sowjetischen Luftverteidigungsarmee in Moldawien und in der

Ob in der Jak-18, Jak-11, MiG-15 UTI oder im Hubschrauber – die Fliegerbekleidung blieb gleich.

Ukraine zur Südwestrichtung zählten. Oberbefehlshaber der sowjetischen Luftverteidigung waren: Marschall der Flieger W. A. Sudez (1962 – 1966), Marschall der Sowjetunion P. F. Batizkij (1966 – 1978), Marschall der Flieger A. I. Koldunow (1978 – 1987; Rust-Affäre!), Armeegeneral I. M. Tretjak (1987 – 1990).

Der offizielle Auftrag an die DDR-Luftverteidigung lautete, die Lufthoheit des Landes zu gewährleisten und die befohlenen politisch-administrativen und ökonomischen Zentren sowie die militärischen Objekte und Räume vor Schlägen aus der Luft zu schützen. Sie hatte die Einhaltung der festgelegten Flugordnung über dem Hoheitsgebiet zu kontrollieren sowie Luftraumverletzungen aller Art zu unterbinden. Die Unverletzlichkeit des Luftraumes sollte garantiert werden. In Not geratenen Luftfahrzeugen war Hilfe zu erweisen. Bei eventuellen Kampfhandlungen wäre es die Aufgabe der Luftverteidigung gewesen, die zugewiesenen Deckungsobjekte und Räume zu verteidigen.

Wie bereits erwähnt, ist im Frühjahr 1962 im Interesse einer ständig einsatzbereiten Luftverteidigung – nach einem probeweisen Übergang einzelner Gruppierungen im Vorjahr – das Diensthabende System (DHS) eingeführt worden. Dazu gehörten Jagdflugzeuge, Fla-Raketen, Radarstationen und die notwendigen Fernmeldeeinrichtungen. Je nach Ausbildung und Aufgabe wurde das DHS zunächst nur am Tage, später auch nachts besetzt. Ohne auf alle Details einzugehen läßt sich zusammenfassen, daß sich auf jedem Flugplatz drei bis vier Flugzeuge in einem besonderen Bereich befanden und das entsprechende fliegende und technische Personal in einem eigens dafür errichteten Gebäude in Bereitschaft war, um zu gewährleisten, daß die Maschinen innerhalb von sieben bis acht Minuten von der Startbahn abheben konnten. Für die jeweilige Aufgabe wurden die gestarteten Maschinen vom Gefechtsstand geleitet.

Die Struktur und die Ausführung der Luftverteidigungskräfte innerhalb des gesamten Warschauer Paktes waren einheitlich, im Prinzip auch die Ausbildung. So bestand beispielsweise in allen Luftstreitkräften der Paktstaaten das Jagdfliegergeschwader aus drei Staffeln zu je drei Ketten zu je zwei Paaren – mit der Führungskette des Geschwaderstabes zusammen 40 Flugzeuge. Natürlich gab es im Verlaufe der Jahre aus den verschiedensten Gründen geringfügige Unterschiede in den einzelnen Ländern. In den NVA-Geschwadern beispielsweise waren in den achtziger Jahren je Staffel bis zu 20 Flugzeugführer sowie sechs Reserveflugzeuge vorhanden.

STRUKTUR DER FLA-RAKETENBRIGADE

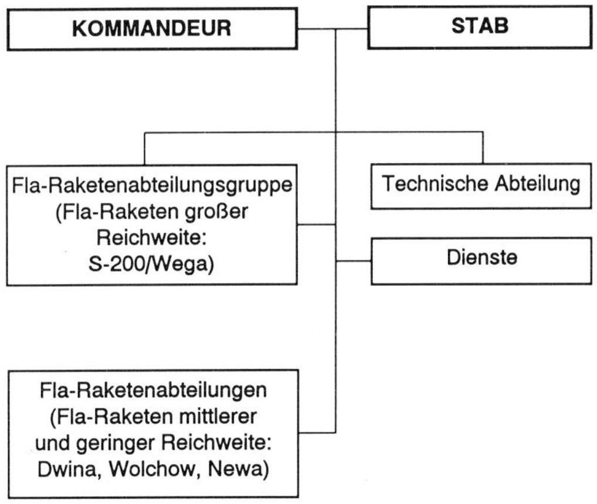

Struktur Fla-Raketenabteilung

Beispiel: FRA-4122 Strausberg/Prötzel
Stand: September 1990
Technik:
Fla-Raketenkomplex S-75M (Wolchow), Rundsicht-Radarstation vom Typ P-18, Nachrichtentechnik.
Personal:
141, davon 24 Offiziere, 114 Unteroffiziere/Soldaten und 3 Zivilbeschäftigte.
Objekt:
Kaserne zur Unterbringung des Personalbestandes,
Objekt der Feuerstellung, pionier-technisch ausgebaut.

Schulbänke für Flieger und Fliegeringenieure

Als Flugzeugführer gab es in der NVA nur Offiziere, gleichgültig, um welchen Luftfahrzeugtyp es sich handelte. In der zweiten Hälfte der achtziger Jahre begann die Ausbildung von Fähnrichen (Dienstgrad zwischen Unteroffizier und Offizier – entsprach der zivilen Qualifikation eines Fachschulabsolventen; Offizier – Hochschulabsolvent; Unteroffizier – Meister) für die Dienststellung 2. Flugzeugführer/Operateur für Kampfhubschrauber.

Nach einem detaillierten Jahresplan absolvierte ein Flugzeugführer im Jagdgeschwader jährlich etwa 150 Flugstunden. Die höchste Qualifikation war die Stufe I. Zum Erreichen der Stufen III bis I waren bestimmte Bedingungen zu erfüllen und Prüfungen abzulegen.

In der Regel ist für die Übernahme eines neuen Jagdflugzeugtyps bzw. einer neuen Version eine größere Gruppe von Flugzeugführern und Angehörigen des ingenieurtechnischen Personals zur Umschulung in die Sowjetunion gereist. Die weitere Ausbildung des restlichen Personals bzw. hinzuversetzter Armeeangehöriger ist dann zumeist im jeweiligen Geschwader vorgenommen worden.

Es gab aber auch die Methode, daß eine Umschulungsgruppe gebildet wurde, um gewonnene Erfahrungen so schnell wie möglich weiterzugeben. So ist 1965 – zur Zeit des Übergangs mehrerer Geschwader

Blick in den Führungsraum der Gedeckten Flugleitung – in der Mitte der Flugleiter.

Die Flugzeugfanganlage an den Bahnenden bot in Notfällen hohe Sicherheit – hier bei der Erprobung mit der MiG-17.

auf die MiG-21 – aus dem Jagdgeschwader 8 als dem damals erfahrensten Truppenteil mit diesem Typ eine aus vier Flugzeugführern bestehende Umschulungsgruppe herausgelöst und dem Stellvertreter für Luftstreitkräfte im Kommando LSK/LV direkt unterstellt worden. Im Rahmen eines Nachtumschulungsprogramms zog diese Gruppe von Flugplatz zu Flugplatz, um das fliegende Personal innerhalb kurzer Zeit auf einen höheren Ausbildungsstand zu bringen. Durch Versetzungen von Personal, beispielsweise bei der Übergabe von Flugzeugen an einen anderen Truppenteil, ist der Ausbildungsstand natürlich ebenfalls reguliert worden.
Es sei noch erwähnt, daß die Bildungseinrichtung für Offiziere in Kamenz über viele Jahre auch die zukünftigen Mechaniker (Unteroffiziere) ausgebildet hat, bis mit Gründung der Unteroffiziersschule in Bad Düben eine eigene Einrichtung entstanden ist. Mit Wirkung vom 1. September 1984 wurde daraus die Militärtechnische Schule (MTS), die Fähnriche für die verschiedensten technischen Fachrichtungen heranbildete und den Status einer Fachschule erhalten hatte. In Kamenz war nach der Auflösung der eigentlichen Fliegertechnischen Schule sowie der Funkmeß-Artillerieschule eine dem Stellvertreter des Ministers und Chef LSK/LV unterstellte zentrale Offiziersschule entstanden, die am 2. Dezember 1963 mit der Ausbildung von Offiziersschülern und (noch) Unteroffiziersschülern begann. Am 1. September 1965 nahm die Schule in Kamenz die Ausbildung zum Ingenieur auf.

»Delfin« und »Albatros« – Nachfolger der MiG-15 UTI

Parallel zu den Veränderungen in der Ingenieurausbildung vollzog sich die Ausrüstung der beiden Jagdfliegerausbildungsgeschwader mit der tschechoslowakischen L-29 »Delfin« (Anfängerschulung) und mit der MiG-21F 13 bzw. mit dem Doppelsitzer MiG-21U (Fortgeschrittenenausbildung); während die Jagdfliegergeschwader neuere Modifikationen MiG-21 übernahmen. Die kolbengetriebenen Schulmaschinen und die Übungsflugzeuge MiG-15/MiG-17 waren damit endgültig aus dem Schulbetrieb ausgeschieden.
Das Hauptelement in der zu verändernden Ausbildung stellte der stufenlose Übergang der Offiziersschüler von der L-29 auf die MiG-21 dar. Das Ziel war, junge Flugzeugführer als Offiziere in die Truppe zu entlassen, die am Tage sowohl unter einfachen als auch unter schwierigen Wetterbedingungen zu Gefechtshandlungen einsetzbar und in der Steuertechnik und Navigation unter einfachen Bedingungen bei Nacht ausgebildet waren.
Mit dem Verzicht auf die Zwischenstufen in der Ausbildung (Kolbenmotorenmaschinen und andere MiG-Typen) sollten die Anzahl der zur Ausbildung benötigten Flugzeugtypen sowie die erforderliche Wartungs- und Reparaturkapazität verringert werden. Eine solche Ausbildungsmethode gab es zu dieser Zeit in keiner anderen Luftwaffe des Warschauer Paktes.
Im November 1964 begann ein Flugzeugführerlehrgang die Ausbildung mit der L-29, die planmäßig Ende Februar 1966 abgeschlossen werden konnte. Von Anfang März bis Mitte Oktober 1966 wurde sie mit der MiG-21 fortgesetzt.
Die durchschnittliche Flugzeit jedes Flugschülers auf der mittlere Unterschallgeschwindigkeit erreichenden L-29 betrug 60 Stunden. Um das Risiko bei diesem ungewohnten Übergang auf eine Maschine der Mach-2-Klasse so gering wie möglich zu halten, schulten zunächst nur vier ausgewählte Flugschüler auf der MiG-21. Am 23. März 1966 unternahmen die Offiziersschüler Gyorkovits und Haferkorn ihre ersten Übungsflüge mit der MiG-21. Am 1. April folgten die Offiziersschüler Seidel und Rauser. Danach absolvierte der gesamte Lehrgang das Programm. Dazu gehörte unter anderem das Trainieren von Kampfhandlungen in großen Höhen bis in die Stratosphäre unter einfachen Wetterbedingungen am Tage; ebenso das Schießen auf Erdziele und das Abfangen von Luftzielen in geringen Höhen sowie unter schwierigen Wetterbedingungen bis zum erhöhten Wetterminimum über den Wolken. Die Flugschüler gingen im Herbst 1967 als Flugzeugführer-Ingenieur in die Geschwader.
Dieser Ausbildungsablauf ist mit den notwendigen Präzisierungen auf alle folgenden Flugzeugführerlehrgänge übertragen worden mit dem Unterschied, daß eines Tages die L-39 »Albatros« an die Stelle der L-29 und andere MiG-21-Versionen an die Stelle der bejahrten MiG-21F 13 traten.

Offiziersschulen in Kamenz und Bautzen

Den gewachsenen Anforderungen in der Truppe mußten auch die Offiziersschulen nachkommen: Ende 1968/Anfang 1969 begann die Periode zur Vorbereitung der Hochschulausbildung. Dieser Ende der sechziger/Anfang der siebziger Jahre an allen Offiziersschulen verlaufende Prozeß wurde als Bestandteil eines neuen Entwicklungsabschnittes der NVA zur vollen

Vorn L-29 »Delfin«, hinten L-39 »Albatros«.

Integration in die Vereinten Streitkräfte des Warschauer Paktes angesehen. Am 14. Januar 1971 erhielt die Kamenzer Einrichtung – seit dem 1. März 1964 hieß sie »Franz Mehring« – den Status einer Offiziershochschule.
Ausgebildet wurde in folgenden Profilen: Flugzeugführer, Offiziere für Führungsorgane, Offiziere des Fliegeringenieurdienstes für Zelle/Triebwerk, für Elektrospezialausrüstung, für Bewaffnung; Offiziere der Funktechnischen Truppen für automatisierte Führungs- und Leitsysteme und solche für Funkmeßtechnik, Offiziere der Fla-Raketentruppen für elektronische Anlagen und solche für elektromechanische Anlagen. Je nach Ausbildungsprofil und Vorkenntnissen der Bewerber dauerte die Ausbildung drei bis fünf Jahre. Die zum Leutnant (früher Unterleutnant) ernannten Absolventen verließen die Offiziersschule (OHS) mit der Berechtigung, die Berufsbezeichnung Hochschulingenieur zu führen. Am 2. April 1982 wurde der OHS der LSK/LV das Diplomrecht übertragen. Im Jahr darauf, am 1. September 1983, begann der erste Vierjahreskurs mit dem Ziel des Diplomabschlusses. Am 1. September 1984 nahmen die ersten weiblichen Offiziersschüler ihr Studium auf.
Reichlich zwei Jahre später, am 1. Dezember 1986, wurde eine zweite Bildungsstätte eingerichtet: Aus vielerlei Gründen hatte man die Pilotenkurse getrennt und aus den vorher zu Kamenz gehörenden fliegerischen Bereichen Bautzen/Brandenburg-Briest die Offiziershochschule für Militärflieger der LSK/LV »Otto Lilienthal« formiert.
Zahlreiche Offiziere der Luftstreitkräfte/ Luftverteidigung haben an der Militärakademie »Friedrich Engels« in Dresden studiert. Die ersten Absolventen dieser Einrichtung kamen nach dreijährigem Studium im Oktober 1963 in die Truppe.
Aus allen Dienstbereichen der Fliegerkräfte und der Luftverteidigung haben aber auch Offiziere an Militärakademien in der Sowjetunion studiert. In der Regel besuchten sie zunächst den einjährigen Höheren Akademischen Kurs, um wenige Jahre später das komplette Studium zu absolvieren. Während höhere Kommandeure und Offiziere von Stäben zur Generalstabsakademie Moskau gingen, in der Regel nach vorherigem Studium an einer Militärakademie, kamen Offiziere des Fliegeringenieurdienstes zur Shukowski-Akademie (ebenfalls Moskau). Piloten und Navigatoren sowie Steuerleute erhielten ihre Ausbildung in Monino bei Moskau. Offiziere der Funktechnischen Truppen besuchten in der Regel die Militärakademie in Minsk und die der Fla-Raketentruppen die Fachakademie in Leningrad.

Lehreinrichtungen der Offiziershochschule für Militärflieger »Otto Lilienthal«

Gegründet am 24. November 1986, Standort Bautzen (Bezirk Dresden), Land Sachsen.

Gesamtvolumen des Programms verteilt auf 50 Prozent theoretische und 50 Prozent praktische Ausbildung.

Ausbildungsstätte für Jagd- und Jagdbombenflieger, Hubschrauberführer, Transportflieger und Steuerleute der Besatzungen für Luftfahrzeuge in den Landstreitkräften, den LSK/LV, der Marine sowie der Grenztruppen (alles Offiziere).

Dauer des Studiums: vier Jahre, Diplomabschluß, Ernennung zum Leutnant.

Ab. 1. September 1987 auch zweijähriges Studium mit Fachschulabschluß, Ernennung zum Fähnrich und Einsatz als 2. Hubschrauberführer/Operateur.

1. und 2. Studienjahr der Offiziersschüler: Theoretische Grundausbildung an der Offiziershochschule Bautzen, fliegerische Ausbildung auf Simulator TL-39 und Strahltrainer L-39 im FAG-25 Bautzen.

3. und 4. Studienjahr: Jagd-/Jagdbombenfliegerausbildung auf MiG-21 im FAG-15 Rothenburg.

Hubschrauberbesatzungen auf Mi-2/Mi-8 und Mi-8-Simulator im HAG-35 Brandenburg-Briest.

Transportflieger und Steuerleute der Besatzungen auf An-2/L-410 UVP in der TAS-45 Kamenz, Simulator TL-410 in Bautzen.

Die Flugplatzbasis

Zunächst ist jedem Jagdfliegergeschwader ein dem Geschwaderkommandeur operativ – später direkt – unterstelltes Fliegertechnisches Bataillon (FTB) zugeordnet gewesen. Es war verantwortlich für die gesamte rückwärtige Sicherstellung des Fliegertruppenteils (Logistik) – von der Bewachung, über den Fuhrpark, die Flugplatzwartung, die Nachrichten- und Flugsicherungstechnik über Schmier- und Treibstoff- sowie Ersatzteilzuführung, Verpflegung und medizinische Betreuung bis hin zu den Finanzen und der Bekleidung.
Mit Zunahme der immer komplizierter werdenden Technik ergaben sich nicht nur im Geschwader Veränderungen – beispiels-

Wurde auf jedem Flugplatz in Auswertung der Nahost-Kriege stationiert – Fla-Selbstfahrlafette ZSU-57/2. Später löste der Fla-Zwilling 23 mm dieses System ab (Foto rechts).

Ergänzte ab 1978/79 die Flugplatzverteidigung – die in Pinnow gefertigte FASTA, ein auf dem LKW LO aufgebautes, um 360° drehbares Schwenkgestell zur Aufnahme von vier Einmann-Fla-Raketen »Strela 2«.

weise kam mit der Einführung gelenkter Flugzeugraketen die Technische Dienstzone (TDZ) hinzu –, sondern auch im FTB. So bedingte die wachsende Ausstattung mit modernsten Nachrichten- und Flugsicherungsmitteln (Funkmittel, Präzisionslandesystem, Navigationssystem RSBN, automatisiertes Führungs- und Leitsystem WP-04) die Trennung in ein Fliegertechnisches und in ein Nachrichten/Flugsicherungsbataillon (FTB, NFB), was 1973 geschah.
Doch damit waren die Probleme nicht gelöst: Nur angedeutet werden soll, daß mit der Ausstattung mehrerer Geschwader mit einem zusätzlichen Feldflugplatz (Aufsetzpunkte beiderseits betoniert, Mitte Graspiste; jedes Jahr mindestens zwei Flugdienste des Geschwaders) sowie mit der schnellen Verlegungsbereitschaft einer Kommandantur zu einem Ausweichplatz (mehrere Autobahnabschnitte – ABA – waren für Landungen und Starts mit einem betonierten Mittelstreifen versehen, siehe Flugplatzverzeichnis Seite 173) die Aufgaben für die rückwärtigen Dienste stark angewachsen waren.
Zu Beginn der siebziger Jahre war zur unmittelbaren Flugplatzsicherung eine mit 23-mm-Zwilling ZSU-23 versehene Flak-Batterie in den Bestand gekommen.
Die bereits mehrmals erwogene Idee, alle Zweige der rückwärtigen Dienste in der Flugplatzbasis zu vereinigen, wurde etwa 1988/89 mit der Auflösung des JG-7 sowie mit Überlegungen zu Stellenplanreduzierungen und effektiveren Strukturen erneut aufgegriffen. Im Jahre 1989 sind in Laage das FTB sowie das NFB zur Flugplatzbasis 47 vereint worden. Auf den anderen Flugplätzen ist das Vorhaben begonnen, aber nicht mehr zu Ende geführt worden. Eine neue Struktur sah ab 1990 vor, eine Einheitlichkeit herbeizuführen und die Flugplatzkommandos der beiden Luftverteidigungsdivisionen zu einer Basis auf dem jeweiligen

FLUGPLATZBASIS 31

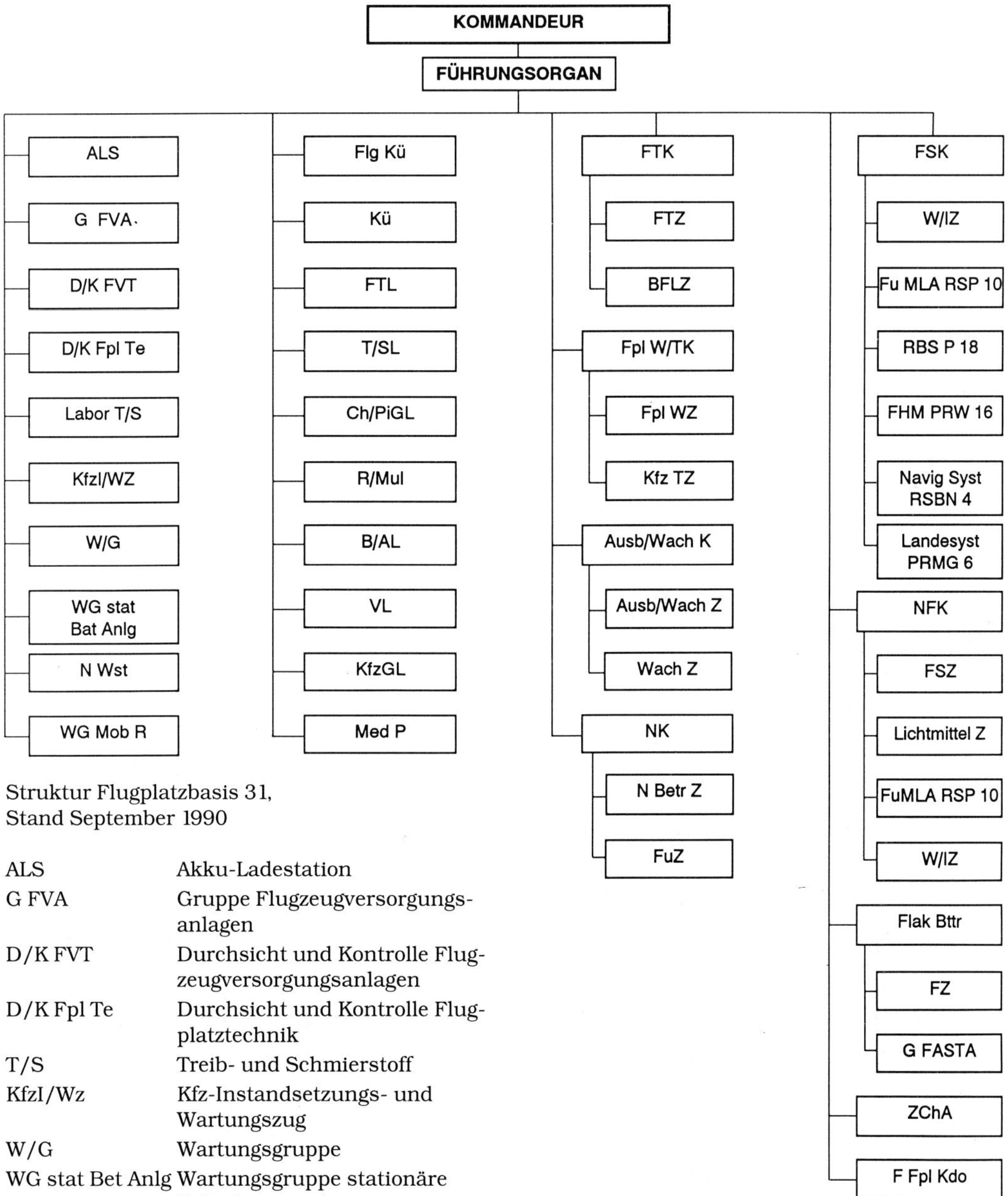

Struktur Flugplatzbasis 31, Stand September 1990

ALS	Akku-Ladestation
G FVA	Gruppe Flugzeugversorgungsanlagen
D/K FVT	Durchsicht und Kontrolle Flugzeugversorgungsanlagen
D/K Fpl Te	Durchsicht und Kontrolle Flugplatztechnik
T/S	Treib- und Schmierstoff
KfzI/Wz	Kfz-Instandsetzungs- und Wartungszug
W/G	Wartungsgruppe
WG stat Bet Anlg	Wartungsgruppe stationäre Betankungsanlage
N Wst	Nachrichtenwerkstatt
WG Mob R	Wartungsgruppe Mobilmachungsreserve
Flg Kü	Fliegerküche
Kü	Küche
FTL	Fliegertechnisches Lager
T/SL	Treib- und Schmierstofflager
Ch/PiGL	Chemisches und Pionierlager
R/Mul	Raketen- und Munitionslager
B/AL	Bekleidungs- und Ausrüstungslager
VL	Verpflegungslager
KfzGL	Kfz-Gerätelager
Med P	Medizinischer Punkt (Ambulanz)
FTK	Fliegertechnische Kompanie mit Fliegertechnischen Zügen sowie Bergungs- und Feuerlöschzug
Fpl W/TK	Flugplatzwartungs- und Transportkompanie mit Flugplatzwartungs- und Kfz-Transportzügen
Ausb/Wach K	Ausbildungs- und Wachkompanie mit Zügen
NK	Nachrichtenkompanie mit Nachrichtenbetriebszügen und Funkzügen.
FSK	Flugsicherungskompanie mit Wartungs- und Instandsetzungszug, Funkmeßlandeanlage RSP 10, Rundblickstation P 18, Funkhöhenmesser PRW 16, Navigtationssystem RSBN 4 und Landesystem PRMG 5
NFK	Nachrichten- und Flugsicherungskompanie mit Flugsicherungszug, Lichtmittelzug, Funkmeßladeanlage RSP 10 sowie Wartungs- und Instandsetzungszug
Fla Bttr	Flak-Batterie mit Flak-Zügen und FaSTA-Gruppe
FASTA	Fla-Raketen-Startanlage
ZChA	Zug der chemischen Abwehr
F Fpl Kdo	Feldflugplatzkommando

Reserveflugplatz des Verbandes (Cottbus, Garz) aufzustocken.
Nach der Struktur von 1985 hatten die FTB/NFB große Teile der Kommandanturen aktiv im Bestand. In der Kommandantur war die Technik (Tankwagen, Sankra, Funkstellen usw.) zusammengefaßt, die bei Verlegung zu einem Reserve- oder Ausweichflugplatz in Marsch zu setzen war. Diese mobilen Komponenten des FTB sollten aus dem Bestand genommen und nur noch im Mobilmachungsfall aktiviert werden.
Nach Meinung von Fachleuten war auch die Flugplatzbasis noch nicht die letzte Lösung, um beispielsweise alle Reibereien auszuschließen, die es im Verlaufe der Jahre zwischen den fliegenden und den sicherstellenden Truppenteilen gegeben hatte.

Wartung in der Truppe, Instandsetzung in der Werft

Während die Fliegertechnischen und Nachrichten/Flugsicherungsbataillone (FTB/NFD) bzw. die Flugplatzbasen für die Sicherstellung der Flüge im weitesten Sinne verantwortlich waren und auch die Ersatzteilversorgung zu sichern hatten, oblag ihnen nicht die technische Wartung der Luftfahrzeuge. Dafür war der Fliegeringenieurdienst (FID) verantwortlich, der über entsprechende Einrichtungen im Kommando Luftstreitkräfte/Luftverteidigung (LSK/LV), in den Divisionen sowie Geschwadern und Staffeln verfügte.
Selbstverständlich haben sich auch im FID im Laufe der Jahre Strukturen, Organisationen und Arbeitsprinzipien ebenso verändert wie in den anderen Dienstbereichen. Äußerliches Zeichen von mehrfachen Veränderungen war beispielsweise die Zugehörigkeit des Ingenieurtechnischen Personals (ITP) mit den Piloten zur Staffel bzw. die Herauslösung der ITP und die Zusammenfassung zur technischen Staffel des Geschwaders. Hierbei hat es mehrfach einen Wechsel gegeben. Bis zur Einführung der Mikojan MiG-21 gehörte das ITP immer zur Staffel. Danach bildeten sich zunächst aus dem ITP der Staffeln im Jagdgeschwader die Flugdienststaffel (FDS) sowie die Wartungs- und Reparaturstaffel (WRS), um die komplizierte Technik schneller zu beherrschen. Gleichzeitig benannte man die für periodische Kontrollen zuständige TDK (Technische Durchsicht und Kontrolle) in KRS – Kontroll- und Reparaturstaffel – um, was ihrer eigentlichen Aufgabe entsprach.
Die folgende Übersicht verdeutlicht, wie der Arbeitsaufwand – ausgedrückt in Mechanikerstunden (Mh) – mit jedem neuen Flugzeugtyp für die KRS gestiegen ist.

Typ	50-h-Kontrolle	100-h-Kontrolle
MiG-17 F	154	260
MiG-17 PF	233	385
MiG-19	294	545
MiG-21	380	610

In den siebziger Jahren gehörte das ITP wieder zur Staffel. Das technische Personal jeder Staffel war verantwortlich für die technische Vorbereitung des Flugzeuges, für die Kontrollen unmittelbar vor dem Start sowie für die Nachkontrollen.
Jeweils nach 25 Flugstunden +/- 5 Stunden hatte eine in der Vorschrift genau festgelegte Komplexkontrolle durch alle Fachdienste der Kette – Triebwerk/Zelle, Funk/Funkmeß, Elektro/Spezialausrüstung, Bewaffnung – zu erfolgen. Nach 50/100/200 Flugstunden unterzogen die Spezialisten aller Fachdienste der KRS jedes Luftfahrzeug einer genau festgelegten Kontrolle, worauf ein Werkstattflug folgte. Nach 1000 Flugstunden mußte das Luftfahrzeug in der Regel zur industriellen Instandsetzung.
Seit dem Ende der fünfziger Jahre ist ein bedeutender Teil des NVA-Fluggerätes in der Flugzeugwerft Dresden (Zelle) und vom Werk Ludwigsfelde (Triebwerk, gehörte zeitweilig zu Dresden) betreut worden. Das betraf zuletzt alle Versionen der MiG-21 und MiG-23 sowie die Hubschrauber Mil Mi-8 und Mi-24. Beide Werke verfügten über einen Personalbestand mit umfangreichen Erfahrungen, leisteten anerkannte Qualitätsarbeit und stellten allein in Dresden über 4000 verschiedene Teile in Kleinserie selber her. In den Luftstreitkräften selbst gab es mehrere Reparatureinrichtungen für Luftfahrzeuge, Fla-Raketen, Kfz-Technik sowie Ausrüstungen unterschiedlichster Art. Sie sind in den Übersichten zu den Großverbänden aufgeführt.

In Hilfsfunktionen – Transport- und Verbindungsflieger

Mit der Antonow An-2 und mit der Iljuschin Il-14 besaßen die Luftstreitkräfte von Anfang an Transportflugzeuge, und mit der Jakowlew Jak-18 sowie den tschoslowakischen Typen Aero und L-60 waren auch bald Verbindungsmaschinen verfügbar. Eigentliche Transportfliegerkräfte hat die NVA jedoch nie besessen. Den Stamm für das Entstehen von Transportfliegereinheiten bildete das im Oktober/November 1955 in Preschen für einen theoretischen Kurs zur Umschulung auf die Il-14 zusammengezogene Personal. Der Bestand ist teilweise mit Flugzeugführern vom Lehrgang X aufgefüllt worden. An diesem Lehrgang nahm auch Personal der DDR-Lufthansa teil. Bis

Eine MiG-21 des JG-3 in der Kontroll- und Reparaturstaffel.

Transportfliegerschule Dessau – die linke Il-14 trägt noch den zivilen Kenner auf dem Rumpf, die rechte nicht mehr.

zum Frühjahr 1956 haben sowjetische Instrukteure die Il-14-Besatzungen ausgebildet.
Der ursprünglich vorhandene Bestand an Flugzeugführern sowie an technischem Personal bildete sowohl den Stamm für die damals bereits in der Aufstellung begriffenen Regierungsstaffel (zuletzt TFG-44) als auch für das im Dezember 1956 in Dessau befindliche Transportfliegerausbildungsgeschwader. Während ein Teil der Transportflieger zur weiteren Qualifizierung an die AEROFLOT-Schule Uljanowsk in die UdSSR ging, absolvierten Angehörige des technischen Personals im Flugzeugwerk Dresden direkt in der Il-14-Produktion ab April 1956 ein sechswöchiges Praktikum.
Im Herbst 1956 begann der Aufbau des total zerstörten Flugplatzes der Junkers-Werke Dessau, und Anfang 1957 verlegten die bereits vorhandenen Il-14 von Preschen auf diesen Platz. Die erste Maschine aus der Eigenproduktion, die in Dessau landete, war die Il-14 mit der Bordnummer 421. Danach kamen laufend weitere werkneue Maschinen, womit sich der Schulbetrieb ständig erweiterte. Zu jener Zeit waren der Transportfliegerschule die spätere Verbindungsfliegerstaffel 14 sowie die Il-28-Kette in Cottbus als selbständige Einheiten unterstellt.
Mit Zunahme des Ausbildungsumfangs in Dessau – zur Il-14 waren An-2 und L-60 sowie die Hubschrauber SM-1 und Mi-4 hinzugekommen – wurde die Schule mehrmals umstrukturiert. So verlegten die An-2 zeitweilig nach Brandenburg-Briest, bis nach Fertigstellung des Flugplatzes Garz (bei der DDR-Lufthansa/INTERFLUG als Flugplatz Heringsdorf bezeichnet) eine Dauerausweichmöglichkeit gefunden war. Nach Garz verlegten die beiden L-60-Staffeln sowie die An-2-Staffel als Transportfliegerausbildungsgeschwader 27.
Eine Besonderheit der Transportfliegerschule mit ihren beiden Ausbildungsgeschwadern (Starrflügler – TAG-17 und TAG-27) bestand darin, daß sie nicht nur Besatzungen für die Luftstreitkräfte, sondern auch für die zivile Fluggesellschaft der DDR ausbildete. In Dessau dienten im Durchschnitt neun Il-14 für die Ausbildung von zivilen Kommandanten, und in Garz wurden zivile Besatzungen für An-2 und L-60 (Düngerstreuer) geschult.
Als genügend Personal vorhanden war, sah man keine Notwendigkeit mehr für eine Transportfliegerschule. Nach deren Auflösung im Jahre 1963 verlegten die Il-14 im Bestand einer Transportstaffel nach Dresden. Die 20 L-60 wurden der INTERFLUG übergeben, und die Verbindungsfliegerketten der Divisionen sowie der Offiziersschule erhielten die An-2.
Während die An-2 vom Beginn bis zum Ende der NVA im Bestand blieb, war die Il-14 bis 1980 das fliegende Arbeitspferd, trotz ihrer großen Rumpfhöhe und der seitlichen Ladetür. Das sehr sichere und zuverlässige Flugzeug diente über viele Jahre auch als Fotomaschine für die Wirtschaft des Landes. So unternahm es die notwendigen regelmäßigen Fotoflüge über den Braunkohletagebaugebieten.
Von einem eigentlichen Transportflugzeug der NVA ist erst mit der Übernahme der An-26 durch die Transportstaffel 24 in Dresden zu sprechen. Die vier Aero 45 sowie die vier An-14 der Strausberger Staffel stellten nur Episoden dar, wobei für das Leistungsvermögen der An-14 der Ausspruch ihrer Piloten steht, es handele sich um einen »aerodynamischen Ziegelstein«.
Die tschechoslowakische L-410 UVP wurde in der Salonausführung in der Verbindungsfliegerstaffel Strausberg und in der Mehrzweckversion von der Schulstaffel Kamenz geflogen. Beide Ausführungen waren sehr beliebt. Die ebenfalls aus der Tschechoslowakei stammende viersitzige Z-43 diente vor allem als Verbindungsmaschine zwischen den Stäben und als schnelles Transport-

1961 – eine L-60 als Kuriermaschine bei den Landstreitkräften.

Kabinentraining in der L-60.

mittel für die Fluginspekteure vom Kommando in Strausberg zu den Flugplätzen.
Die größte Formation bei den Transport- und Verbindungsfliegerkräften bildete das Regierungsfliegergeschwader mit seinen Passagierflugzeugen und -hubschraubern. Sie wurden vornehmlich für die obersten Chargen des Parteiapparates, der Regierung, des Verteidigungsministeriums sowie des Kommandos LSK/LV eingesetzt. Von diesem Geschwader waren die Staffeln mit den Tupolew Tu-154M, Tu-134A und Mil Mi-8S in Marxwalde/Neuhardenberg stationiert. Da dort für die Iljuschin Il-62M kein Platz mehr vorhanden war, mußte diese Einheit nach Berlin-Diepensee (Schönefeld) ausweichen.

Von den Fluginspekteuren gern benutzt – die Z-43 aus der Tschechoslowakei.

Wurde aus Polen eingeführt und dort auch werkmäßig repariert – der für drei Mann eingerichtete Hubschrauber SM-1, Lizenzbau der Mi-1.

Brandenburg-Briest gab Besatzungen und Hubschrauber an die Marine als Stamm für das spätere Marinehubschraubergeschwader ebenso ab wie für die Hubschrauberketten der Grenztruppen. Nicht zuletzt kam das erste Personal samt Hubschraubern für die zivile DDR-Luftverkehrsgesellschaft ebenfalls aus Brandenburg-Briest. Von diesem Personal ist der vom Hersteller dafür gar nicht vorgesehene Hubschrauber Mi-4 sehr erfolgreich im Kranflug erprobt und eingesetzt worden. Die gesammelten Erfahrungen haben dazu gedient, daß später die Mi-8 der INTERFLUG beispielsweise bei der Elektrifizierung der Reichsbahn-Strecken mit beachtlichen Ergebnissen verwendet werden konnten.
Die ab 1984 den beiden Militärbezirken – also den Landstreitkräften – unterstehenden Kampfhubschraubergeschwader (Militärbezirk III Leipzig – KHG-3, Militärbezirk V Neubrandenburg – KHG-5) sind ebenfalls aus dem Hubschraubergeschwader Brandenburg-Briest hervorgegangen, selbstverständlich ebenfalls das Hubschrauberausbildungsgeschwader HAG-35. Zu diesem gehörten zwei Mi-8-Simulatoren, die sowohl von militärischen als auch von zivilen Hubschrauberführern genutzt worden sind.
Die den Marinefliegern in Parow zugeführten Mi-4 dienten zunächst für Seeüber-

Hubschrauber – Mädchen für alles

Für die Hubschraubereinheiten hatte es in der Volkspolizei Luft bzw. Kasernierten Volkspolizei keine Vorläufer gegeben. Diese Einheiten sind erst in der Anfangszeit der NVA aufgestellt worden. Die Basis für alle Hubschrauberformationen in der DDR bildete Brandenburg-Briest mit dem zuletzt als Transporthubschraubergeschwader THG-34 bezeichneten Truppenteil. Über einen langen Zeitraum hinweg sind hier die Besatzungen sowie die Angehörigen des technischen Personals für die Hubschrauber SM-1/Mi-1 und Mi-4, später Mi-2 und Mi-8 herangebildet worden.

wachungs- und Rettungsaufgaben. Mit der Übernahme der mit einem Radargerät ausgestatteten Mi-4 MÄ steigerten sich zwar die Möglichkeiten zum Handeln über See und zum Einsatz als U-Jagd-Hubschrauber, doch entsprach der aus nur einem Kolbenmotor bestehende Antrieb des Hubschraubers keineswegs mehr den modernen Sicherheitsanforderungen.
Das änderte sich mit der Übernahme der Mi-8, die über zwei Gasturbinentriebwerke verfügt. Dieser Typ wurde vom Marinefliegergeschwader MFG-18 in Parow für Verbindungsflüge ebenso verwendet wie für Rettungsmissionen.
Ungewöhnlich ist, daß von der DDR-Marine auch die Kampfhubschrauberausführung Mi-8TB beschafft worden ist. Nach Ansicht der Militärs eignete sich diese Version für die Küstenverteidigung – zum Bekämpfen von Überwasserzielen wie von Anlandungen. Als vorteilhaft galt dabei die Ausstattung der Mi-8TB mit Panzerabwehrlenkraketen sowie die Möglichkeit zur Aufnahme unterschiedlicher Abwurfwaffen einschließlich der 500-kg-Minen.
Mit der Mi-14PL übernahm Parow einen speziellen U-Jagd- und mit der Mi-14BT einen Minensuchhubschrauber.
In allen Einsatzbereichen sind die Hubschrauber der NVA als normale Transportmaschinen sozusagen im Grunddienst verwendet worden. Darüber hinaus hatten sie Außenlastflüge, Aufklärungs- und Kernstrahlungsmeß-Missionen zu erfüllen. Sie dienten ebenfalls zum Abwurf von Sturzflugscheiben als Zieldarsteller für Luftfahrzeuge und Fla-Waffen, zum Legen von Minensperren aus der Luft mit Hilfe von Rutschen, zum Absetzen von Fallschirmspringern, Kampfschwimmern oder mot. Schützen (Panzergrenadiere).
Im Verlaufe vieler Jahre unternahmen NVA-Hubschrauber die unterschiedlichsten Rettungsflüge, jedoch gab es nur bei Starrflüglereinsätzen über See ein ständiges Bereitschaftssystem. Dazu war ein Rettungshubschrauber auf dem Flugplatz Peenemünde stationiert. Im Frühjahr 1990 sind mehrere Hubschrauber der Typen Mi-2, Mi-8T/TB und Mi-14 im Interesse der Schnellen Medizinischen Hilfe auf Initiative der Truppe umgerüstet und erfolgreich eingesetzt worden.

Mi-4 im Einsatz bei der Marine, in Parow/Stralsund basiert.

Mi-8 der Marine im Rettungseinsatz.

In Nebenlinien – Aufklärer, Zieldarsteller, Grenzflieger und die Dynamo-Kette der Stasi

In Publikationen über die militärische Fliegerei der DDR spielten einige Zweige aus unterschiedlichen Gründen keine Rolle. Das betraf die Aufklärungsflieger schon deshalb, weil es sie über längere Zeit überhaupt nicht gab. Allgemeine Aufklärung hatte alles zu betreiben,was flog. Von Fall zu Fall sind den Besatzungen von Jagdflugzeugen, Jagdbombern, Transportern oder Hubschraubern in der Ausbildung spezielle Missionen übertragen worden. Die offiziellen Aufgaben der 1974/75 gebildeten Aufklärungsstaffel oder der für Aufklärungsflüge verwendeten Antonow An-26 sowie Suchoi Su-22 waren für die Öffentlichkeit natürlich ebenfalls kein Thema. Das betraf auch die regelmäßigen Zieldarstellungsflüge; beispielsweise der Jagdflugzeuge für die Fla-Raketenstellungen.
Da die elektronische Abstrahlung der Auffassungs- und Raketenleitstationen nicht nach Westen oder in Richtung Westberlin gerichtet sein durfte, mußten die Stellungen in ganz bestimmten engen Sektoren angeflogen werden, was zumeist mit den während der Flugdienste geplanten Flügen kombiniert worden ist.

Die Besatzung der Il-28 bestand aus dem Piloten, dem Navigator und dem im Heck untergebrachten Bordfunker/ Schützen.

Landung auf dem Flugplatz Bautzen nach dem letzten Flug einer Il-28 zur historischen Vorstartlinie.

Zur Zieldarstellung für die Abfangjagdflugzeuge dienten die eigenen Maschinen eines Truppenteils beim täglichen Flugdienst, während bei Übungen oder für Überprüfungen im Diensthabenden System Maschinen der anderen Luftverteidigungsdivision (LVD) bzw. eines anderen Geschwaders der eigenen LVD oder auch der Fliegerschule flogen. Für die Flak-Einheiten dienten in den Anfangsjahren Jakowlew Jak-11, später Mikojan MiG-15 oder MiG-17 als Ziele. Dabei wurden die Geschütze nur auf die Flugzeuge gerichtet. Um auch den scharfen Schuß von Fla-Waffen auf Luftziele trainieren zu können, ist die Iljuschin Il-28 mit ihrem auswerfbaren Luftsack ab 1960 verwendet worden. An die Stelle der stark verschlissenen Maschinen trat die L-39V mit dem Schleppziel KT-04 – beides aus der Tschechoslowakei stammend. Die L-39 wurde auch mit Unterflügelcontainern und ausstoßbarem Luftsack (Eigenentwicklung) geflogen.
Bei den jährlichen Schießtrainings von MiG-21-Einheiten in der UdSSR feuerten die Piloten auf ferngesteuerte Luftziele der Reihe La-17 oder auf eine vom eigenen Flugzeug gestartete Köderrakete.
Dies alles war ebensowenig ein Thema für die Öffentlichkeit wie Aufgaben, Ausrüstung und Struktur der Grenzflieger, die zuletzt aus einer Hubschrauberstaffel (HS-16) mit den Typen Mil Mi-2 und Mi-8 bestanden. Der Standort der Hubschrauberstaffel 16 war Nordhausen, unterstellt war die Einheit dem Kommando der Grenztruppen mit Stab in Pätz bei Königswusterhausen. Die Staffel ist aus den früheren drei Grenzketten hervorgegangen, die im Mai 1964 aus dem Bestand des Hubschraubergeschwaders Brandenburg-Briest herausgelöst worden sind. Offensichtlich hat sich die ursprüngliche Verteilung als Grenzkette Süd, Grenzkette Nord und Grenzkette Stadtkommandantur Berlin als uneffektiv erwiesen, so daß die Maschinen zu einer Staffel zusammengefaßt und an einer Stelle stationiert worden sind. Am 30. September 1990 verfügte die HS-16 über folgenden Hubschrauberbestand: eine Mi-8TB, zehn Mi-2, davon drei in der Fotoversion Mi-2F.
Bliebe schließlich der Vollständigkeit halber noch zu erwähnen, daß auf dem angeblichen GST-Flugplatz Eilenburg eine An-2-Einheit stationiert war, die hinter vorgehaltener Hand als Dynamo-Kette bezeichnet wurde. Der Begriff Dynamo-Kette taucht in keinem offiziellen Dokument des Kommandos LSK/LV auf. Es handelte sich dabei um eine Einheit, die 1963 für den Fallschirmspringertrainingsbetrieb von Dynamo Hoppegarten des Ministeriums für Staatssicherheit (MfS) gebildet wurde.
Die ständig ausgewechselten Flugzeugführer stellten die Luftstreitkräfte; die Absetzmaschinen vom Typ Antonow An-2 gehörten dem MfS. Im Verlaufe der Jahre war die Kette auf unterschiedlichen Flugplätzen basiert: Groß Schönebeck, Eisenhüttenstadt, Müncheberg und zuletzt Eilenburg. Die Struktur der Kette hat sich im Verlaufe der Jahre geändert. Etwa 1986 wurde sie völlig aus den Luftstreitkräften ausgegliedert. Die zuletzt verwendeten vier An-2 sind im Januar 1990 (An-2TP, Bordnummer 863) bzw. im März 1990 (An-2TD: 799 und 800, An-2TP: 811) an die INTERFLUG verkauft worden.

Letztes Strukturglied – die Jagdbombergeschwader

Seit ihrem Entstehen im Ersten Weltkrieg sind Jagdflugzeuge mit mehr oder weniger großem Erfolg für verschiedene Aufgaben verwendet worden. So hatten sie neben ihrem eigentlichen Zweck – gegnerische Flugzeuge in der Luft abzufangen und zu vernichten – auch Bodenziele zu bekämpfen und Luftaufklärung zu betreiben.
Die Jagdflugzeuge der NVA – die Mikojan MiG-15, MiG-17 oder MiG-21 – waren von ihren Konstrukteuren als Frontjagdflugzeuge ausgelegt worden. Das bedeutete nicht nur, daß sie selbst von Rasenplätzen

aus operieren konnten, sondern daß sie auch in dieser angedeuteten Mehrfachrolle verwendbar waren.
In den Jagdfliegergeschwadern der NVA ist zwar das Hauptaugenmerk auf die Ausbildung im Abfangen von Luftzielen unter allen Tages- und Wetterbedingungen gelegt worden, gleichzeitig wurden aber auch das Training im Schießen auf Erdziele oder der Bombenabwurf nicht vernachlässigt. Regelmäßig ist das Zusammenwirken mit den Landstreitkräften bei Übungen und Manövern trainiert worden. Dabei handelten die Jagdflugzeuge als Jagdbomber und Aufklärer.
Ende der sechziger Jahre reichten dem Oberkommando des Warschauer Paktes die militärischen Aufwendungen der DDR nicht mehr aus, welche diese für die mögliche Unterstützung der Landstreitkräfte aus der Luft unternahmen. Insbesondere die Auswertung der Kämpfe im Nahen Osten veranlaßten die sowjetischen Militärtheoretiker, eine engere Verbindung zwischen den Luft- und Landstreitkräften zu fordern. Daraufhin sind die Mitgliedstaaten des Warschauer Paktes gedrängt worden, diese Komponente in ihren Fliegerkräften zu verstärken.
Mit der Argumentation einer ständig wachsenden Bedrohung durch die NATO ist in der DDR mit dem Aufbau von Truppenteilen begonnen worden, die in erster Linie die Landstreitkräfte unterstützen sollten.
Obwohl klar war, daß die vorhandenen Flugzeugmodelle für diese Aufgabe nur bedingt geeignet waren, mußten sich die Verantwortlichen der DDR aus ökonomischen Gründen zu einer möglichst kostengünstigen Variante entschließen. Dazu bot sich die MiG-17 F an. Sie war frei geworden, als alle Jagdgeschwader die MiG-21 übernommen hatten. Zu jener Zeit gab es in der Sowjetunion, in Polen und in der Tschechoslowakei bereits Bemühungen, aus mehreren Versionen der MiG-15 und MiG-17 vollwertige Jagdbomber zu entwickeln. Vor allem ging es darum, die Gefechtsmöglichkeiten beim Einsatz in dieser Rolle zu erhöhen.
Polnische Konstrukteure lieferten die Anregung für eine technische Veränderung an der MiG-17 F der NVA: Zwischen der Unterflügelaufhängung und dem Rumpf wurde je

Die MiG-17 F als Jagdbomber mit zwei Behältern MARS 2. Statt der Zusatzbehälter konnte je Seite eine Bombe mitgeführt werden.

Die MiG-19 S war ab Werk für die Montage von Kassetten mit Luft-Boden-Raketen S-5 vorgesehen.

Für den Erdeinsatz – MiG-21 bis des JG-8 mit vier Bomben.

Seite eine weitere Unterflügelstation zur Aufnahme einer Standard-Kassette für 16 ungelenkte Luft-Boden-Raketen S-5 im Kaliber 57 mm befestigt. Ansonsten war die MiG-17F mit ihren drei großkalibrigen Maschinenkanonen und einem Kampfsatz von 200 Granaten (2 x 80 à 23 mm, 1 x 40 à 37 mm) durchaus in der Lage, wirksam gegen Bodenziele vorzugehen. Statt des Kraftstoffzusatzbehälters an jeder Seite konnten eine Bombe oder eine großkalibrige Luft-Boden-Rakete mitgeführt werden.
Im Jahre 1971 ist das Jagdbombergeschwader (JBG-37) in Drewitz aus MiG-17F und Schulmaschinen MiG-15UTI formiert und der 1. Luftverteidigungsdivision unterstellt worden. Bis 1975 wurden alle MiG-17F in der Flugzeugwerft Dresden mit der polnischen Kassette MARS-2 nachgerüstet.
Offensichtlich bereitete die Tatsache, daß die NVA über – wenn auch nur improvisiert und in bescheidenen Anfängen – Jagdbomber verfügte, politisch-propagandistisches Unbehagen. Jedenfalls durfte in der Militärpresse über das JBG-37 nur in verschwommener Form berichtet werden.
Noch perfekter war die Geheimhaltung im Jahre 1984, als das JBG-77 aufgebaut wurde: Die ersten Suchoi Su-22 kamen per Lufttransport in zerlegtem Zustand auf den Flugplatz Rothenburg, um dort montiert und eingeflogen zu werden. Die dann von deutschen Piloten nach Laage überführten Maschinen flogen den Platz nicht direkt, sondern auf Umwegen und im Tiefstflug an. Damit sollten die Radarbeobachter auf der anderen Seite der Grenze über Typ und Anzahl der Maschinen im unklaren bleiben. Erst die zweite Lieferung für das ebenfalls in Laage zu stationierende Marinefliegergeschwader (MFG-28) ist von sowjetischen Iljuschin Il-76 direkt nach Laage transportiert worden. Dort haben wiederum Vertreter des Herstellerwerkes die Flugzeuge montiert, eingeflogen und an die deutsche Seite übergeben.

Offiziell nicht vorhanden – die dritte Fliegerdivision

Das 1971 geschaffene Jagdbombergeschwader der NVA genügte auf die Dauer dem Vereinten Oberkommando im Warschauer Pakt nicht. Gefordert wurde, je Armee (in der NVA vergleichbar Militärbezirk = allgemeine Armee der Landstreitkräfte, also MB-III Leipzig und MB-V Neubrandenburg – zwei Armeen) mindestens ein Jagdbomber- und ein Kampfhubschraubergeschwader verfügbar zu haben. Unterstützt worden ist diese Forderung durch die an der Militärakademie »Friedrich Engels« entwickelten Ideen zum Thema Luftunterstützung von Angriffsoperationen der Landstreitkräfte durch Jagdbomber und Kampfhubschrauber.
In die Praxis sind die Vorstellungen 1981/82 durch die Bildung eines Stabes in Strausberg/Eggersdorf umgesetzt worden, der als Führungsorgan der Front- und Armeefliegerkräfte (FO FAFK) bezeichnet wurde. Im Grunde genommen handelte es sich hierbei um den Stab einer dritten Fliegerdivision der NVA.
Insider bieten für diese umständliche Umschreibung zwei Gründe als Erklärung an: Das Kuriosum kam zustande, weil zur westlichen Seite hin keine Handhabe geliefert werden sollte, um die Stärke des neuen Verbandes bei irgendwelchen Verhandlungen mitzählen zu müssen. Zur östlichen Seite hin wollte man nach Ansicht früherer Angehöriger des FO nicht von einer Fliegerdivision sprechen, damit nicht noch weitergehende Forderungen gestellt werden.
Dieses FO ist nicht einmal in der Militärpresse erwähnt worden, ebensowenig durfte darauf eingegangen werden, daß die Jabos MiG-17F ab 1980 nach und nach durch MiG-23BN ersetzt worden sind. Wurde dieser Verband tatsächlich einmal erwähnt, so galt er als »Einrichtung«. Eine Einrichtung war nach NVA-Terminologie aber auch eine Werkstatt mit 20 Angehörigen.
Eine weiteres Kuriosum dieses FO war die Unterstellung der Truppenteile und Einheiten, die zwar nach Friedens- und nach Kriegsbedingungen unterteilt, jedoch Änderungen unterworfen war. Unterstanden dem FO ab Gründung das JBG-37, die beiden Kampfhubschraubergeschwader sowie die Transportflieger, so wurden die Kampfhubschrauber-Truppenteile im November 1984 herausgelöst und den Landstreitkräften direkt unterstellt. Dafür gab es im Kommando Landstreitkräfte Potsdam einen Generalmajor als Chef Armeefliegerkräfte. Begründet wurde das mit veränderten militärtheoretischen Ansichten.
Aus dem FO FAFK wurde das FO FMTFK – das Führungsorgan Front- und Militärtransportfliegerkräfte. Diesem Stab sind bei Bildung das Jagdbombergeschwader JBG-77 und das Marinefliegergeschwader MFG-28 mit den Suchoi Su-22 unterstellt worden.
Damit gingen die Ungereimtheiten weiter: Ursprünglich war vorgesehen, das Marinefliegergeschwader während der Ausbildung und in Friedenszeiten sowie in allen Bereichen der Sicherstellung (Logistik) den Luftstreitkräften zu unterstellen. Im Mobilmachungsfall sollte der Chef der Marinefliegerkräfte im Kommando der Volksmarine die Führung übernehmen. Von ehemaligen Angehörigen des FO war jedoch zu erfahren, daß der Chef Luftstreitkräfte/Luftverteidigung eifersüchtig über dieses Geschwader wachte und es auch im Gefechtsfall von seinem Kommando geführt haben wollte. Lediglich auf Anforderung sollte es die Marine unterstützen.
Geplant waren der Ausbau der beiden Su-22-Geschwader, die spätere Übernahme von Su-22 durch die beiden Aufklärungsstaffeln TAFS-47 und -87 sowie der Aufbau eines mit dem Schlachtflugzeug Su-25 ausgerüsteten Geschwaders. Die MiG-23BN war für den Verkauf vorgesehen, doch fand sich dafür kein Abnehmer.
Die speziell als Jagdbomber entwickelte Su-22M4 mit ihren Navigations- und Bewaffnungsvarianten, ihrem leistungsfähigen Antrieb sowie der Kraftstoffzuladung entsprach den Vorstellungen von einem solchen Flugzeugtyp. Dagegen wurden die Gefechtseigenschaften der MiG-23BN in der NVA als nicht ausreichend angesehen.
Mit dem Aufbau der Su-22-Geschwader hatte die Entwicklung des Kommandos Luftstreitkräfte/Luftverteidigung sein letztes Strukturglied erreicht: Es verfügte neben den Fla-Raketentruppen über Jagd-, Transport- und Verbindungsfliegerkräfte, über Hubschrauber und nun auch über einen Jagdbomber-Verband mit drei Geschwadern. (Gliederung des FO FMTFK Seite 46).
Für den Kriegsfall sollten dem FO das zur Fliegerschule gehörende Hubschraubergeschwader (HAG-35), die Ausbildungsstaffel in Kamenz sowie Teile der INTERFLUG unterstellt werden.

Luftaufklärung – zunächst ohne, dann mit allem, was fliegt

Die Luftaufklärung spielte in der Geschichte der DDR-Fliegerkräfte eine wechselhafte Rolle. Im Jahre 1954 ist in jedem der drei Aeroklubs der Kasernierten Volkspolizei Luft eine Aufklärerkette formiert worden.
Die Luftstreitkräfte hingegen verfügten nach 1956 über einen längeren Zeitraum hinweg über keine speziellen Aufklärer und über keine Aufklärungseinheiten. In jedem Geschwader war lediglich eine mehr oder weniger dafür ausgebildete, nichtstrukturmäßige Kette vorgesehen, vornehmlich im Interesse der Landstreitkräfte in zugewiesenen Räumen visuell aufzuklären. So waren zunächst einige Mikojan MiG-15bis, nach Wechsel der Ausstattung dann einige MiG-17F (etwa 1958) oder MiG-21F 13 (um 1964) mit einer Luftbildkamera AFA-39 ausgerüstet und mehrere Flugzeugführer im Fotoflug ausgebildet. Anzumerken ist, daß jede

Nach dem Herauslösen aus den Jagdverbänden noch als Aufklärer verwendet – mit Luftbildkammer versehene MiG-21 F 13 der Taktischen Aufklärerstaffel TAFS-47, später abgelöst von der MiG-21 M.

fünfte Maschine dieser Typenreihe ab Werk für die Aufnahme einer Kamera im Rumpf vorbereitet war.
Grundsätzlich galt die Luftaufklärung als eine Aufgabe aller Führungsebenen sowie aller Fliegergattungen – also der Jagdflieger ebenso wie der Jagdbombenflieger, der Transporter- und Hubschrauberbesatzungen, der Marineflieger wie der Grenzflieger. Diese allgemeine Aufgabe zum Sammeln von Informationen aus der Luft blieb auch erhalten, als ab November 1974 eine spezielle Aufklärungsstaffel aufgebaut wurde.
Offiziell hieß es, daß zur Ermittlung der erforderlichen Angaben über die aufzuklärenden Objekte die Methoden visuelle Beobachtung, Luftbildaufklärung und Aufklärung mit funkelektronischen Mitteln zu betreiben sind. Für die beiden Methoden mit technischen Geräten kamen natürlich nur die strukturmäßigen Kräfte – Einheiten oder einzelne, speziell dafür umgerüstete Luftfahrzeuge – in Frage.
Von allen fliegenden Besatzungen ist die visuelle Beobachtung ständig trainiert worden. Führungsstellen am Boden nahmen die codiert abgesetzten Meldungen auf. Spezielle Trainings gab es in jedem Quartal. Dafür flog ein Paar MiG-21 der taktischen Aufklärerstaffel (TAFS-47) auf einer Strecke, die über das gesamte Territorium der DDR verlief. Dabei setzten die Flugzeugführer ihre Meldungen nach einer im Warschauer Pakt einheitlichen Tabelle in russischer Sprache auf dem Flugfunkkanal 22 (129,25 MHz) ab. Durch Kontrollen ist dann festgestellt worden, ob die Gefechtsstände und Führungsstellen aller Teilstreitkräfte – also nicht nur der LSK/LV, sondern auch der Landstreitkräfte und der Marine – diese Meldungen aufnahmen.
Die visuelle Beobachtung galt als ein Schwerpunkt bei allen Übungsmaßnahmen. Bei mehreren Inspektionen ist festgestellt worden, daß die Flugzeugführer der TAFS-47 eine Genauigkeit von 150 m in der Koordinatenbestimmung von Zielen erreichten.
In dem 1983 vom Chef Aufklärung der NVA verabschiedeten »Katalog Aufklärungsmittel der taktischen Aufklärung« (K 043/3/001) sind neben einer Vielzahl von Geräten und Fahrzeugen auch alle Flugzeug- und Hubschraubertypen einschließlich der Strahltrainer der NVA als Mittel zur Truppen- oder taktischen Aufklärung benannt und nach ihren taktischen und technischen Möglichkeiten eingestuft worden.
Was nicht in dem Katalog stand,ist die Tatsache, daß der in Kiew gebaute und in Dresden-Klotzsche stationierte Transporter Antonow An-26T mit der Bordnummer 373 in der DDR zum funkelektronischen Aufklärer umgebaut worden ist. Im Auftrag der Verwaltung Aufklärung im Verteidigungsministerium startete diese Maschine mit einer vom Funkaufklärungsregiment 3 in Dessau (Zentraler Funkdienst der NVA) abgestellten Spezialtruppe von jeweils acht Mann an Bord ab Herbst 1985 regelmäßig je Woche zu einem oder zwei Flügen entlang der damaligen Westgrenze. Die Tarnbezeichnung für dieses streng geheime Unternehmen hieß »Diskant«. Dabei ging es um die Aufklärung des Richtfunks ebenso wie um Funksendungen im UKW- und im KW-Bereich und von Frequenzen der Radar- und Feuerleitgeräte.
Zu Beginn dieser »Diskant«-Flüge gab es bereits über zehn Jahre eine reguläre Aufklärer-Einheit, die im Rahmen des Jagdfliegergeschwaders 3 in Preschen formiert wurde. Aus dem Bestand der damals mit dem Jagdflugzeug MiG-21F 13 – der ältesten Version des Typs MiG-21 – ausgerüsteten 3. Staffel war vom 1. November 1974 bis zum 30. November 1975 die Aufklärungsstaffel 31 (AFS-31) gebildet worden. Die Flugzeugwerft Dresden hatte damals die MiG-21F 13 der AFS-31 mit einer fest eingebauten Luftbildkammer AFA-39 aus sowjetischer Produktion ausgerüstet. Die in Taktische Aufklärungsstaffel 47 (TAFS-47) umbenannte Einheit ist aus dem Bestand des JG-3 herausgelöst und dem Führungsorgan der Front- und Armeefliegerkräfte unterstellt worden. Ausgerüstet war die 37 Offiziere, 81 Unteroffiziere/Soldaten und 72 Zivilbeschäftigte umfassende Staffel zuletzt mit 13 MiG-21M sowie drei Trainern MiG-21US. (Stand: 30 September 1990).
Die MiG-21M waren, wie früher die ausgesonderten MiG-21F 13, mit je einer AFA-39 ausgerüstet. (Eine Besonderheit dieser MiG-21 bestand drin, daß sie Doppelträger für Luft-Luft-Raketen erhalten hatten.) Darüber hinaus standen aber auch mehrere Aufklärungscontainer zur Verfügung, die in Zusammenarbeit von Fachleuten der TAFS-47 und des Bereiches Funk/Funkmeß des Fliegeringenieurdienstes im Kommando LSK/LV entwickelt und in der Flugzeugreparaturwerkstatt 24 in Kamenz hergestellt worden sind. Basis für die drei unterschiedlichen Containertypen war der Metallkörper des Abschußbehälters UB-16 für 16 ungelenkte Luft-Boden-Raketen S-5 im Kaliber 57 mm.
Im Jahre 1985 wurde der Prototyp mit der sowjetischen Luftbildkammer AFA-BFA 40 für Schrägaufnahmen oder Senkrechtaufnahmen aus großer Höhe (CLA-85: Container zur Luftaufklärung 1985) erprobt und als geeignet befunden. Nach diesem Prinzip sind zwei Luftbildcontainer CLA-87/I für Senkrechtaufnahmen, ein Container CLA-87/II mit Videokamerarekorder Panasonic sowie zwei Container CLA-87/III für Senkrecht- und Schrägaufnahmen hergestellt und in der TAFS-47 verwendet worden.
Geplant war es, die Ausrüstung mit diesen Containern auf folgenden Bestand zu erweitern: Sechs CLA-87/I, zwei CLA-87/II und sechs CLA-87/III. Mit einer Luftbildausrüstung von Carl Zeiss Jena sowie funktechnischer Aufklärungstechnik bestückt befand sich bei der Flugzeugwerft Dresden ein aus Kunststoff bestehender Container in der Entwicklung, die ebenfalls nicht abgeschlossen worden ist.
Die Aufklärungsstaffel 47 war zwar in Preschen stationiert, gehörte aber in der eigentlichen Zusammenarbeit zum Jagdbombergeschwader 37 Drewitz. Für das

Aus der Raketenkassette UB-16 wurde der Aufklärungscontainer CL-85.

Luftbildaufklärungscontainer CLA-87/II.

Etwas anders sieht der Vorgänger CLA-87/I aus.

Zusammenwirken mit dem JBG-77 Laage sollte die ab Oktober 1988 in Drewitz in der Aufstellung befindliche TAFS-87 dienen. Die Aufstellung ist jedoch nicht beendet worden. Für die Ausbildung der Flugzeugführer dieser neuen Aufklärungsstaffel sind zwei Flugzeuge aus der Reservetechnik von der TAFS-47 zur Verfügung gestellt worden. Die für die TAFS-87 vorgesehenen zwölf Einsitzer MiG-21M und zwei Doppelsitzer MiG-21UM waren zwar verfügbar, hatten aber noch keine Luftbildausrüstung. Auswertungsmöglichkeiten waren ebenfalls noch nicht vorhanden.
In der weiteren Planung war festgelegt, die veralteten MiG-21M auszusondern und im Interesse der einheitlichen Technik durch Suchoi Su-22M4 zu ersetzen. Die so ausgerüsteten Einheiten sollten den Jagdbombergeschwadern als neue Staffel unterstellt werden.
In den beiden mit je 24 einsitzigen Su-22M4 ausgerüsteten Jagdbombergeschwadern JBG-77 und MFG-28 gab es je eine Kette, die zur Luftbild- sowie funktechnischen Aufklärung am Tage und in der Nacht ausgebildet war. Der Schwerpunkt lag dabei auf der funktechnischen Komponente. Je Geschwader gab es sechs Aufklärungscontainer KKR-1T. Zwar waren acht Flugzeugführer insgesamt daran speziell ausgebildet, doch fliegen konnte im Grunde genommen damit jeder Su-22-Pilot. In der Regel wurde auf der Strecke Jena – Erfurt – Karl-Marx-Stadt (Chemnitz) in 6100 oder 7000 m trainiert. An bestimmten Stellen wurde die Aufklärungsapparatur eingeschaltet, was dem Flugzeugführer durch das Aufblinken einer Lampe angezeigt wurde.
Flog die Su-22M4 mit dem Aufklärungscontainer KKR-1T, so war kein Kunstflug möglich. Geschwindigkeit und Lastvielfaches blieben begrenzt. Das Aufmunitionieren zum Wiederholungsstart bei angehängtem Container war nicht möglich. Mit großen Zusatzbehältern wurde eine Flugzeit von drei Stunden erreicht.
Ausgehend von der erwähnten Tatsache, daß sich jedes Luftfahrzeug für die Aufklärung eignet, waren auch die Hubschrauber der Land- und Seestreitkräfte sowie der Grenztruppen in diese Aufgaben eingebunden.
So verfügte jedes der beiden Kampfhubschraubergeschwader – KHG-3 für den Militärbezirk III Leipzig und KHG-5 für den Militärbezirk V Neubrandenburg – über zwei Hubschrauber vom Typ Mil Mi-2 mit spezieller Ausrüstung: Je eine Mi-2 war mit Meßbildkammern MRB-15 und MRB-30 ausgerüstet, während je eine Mi-2 eine AFA-39 sowie funk- und funktechnische Aufklärungssätze mitführte.

Die Marine hatte im Marinehubschraubergeschwader 18 in Parow einen Hubschrauber Mi-8 mit der Luftbildkammer AFA-BAF 40 versehen stationiert. Dieser Hubschrauber diente zur Luftbild- sowie zur funk- und funktechnischen Aufklärung. Für die Auswertung der Luftbildaufnahmen war die Einrichtung in Laage zuständig, während die funk- und funktechnischen Aufklärungsergebnisse im Funkdienst der Marine in Zingst verarbeitet worden sind.
Die Hubschrauberstaffel 16 der Grenztruppen verfügte am Standort Salzwedel ebenfalls über eine Mi-8 für Luftbildaufnahmen. Mit den Luftbildkammern AFA-42/110 und UMK-30 ließen sich Luftbildaufnahmen vom Grenzgebiet und Schrägluftbildaufnahmen bis zu 20 km Tiefe anfertigen. Eine eigene stationäre Bildstelle wertete die Aufnahmen aus.

Radar – Augen durch Nacht und Nebel

Nur angedeutet werden kann hier die Entwicklung, die sich bei den Funktechnischen Truppen (Radarsicherstellung) vollzogen hat: In den Anfangsjahren verfügte jedes Geschwader über eine Funktechnische Kompanie (FuTK). Lagen zwei Geschwader auf einem Flugplatz, so hatten sie gemeinsam eine FuTK. Wie bereits betont, war diese Kompanie dem Geschwader zur Radarführung der eigenen Maschinen und zur Darstellung der Luftlage operativ zugeordnet, um die Abfangjagdflugzeuge nach dem Start an das Luftziel heranzuführen und danach wieder sicher zum eigenen Flugplatz oder bei Wettereinbruch, eventuell auch bei zu geringem Kraftstoffvorrat, zu einem Ausweichflugplatz zu leiten.
Truppendienstlich unterstand die FuTK jedoch dem Funktechnischen Bataillon (FuTB), dessen Stab sich beim Gefechtsstand der Division befand. Diesem Gefechtsstand war der Geschwadergefechtsstand untergeordnet, und der Division wurden die Informationen über die jeweilige Luftlage übermittelt. Der Zentrale Gefechtsstand (ZGS-14) nahm 1958 im Stab in Eggersdorf/Strausberg die Tätigkeit auf, verlegte aber später in einen Bunker bei Fürstenwalde/Spree, im Soldatenjargon »Fuchsbau« genannt.
Im Rahmen der erwähnten Umstrukturierungen für den Übergang in das gemeinsame Luftverteidigungssystem des Warschauer Paktes wurde auch das Funkmeßfeld mit den dafür notwendigen Führungsstellen und Nachrichtenverbindungen erweitert: Aus den FuTB bei den Divisionsgefechtsständen wurden im Oktober 1960 Funktechnische Regimenter (FuTR).
Das war jedoch nicht die endgültige Struktur der Funktechnischen Truppen. Sie wurde 1976 mit der erneuten Bildung von Funktechnischen Bataillonen erreicht. Danach gehörten zum Bestand der 1. Luftverteidigungsdivision (LVD) die FuTB-31 Döbern, -41 Holzdorf, -51 Sprötau und -61 Müncheberg. Die 3. LVD im Norden des Landes verfügte über die FuTB-23 Pragsdorf, -33 Pudagla und -43 Parchim.
Jedes FuTB bestand aus mehreren Kompanien. Diese waren nach und nach mit moderner Funkmeßtechnik ausgestattet worden und arbeiteten eng mit sowjetischen Einheiten zusammen.
Sozusagen letztes Element in der Umstrukturierung war das Beziehen eines gemeinsamen Gefechtsstandes von Jagdfliegergeschwader und Funktechnischem Bataillon in einem Schutzbauwerk. Diese Etappe war 1981 erreicht.
Die Funktechnischen Kompanien arbeiteten täglich zwischen 14 und 24 Stunden im Diensthabenden System der Luftraumaufklärung. Die Gefechtsstände waren im 24-Stunden-Dienst besetzt. Von der zu den Gefechtsständen der beiden Luftverteidigungsdivisionen (1. LVD Cottbus, 3. LVD Trollenhagen/Neubrandenburg) übermittelten Luftlage gelangten besonders wichtige Informationen – beispielsweise über Luftraumverletzer, AWACS-Flüge, Bewegungen von SR-71 u. ä. – auf dem Weg Zentraler

Unterschied sich vom Vorgänger P-8 vor allem dadurch, daß die Antenne am Fahrzeug ZIL-157 aufgebaut war – die Rundblickfunkmeßstation P-10.

Ein Bild aus den sechziger Jahren – links der Höhenfinder PRW-10, hinten die Jägerleitstation P-25.

Rundumbeobachtungsstation P-12 – hier in der Version auf Anhänger bei den Fla-Raketen.

ZIL-157 mit Radarstation P-15 (für geringe Höhen).

Diente der Fernaufklärung – Radarstation P-14 (oben rechts).

Letztes Glied in der langen Reihe der Jägerleitstationen, die mit der P-25 begann und über P-30, P-35 zur hier abgebildeten P-37 verlief (unten rechts).

Gefechtsstand der Luftstreitkräfte/Luftverteidigung (LSK/LV) in Fürstenwalde bis zum Hauptgefechtsstand des Warschauer Paktes nach Minsk. Die von den Meßstationen gewonnen Informationen sind im Wechsel durch automatisierte Führungs- und Überwachungstechnik bzw. durch herkömmliches Lesen der Daten über Mikrofon vermittelt worden.
Die ständige Luftraumaufklärung mit Radarstationen war jedoch nur eine Seite der Tätigkeit jeder Funktechnischen Einheit. Daneben waren vorrangig die Ausbildungsflüge und Gefechtseinsätze des jeweiligen Jagdfliegergeschwaders und Fla-Raketen-Truppenteils sicherzustellen. Als Beispiel sei das Funktechnische Bataillon Müncheberg/Mark (FuTB-61) genannt: Es hatte das Jagdfliegergeschwader (JG) 8 Marxwalde sowie die 41. Fla-Raketenbrigade (FRB) mit Stab in Ladeburg/Bernau sicherzustellen. Bedingt durch die zentrale Lage im Lande zog der Divisionsstab das FuTB-61 aber auch mit dazu heran, die Ausbildung anderer Jagdfliegergeschwader – so des JG-1 Holzdorf oder des JG-7 Drewitz – abzusichern. Während das Zusammenwirken mit dem JG-8 über den gemeinsamen Gefechts-

Basierung der DDR-Fliegerkräfte

(LSK/LV, Armeeflieger, Marineflieger, Grenze)

Legende:

RD	Lager, Werkstätten und Einrichtungen der Rückwärtigen Dienste. Fla-Raketentruppen der Luftverteidigung nicht vollständig eingetragen, nur Stäbe Fla-Raketenbrigaden (FRB) und Fla-Raketenregimenter (FRR) sowie Fla-Raketenabteilungsgruppen der Brigaden (FRAG – ausgerüstet mit weitreichenden Fla-Raketen S-200 »Wega«). Funktechnische Kompanien (FuTK) nicht vollständig eingezeichnet.
FAG	Fliegerausbildungsgeschwader
FuTB	Funktechnisches Bataillon
HAG	Hubschrauberausbildungsgeschwader
HS	Hubschrauberstaffel
ILM	Institut für Luftfahrtmedizin
JBG	Jagdbombenfliegergeschwader
JG	Jagdfliegergeschwader
KHG	Kampfhubschraubergeschwader
MFG	Marinefliegergeschwader
MHG	Marinehubschraubergeschwader
OHS	Offiziershochschule
TAFS	Taktische Aufklärungsfliegerstaffel
TAS	Transportfliegerausbildungsstaffel
TG	Transportgeschwader
THG	Transporthubschraubergeschwader
VHZ	Vereinigte Hauptzentrale
ZDK	Zieldarstellungskette
ZGS	Zentraler Gefechtsstand
VS	Verbindungsstaffel

stand in Müncheberg organisiert war, mußte es mit der 41. FRB sowie mit den anderen zeitweilig zu unterstützenden Truppenteilen über ständige Nachrichtenverbindungen laufen. Bei besonderen Aufgaben oder wichtigen Übungen ist aber auch Führungspersonal ausgetauscht worden.

Ein Netz von Führungsverbindungen zwischen den vier Funktechnischen Kompanien des FuTB-61 (FuTK-611 Müncheberg, FuTK-612 Wusterwitz bei Brandenburg, FuTK-613 Athenstedt/Ostharz, FuTK-614 Altensalzwedel) und Einheiten der Grenztruppen diente zum Überwachen der Staatsgrenze West einschließlich Westberlin. Bei den FuTK-613 und -614 waren vom Frühjahr bis zum Herbst je ein Kampfhubschrauber stationiert, der eine schnelle Aufklärung in unklaren Lagen an der Grenze sowie die Abwehr von Luftraumverletzungen vornehmen sollte. Der Diensthabende der FuTK war in besonderen Situationen berechtigt, diesen Hubschrauber selbständig einzusetzen.

Die Funkmeßstationen – Rundblickanlagen und Höhenfinder (Höhenmesser) – entstammten ausschließlich sowjetischer Produktion. Kleinere Geräte wie die Rundblickstation P-15 auf einem Lkw ZIL waren etwa nach 15 Minuten in der Lage, an einen anderen Standort zu verlegen. Größere Geräte – beispielsweise die Rundblickstation P-37 mit einem Koffer-Lkw ZIL und drei Anhängern – waren in etwa drei bis vier Stunden verlegebereit. Jede Station hatte mobile Stromversorgungsaggregate, doch benutzten die Funktechnischen Einheiten in ihren Stationierungsräumen in der Regel das öffentliche Netz. Zum Bestand gehörten auch die in Anhängern untergebrachten Elemente des automatisierten Führungssystems. Mit dessen Hilfe ließen sich beispielsweise die Führungskommandos an die Jagdflugzeuge übermitteln, wodurch der Sprechfunkverkehr Boden-Bord vermindert worden ist. Die erste Generation des automatisierten Führungssystems ging 1964 in Müncheberg in den Dienst. Die Modernisierung erfolgte im Zeitraum 1980 bis 1987.

Beladen der Startrampe mit einer Fla-Rakete des Systems »Wolchow«.

Die Gliederung des Kommandos Luftstreitkräfte/ Luftverteidigung

Beladen der Vierlingsstartrampe des Fla-Raketensystems »Newa« in der Fla-Raketenbrigade 41 Ladeburg.

Zu Beginn des Jahres 1990 verfügte das aus drei Großverbänden bestehende Kommando LSK/LV über eine Personalstärke von 34600 Angehörigen. Davon zählten 29900 Personen zu den Truppen der Luftverteidigung (Jagdflieger und Fla-Raketen) und 4700 zu den Luftstreitkräften.
Am 30. September 1990 bestanden die Fliegerkräfte des Kommandos LSK/LV aus 6200 Offizieren, 4800 Unteroffizieren und 750 Mannschaftsdienstgraden als Berufssoldaten. Hinzu kamen 9400 Wehrpflichtige – also insgesamt 21500 Menschen. Davon waren 858 Flugzeugführer und davon flogen wiederum etwa 200 die Transport- und Kurierflugzeuge.
Bei den Großverbänden handelte es sich um die 1. Luftverteidigungsdivision (1. LVD) mit Sitz des Stabes in Cottbus, um die 3. LVD mit Sitz des Stabes in Trollenhagen/Neubrandenburg sowie um die Front- und Militärtransportfliegerkräfte mit Sitz des Stabes in Strausberg. Offiziell hieß der Stab dieses dritten Großverbandes Führungsorgan (FO FMTFK). Hinzu kamen die dem Stab des Kommandos direkt unterstellten Einrichtungen und Schulen.
Zum Kommando LSK/LV gehörten zu jener Zeit insgesamt 132 Liegenschaften mit 21 Flugplätzen. Zur Ausstattung zählten
- fünf Jagdfliegergeschwader mit rund 250 Jagdflugzeugen (das JG-7 in Drewitz war zu dieser Zeit schon aufgelöst),
- ein Ausbildungsgeschwader mit 20 Jagdflugzeugen,
- ein Ausbildungsgeschwader mit 50 Strahltrainern,
- zwei Jagdbombenfliegergeschwader mit 41 Jagdbombern,
- ein Marinefliegergeschwader mit 23 Jagdbombern,
- zwei taktische Aufklärungsfliegerstaffeln mit 24 Flugzeugen,
- zwei Hubschraubergeschwader mit 60 Transport- und Verbindungshubschraubern,
- ein Regierungsfliegergeschwader mit vier Staffeln,
- zwei Transportfliegerstaffeln mit 22 Transport- und Verbindungsflugzeugen,

Ein Exponat des Militärhistorischen Museums in Dresden – der SPW-152 N als Funkstelle mittlerer Leistung R-118 AM. Die Stäbe der Fliegerdivisionen verfügten Mitte der sechziger Jahre über diese Kurzwellenstation.

Im Gefechtsstand eines Jagdfliegergeschwaders – hinten die Leitkarte mit der Übersicht über die Luftlage als Basis für Entscheidungen des Kommandeurs sowie für die Berechnungen des Steuermanns zum Heranleiten der Jagdflugzeuge an ein Luftziel. Links vorn die zwei Jägerleitoffiziere, die den Jäger unmittelbar an das Ziel führen.

- eine Transportfliegerausbildungsstaffel mit 20 Transport- und Verbindungsflugzeugen,
- drei Fliegerabwehrbrigaden und
- drei Fla-Raketenregimenter mit insgesamt 3000 Fliegerabwehrraketen.

Die Fla-Raketenbrigaden sind zu Beginn der achtziger Jahre aus je einem Fla-Raketenregiment hervorgegangen. Die Unterschiede zwischen den beiden Formationen bestanden in Struktur und Ausrüstung: Die Regimenter hatten neben dem Stab und der Technischen Abteilung vier Feuerabteilungen mit einem einheitlichen Fla-Raketentyp. Bei den Brigaden war die Anzahl der Abteilungen erhöht worden.
Zusätzlich erhielt jede Brigade eine Fla-Raketenabteilungsgruppe (FRAG) mit dem vorher nicht vorhandenen Raketensystem »Wega«, das gegen Ziele in großen Entfernungen bestimmt war (siehe Typenteil, Seite 161). Bemerkt werden muß, daß die zur 51. Fla-Raketenbrigade gehörende FRAG-511 bis zum Jahre 1990 bei Apolda voll aufgebaut und mit Transportladefahrzeugen, Tankwagen sowie weiterer Spezialtechnik ausgestattet worden ist. Einsatzbereitschaft erreichte der Verband jedoch nicht mehr, da die Abschußrampen sowie die Fla-Raketen des Systems »Wega« selbst fehlten.
Das für eine Fla-Raketenabteilung in Retschow/Bad Doberan vorgesehene mobile, mit der amerikanischen »Patriot« vergleichbare Fla-Raketensystem des Typs S-300 »Angora« (Ausrüstung nicht komplett) befand sich in Prangendorf, ging 1990 aber wieder in die UdSSR zurück. Die im Kapitel »Die 1. Luftverteidigungsdivision« erwähnten Technischen Abteilungen 4140 und 5140 sowie die darunter aufgeführten Fla-Raketenabteilungen sollten nur im Mobilmachungsfall aktiviert werden. Die Technik dafür war eingelagert: Für ein Fla-Raketenregiment mit vier Abteilungen befand sie sich in Fürstenwalde (1 FRA), Klosterfelde (2 FRA) und Beets/Sommerfeld (1 FRA). Für ein weiteres Regiment mit vier Abteilungen war die Technik in Lindhardt vorhanden. Dort lagerte außerdem eine Austauschreserve für eine weitere FRA. Insgesamt waren Reserven für neun »Dwina«-Abteilungen verfügbar.
Dem Fla-Raketenregiment 31 Straßgräbchen sollten bei der Mobilmachung die beiden Fla-Raketenkomplexe »Wolchow« (ein Komplex ist die Technik für eine Abteilung) unterstellt werden, die an der Offiziershochschule Kamenz für Ausbildungszwecke verwendet wurden. Im Übungsgelände Biehla vor Kamenz waren dafür die Stellungen vorhanden. Die Besatzungen sollten durch Lehrkräfte und Offiziersschüler gestellt werden. In Kamenz gab es neben den beiden »Wolchow«-Komplexen noch einen »Newa«-Komplex mit Zwillingsrampen für die Ausbildung. Ein weiterer »Wolchow«-Komplex befand sich an der Militärtechnischen Schule in Bad Düben.
Die mit den Systemen »Dwina« und »Wolchow« ausgerüsteten Abteilungen hatten je sechs Startrampen, die »Newa"-Abteilungen je vier und die FRAG mit »Wega« je zwei Abteilungen mit je sechs Rampen.
Aus Platzgründen ist es in dieser Publikation nicht möglich, alle Typen von Kraftfahrzeugen und Radargeräten aufzuzählen. Hier nur die Gesamtzahlen im Bestand des Kommandos LSK/LV: Neben 17085 Kraftfahrzeugen und Anhängern aller Typen gab es 240 Radargeräte unterschiedlichster Leistungen und Zweckbestimmungen.

Der Stab des Kommandos in Strausberg und unterstellte Einrichtungen

An der Spitze des Kommandos stand der Chef Luftstreitkräfte/Luftverteidigung. Seine Stellvertreter waren der Chef des Stabes, der Chef für die Ausbildung der Luftstreitkräfte, der Chef für die Ausbildung der Luftverteidigung, der Chef der Rückwärtigen Dienste sowie der Verantwortliche für Technik und Instandsetzung. Dem Chef des Stabes unterstanden seine Stellvertreter für Operative Arbeiten, für Organisation, für Allgemeine Fragen und für Gefechtsstände. Zum Stab des Kommandos zählten weiterhin die Bereiche Chef Funktechnische Truppen, Chef Fliegeringenieurdienst mit der Unterabteilung Truppeninstandsetzung Cottbus, Chef Allgemeine militärische Aus-

ORGANISATIONSSCHEMA KOMMANDO LSK/LV

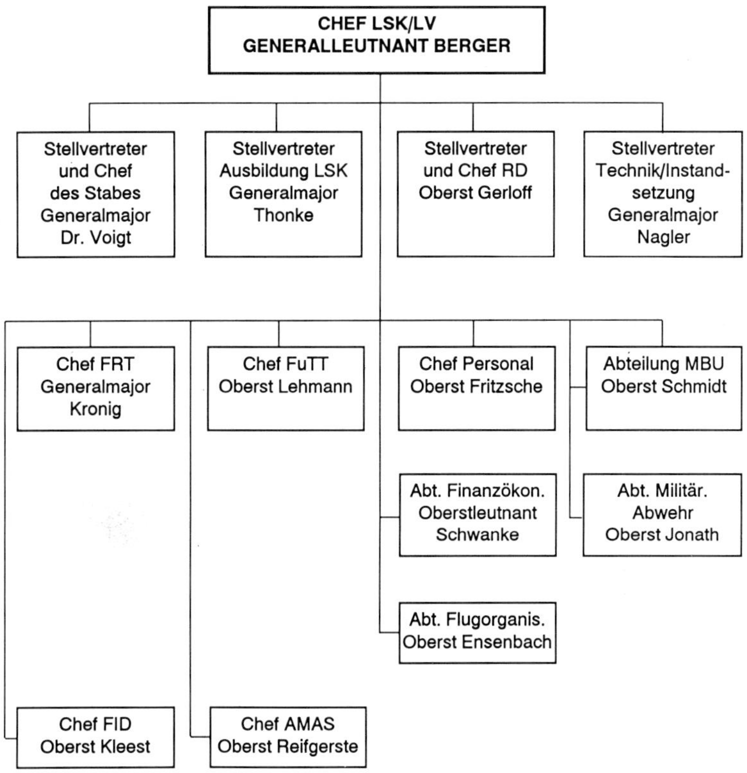

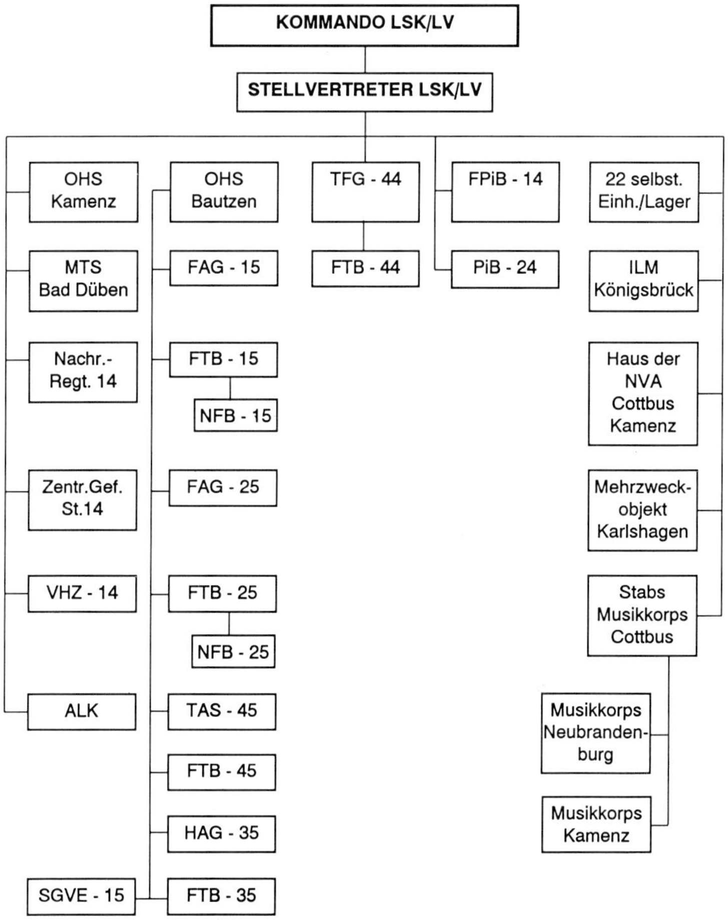

Besetzung: Stand 2.Oktober 1990

AMAS	Allgemeine militärische Ausbildung/ Schulen
FID	Fliegeringenieurdienst
FRT	Fla-Raketentruppen
FuTT	Funktechnische Truppen
MBU	Militärbau- und Unterbringungsorgane

ALK	Amt für Luftraumkoordinierung
FAG	Fliegerausbildungsgeschwader
FPiB	Flugplatzpionierbataillon
FTB	Fliegertechnisches Bataillon
HAG	Hubschrauberausbildungsgeschwader
ILM	Institut für Luftfahrtmedizin
MTS	Militärtechnische Schule
NFB	Nachrichten- und Flugsicherungsbataillon
OHS	Offiziershochschule
PiB	Pionierbaubataillon
SGVE	Sauerstoffgewinnungs- und Versorgungseinheit
TAS	Transportfliegerausbildungsstaffel
TFG (TG)	Transportfliegergeschwader
VHZ	Vereinigte Hauptzentrale

Schützenwaffenbestand im Kommando LSK/LV am 2. Oktober 1990

Waffenart	Kaliber mm	Stück
Pistole M	9	14915
Maschinenpistole KM	7,62	34498
Maschinenpistole KMS 72	7,62	32204
Maschinenpistole KMS	7,62	334
lMG K	7,62	716
sMG	7,62	121
Panzerbüchse RPG-7	40	663
Flak ZU-23 Zwilling	23	272

Munitionsvorräte am 3. Oktober 1990

Lenkflugkörper	2438,6 t
ungelenkte Flugzeugraketen	1461,1 t
Bordwaffenmunition	804,4 t
Abwurfmunition	1459,8 t
Schützenwaffenmunition	1456,3 t
Handgranaten	593,2 t
Pyromittel	8,7 t
RPG-18 (Panzerbüchse mit Wegwerfrohr)	77,2 t
PG-7 (für Panzerbüchse)	100,4 t
Strela 2 (Einmann-Fla-Rakete)	28,1 t
Flak-Munition 23 mm	2664,9 t

Kräfte und Mittel der LSK/LV am 2. Oktober 1990

Liegenschaften	132
Flugplätze	21
Kampfflugzeuge	444
Transportluftfahrzeuge	93
Flugabwehrraketen	3000
Radargeräte	240
Kraftfahrzeuge einschließlich Anhänger	17085

bildung/Schulen, Chef Kader, Chef Nachrichten/Flugsicherung, darüber hinaus die Abteilungen Pionierwesen, Militärbauwesen/Unterbringung (MBU), Finanzökonomie, Aufklärung, Chemische Dienste, Militärabwehr und Militärwissenschaft. Ein Verwaltungsarchiv, ein Topographisches Lager sowie eine Kurier- und Feldpoststelle bildeten weitere Bestandteile des Stabes in Strausberg.

Inspektion hoher Offiziere des Warschauer Paktes – rechts ist eine MiG-19 PM zu erkennen.

Struktur des Nachrichtenregiments 14

Stab: Waldsieversdorf, Kreis Strausberg/Brandenburg.

Stand: September 1990.

Belegt mit:

Nachrichtenregiment 14 (NR-14)
- Stab,
- Funkbataillon,
- Fernsprech/Richtfunk/Kabel-Bataillon,
- Technische Instandsetzungskompanie,

Kompanie Chemische Abwehr 14 (KCHA-14)

Personal:

NR-14 gesamt 612, davon 83 Offiziere, 475 Unteroffiziere/Soldaten und 54 Zivilbeschäftigte.

KCHA-14 gesamt 47, davon sieben Offiziere, 40 Unteroffiziere/Soldaten.

Anmerkung:

Das NR-14 hatte an weiteren 16 Standorten Einheiten stationiert.

Direkt unterstellt waren der Zentrale Gefechtsstand 14 (ZGS-14) in Fürstenwalde, der Wechselgefechtsstand (ZWGS/ZGS-14) im Kasernenbereich des Stabes, die Vereinigte Hauptzentrale 14 (VHZ-14) im Stab der 16. sowjetischen Luftarmee in Wünsdorf/Zossen, das Treib- und Schmierstofflabor in Cottbus sowie das Nachrichtenregiment 14 (NR-14) mit dem Stab des Truppenteils in Waldsieversdorf und Stationierungselementen im gesamten Gebiet der DDR: Nachrichten-Betriebsbataillon und Nachrichten-Betriebsamt im ZGS-14 in Fürstenwalde-Süd, sowie die Funksendeämter 1 bis 4 in Limsdorf/Beeskow, Großobringen/Weimar, Werchow/Cabel und Groß Milkow-Ulrichshof/Strausberg.
Zum NR-14 zählten außerdem die Richtfunkbetriebsstellen 1 bis 10 mit folgenden Standorten: Leuthen/Cottbus, Biebersdorf/Lübben, Wilmersdorf/Beeskow, Heinersdorf/Fürstenwalde, Wölsickendorf-Wollenberg/Bad Freienwalde, Temmen/Templin, Lichtenberg-Wendorf/Neustrelitz, Cölpin/Neubrandenburg, Klein-Kussewitz/Rostock und Parchim Dargelütz.
Auch die zahlreichen weiteren, dem Stab des Kommandos LSK/LV unterstellten Einrichtungen und Einheiten verteilten sich nicht nur auf Strausberg und die unmittelbare Umgebung. So befand sich die Führung des NVA-Sektors im Amt für Luftraumkoordinierung der DDR in Berlin-Schönefeld, das umgangssprachlich als Regierungsfliegergeschwader bezeichnete Transportfliegergeschwader 44 (TFG-44) war in Marxwalde (Neuhardenberg) und mit Teilen in Diepensee/Schönefeld (Il 62 M) untergebracht, ebenso das dazu gehörende Fliegertechnische Bataillon 44 (FTB-44). In Dessau befand sich die Flugplatzverwaltung/FTB-34, in Bautzen die Waffenwerkstatt und Lager 14 (Schützenwaffen), in Pinnow/Angermünde die Fla-Raketenwerkstatt und Lager 14 sowie in Pirna die Treib- und Schmierstoffwerkstatt und Lager 24. Die Treib- und Schmierstofflager waren in Hähnichen/Niesky (14), Demmin (34) und Niederlehme/Königswusterhausen (44) basiert.
Krugau/Lübben beheimatete ein Fliegertechnisches Lager sowie die Kfz-Transportkompanie 14 und die Wartungskompanie 14. Cottbus war Standort eines Lazaretts, der Meßtechnischen Prüfstelle und des Lagers 14, der Flugzeugreparaturwerkstatt sowie der Werkstatt Flugzeugversorgungstechnik 14, der Auswerte-Rechen- und Informationsgruppe 14, des Werkstattlagers für Nachrichten- und Flugsicherungstechnik 14 (Teil davon in Groß Gastrose/Guben), des Stabsmusikkorps 14 und eines Hauses der NVA. In Kamenz konzentrierten sich außer der Offiziershochschule »Franz Mehring« ein Musikkorps – ein weiteres hatte Trollenhagen/Neubrandenburg –, die Kfz-Instandsetzungswerkstatt 14, die Flugzeugreparaturwerkstatt 24 sowie ebenfalls ein Haus der NVA als Kultureinrichtung, die auch von der Bevölkerung benutzt wurde.
Zu den Depots gehörten ferner ein unterirdisches Komplexlager in Halberstadt, das Versorgungslager 14 Görlitz, das Munitionslager 14 Schneeberg/Storkow-Mark, das Technische Versorgungslager 14 Doberlug-Kirchhain, das Pionier-Werkstatt/Lager 14 Brandenburg-Briest.
Die Wartungseinheit 14 in Ranzig/Beeskow, das Flugplatzbau-Pionierbataillon 14 und das Pionierbataillon 24 – beide Potsdam – die Kompanie der Chemischen Abwehr Waldsieversdorf und die Wachkompanie waren ebenfalls dem Stab des Kommandos LSK/LV direkt unterstellte Einheiten.
Vervollständigt wurde die Struktur durch folgende Elemente: Institut für Luftfahrtmedizin Königsbrück, Konditionseinheit Rugiswalde/Sebnitz (Spezialeinrichtung für Flugzeug- und Hubschrauberführer), Konditionszentrum 14 Benneckenstein, Zentrum für Kosmische Ausbildung Strausberg, Druckerei 14, Rechenzentrale 14 – beide ebenfalls Strausberg – sowie Gästehaus Haus Seebad Strausberg, Naherholungsobjekt Hölzerner See/Klein Köris/Königswusterhausen und Mehrzweckobjekt Karlshagen (Kinderferienlager und Zeltplatz). Nicht unerwähnt bleiben soll schließlich das Trai-

nings- und Übungszentrum Lieberose, in dem u. a. Übungsmaßnahmen der Fla-Raketentruppen abliefen.

Die 1. Luftverteidigungsdivision

Dem im Kasernenbereich des Flugplatzes Cottbus untergebrachten Stab der 1. LVD mit dem Gefechtsstand 31 (GS-31) in Kolkwitz waren als Hauptkräfte vier Jagdfliegergeschwader, zwei Fla-Raketenbrigaden und ein Fla-Raketenregiment unterstellt. Im Mobilmachungsfall sollte ein weiteres Fla-Raketenregiment mit Reservisten im Raum Potsdam gebildet werden, von dem es kadrierte Einheiten (Technische Abteilung 4140 und unterstellte Einrichtungen) gab. Nach Auflösung des Jagdfliegergeschwaders 7 Drewitz hatte die 1. LVD ab 1989 nur noch drei Jagdgeschwader.
Jagdfliegergeschwader 1 (JG-1) Holzdorf/Jessen mit der Flugplatzbasis 31 Holzdorf
Feldflugplatzkommando 1/Fliegertechnisches Bataillon 1 Alteno/Luckau
Jagdfliegergeschwader 3 (JG-3) Preschen/Forst mit der Flugplatzbasis 41 Preschen
Jagdfliegergeschwader 8 (JG-8) Marxwalde (Neuhardenberg)/Seelow mit der Flugplatzbasis 51 Marxwalde
Feldflugplatzkommando 8/Fliegertechnisches Bataillon 8 Müncheberg
Fla-Raketenregiment 31 (FRR-31) Straßgräbchen/Kamenz (Raketensystem »Wolchow«)
Technische Abteilung 310 (TA-310) Straßgräbchen
Fla-Raketenabteilung 311 (FRA-311) Groß Döbbern/Cottbus
Fla-Raketenabteilung 312 (FRA-312) Großräschen/Cottbus
Fla-Raketenabteilung 313 (FRA-313) Kroppen/Senftenberg
Fla-Raketenabteilung 314 (FRA-314) Großröhrsdorf/Bischofswerda
51. Fla-Raketenbrigade (51. FRB) Sprötau/Sömmerda
Fla-Raketenabteilungsgruppe 511 (FRAG-511) Eckolstädt/Apolda (Raketensystem »Wega«)
Technische Abteilung 5120 (TA-5120) Sprötau/Sömmerda
Fla-Raketenabteilung 5121 (FRA-5121) Dietersdorf/Sangerhausen
Fla-Raketenabteilung 5122 (FRA-5122) Blankenburg/Langensalza
Fla-Raketenabteilung 5123 (FRA-5123) Seebergen/Gotha
Fla-Raketenabteilung 5124 (FRA-5124) Remda/Rudolstadt
Fla-Raketenabteilung 5125 (FRA-5125) Eckolstädt/Apolda
(alle Abteilungen Raketensystem »Wolchow«)
Lager-Fla-Raketentechnik 21 (LFRT-21) Lindhardt/Grimma
Technische Abteilung 5140 (TA-5140) Rathendorf/Geithain
Fla-Raketenabteilung 5141 (FRA-5141) Reichenwerda/Weißenfels
Fla-Raketenabteilung 5142 (FRA-5142) Breitenbach/Zeitz
Fla-Raketenabteilung 5143 (FRA-5143) Langenbernsdorf/Werdau
Fla-Raketenabteilung 5144 (FRA-5144) Gablenz/Stollberg
Technische Abteilung 4140 (TA-4140) Bochow/Potsdam, Teile Technische Abteilung 4140 Saarmund/Potsdam
Fla-Raketenabteilung 4141 (FRA-4141) Luckow/Nauen
Fla-Raketenabteilung 4142 (FRA-4142) Bochow/Potsdam
Fla-Raketenabteilung 4143 (FRA-4143) Saarmund/Potsdam
Fla-Raketenabteilung 4144 (FRA-4144) Schenkendorf-Krummsee/Königswusterhausen
41. Fla-Raketenbrigade (41. FRB) Ladeburg/Bernau (vier Abteilungen Raketensystem »Wolchow«, vier System »Newa«)
Fla-Raketenabteilungsgruppe 411 (FRAG-411) Badingen-Osterne/Gransee (Raketensystem »Wega«)
Technische Abteilung 4120 (TA-4120) Ladeburg/Bernau
Fla-Raketenabteilung 4121 (FRA-4121) Markgraf-Pieske/Fürstenwalde/Spree
Fla-Raketenabteilung 4122 (FRA-4122) Prötzel/Strausberg
Fla-Raketenabteilung 4123 (FRA-4123) Klosterfelde/Bernau
Fla-Raketenabteilung 4124 (FRA-4124) Sommerfeld/Oranienburg
Funktechnische Abteilung 4101 (FuTA-4101) Ladeburg/Bernau
Fla-Raketenabteilung 4131 (FRA-4131) Schönermark/Gransee
Fla-Raketenabteilung 4132 (FRA-4132) Fehrbellin/Neuruppin
Fla-Raketenabteilung 4133 (FRA-4133) Zachow/Nauen

Das Militärmedizinische Institut Königsbrück ist 1961 als Speziallazarett der Luftstreitkräfte gegründet worden. Zur Einrichtung zählten seit 1986/87 eine hochmoderne Humanzentrifuge sowie ein neuer Komplex Unterdruckkammer/Depressionskammer. Das Foto zeigt die Zentrifuge mit nach unten geöffneter Kabine, die durch eine Instrumentenkapsel für Versuche ersetzt werden kann.

Ein Blick in die frühere Unterdruckkammer.

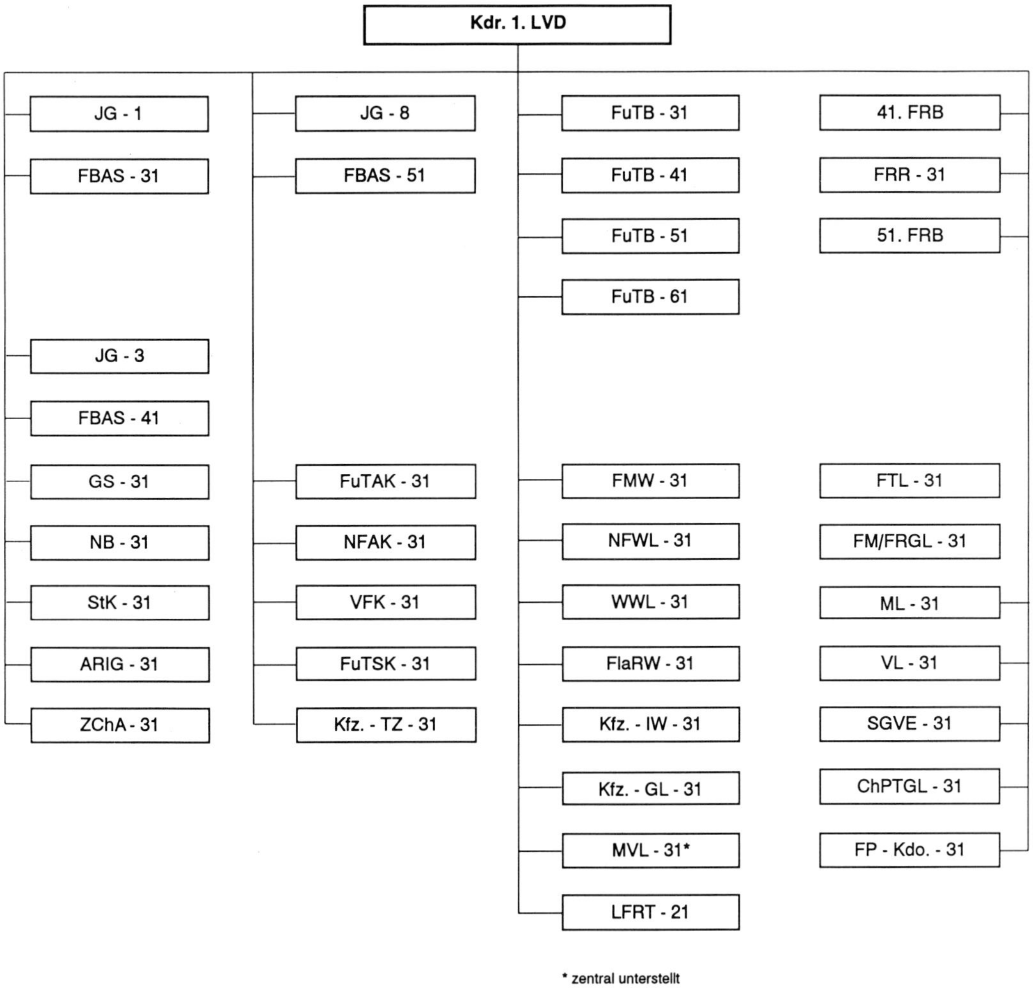

ARIG	Auswerte-, Rechen- und Informationsgruppe
ChPTGL	Chemisches und Pioniertechnikgerätelager
FBAS	Flugplatzbasis
FlaRW	Fla-Raketenwerkstatt
FM/FRGL	Funkmeß- und Fla-Raketengerätelager
FMW	Funkmeßwerkstatt
FP-Kdo.	Flugplatz-Kommando
FRB	Fla-Raketenbrigade
FRR	Fla-Raketenregiment
FTL	Fliegertechnisches Lager
FuTAK	Funktechnische Ausbildungskompanie
FuTB	Funktechnisches Bataillon
FuTSK	Funktechnische Störkompanie
GS	Gefechtsstand
JG	Jagdfliegergeschwader
Kfz.-GL	Kraftfahrzeug-Gerätelager
Kfz.-IW	Kfz.-Instandsetzungswerkstatt
Kfz.-TZ	Kfz.-Transportzug
LFRT	Lager Fla-Raketentechnik
LVD	Luftverteidigungsdivision
ML	Munitionslager
MVL	Medizinisches Versorgungslager
NB	Nachrichtenbataillon (Fernmelde-)
NFAK	Nachrichten- und Flugsicherungsausbildungskompanie
NFWL	Nachrichten- und Flugsicherungswerkstatt/Lager
SGVE	Sauerstoffgewinnungs- und Versorgungseinheit
StK	Stabskompanie
VK	Verbindungsfliegerkette
VL	Versorgungslager
WWL	Waffenwerkstatt und Lager
ZChA	Zug der Chemischen Abwehr

Fla-Raketenabteilung 4134 (FRA-4134)
Reichenwalde/Fürstenwalde

Für die Luftraumüberwachung sowie für die Leitung der Flugzeuge verfügte die 1. LVD über vier Radar-Truppenteile – die Funktechnischen Bataillone:
Funktechnisches Bataillon 31 (FuTB-31)
Döbern/Forst
Funktechnische Kompanie 311 (FuTK-311)
Döbern/Forst
Funktechnische Kompanie 312 (FuTK-312)
Burkersdorf/Altenburg
Funktechnische Kompanie 313 (FuTK-313)
Neustadt/Auerbach
Funktechnische Kompanie 314 (FuTK-314)
Scharfenberg-Naustadt/Meißen
Ausbildungsobjekt FuTB-31 Briesnig/Forst
Funktechnisches Bataillon 41 (FuTB-41)
Holzdorf/Jessen
Funktechnische Kompanie 411 (FuTK-411)
Holzdorf/Jessen
Funktechnische Kompanie 412 (FuTK-412)
Hinsdorf/Köthen
Funktechnische Kompanie 413 (FuTK-413)
Drewitz/Guben
Ausbildungsobjekt FuTB-41
Dahme/Mark/Luckau
Funktechnisches Bataillon 51 (FuTB-51)
Sprötau/Sömmerda
Funktechnische Kompanie 511 (FuTK-511)
Sprötau/Sömmerda
Funktechnische Kompanie 512 (FuTK-512)
Steinheid/Neuhausen a. R.
Funktechnische Kompanie 513 (FuTK-513)
Breitungen/Werra/Schmalkalden
Funktechnische Kompanie 514 (FuTK-514)
Kreuzebra/Worbis
Funktechnische Kompanie 515 (FuTK-515)
Lehesten/Lobenstein
Funktechnisches Bataillon 61 (FuTB-61)
Müncheberg/Mark/Strausberg
Funktechnische Kompanie 611 (FuTK-611)
Müncheberg/Mark/Strausberg
Funktechnische Kompanie 612 (FuTK-612)
Wusterwitz/Brandenburg
Funktechnische Kompanie 613 (FuTK-613)
Athenstedt/Halberstadt
Funktechnische Kompanie 614 (FuTK-614)
Altensalzwedel/Salzwedel

Neben der Funktechnischen Störkompanie 31 Großräschen/Senftenberg gehörte die Funktechnische Ausbildungskompanie 31 zur 1. LVD. Dem Stab der 1. LVD direkt unterstellt war eine Reihe von Einheiten, Werkstätten und Lagern. Davon befanden sich in Cottbus die Kurier- und Feldpostzentrale sowie das Nachrichtenbataillon 31, die Verbindungsfliegerkette 31 (VFK-31), die Stabskompanie 31, der Transportzug 31, der Zug der Chemischen Abwehr 312, die Auswerte-Rechen- und Informationsgruppe 31, die Nachrichten- und Flugsicherungswerkstatt/Lager 31 (NFWL-31), die Kfz-Instandsetzungswerkstatt 312, die Fla-Raketenwerkstatt 31, das Chemische und Pioniergerätelager 31, das Fliegertechnische Lager 31 sowie das Medizinische Versorgungslager 31. Eisenhüttenstadt beherbergte die Funkmeßwerkstatt 31 und die Waffenwerkstatt/Lager 31, Weißwasser das Kfz-Gerätelager 31

Raketenleitstation des Systems »Wolchow«.

(Kfz-GL-31) sowie das Versorgungslager 31 (VL-31), Preschen die Sauerstoffgewinnungs- und Versorgungseinheit 31 (SGVE-31) und Bronkow/Calau das Munitionslager 31 (ML-31). Das Schema zeigt die Gliederung der 1. LVD in der Übersicht.

Die 3. Luftverteidigungsdivision

Ähnlich wie die im Süden stationierte 1. LVD war die im Norden beheimatete 3. LVD aufgebaut.
In Cölpin bei Neubrandenburg befand sich der Gefechtsstand der Division (GS-33), während der Stab seine Kaserne im Flugplatzbereich Trollenhagen/Neubrandenburg hatte. Dort waren auch die Kurier- und Feldpostzentrale sowie das Nachrichtenbataillon, die Verbindungsfliegerkette, die Stabskompanie, die Funkmeßwerkstatt, das Fliegertechnische Lager, das Medizinische Versorgungslager, Waffenwerkstatt/Lager sowie das Funkmeß- und Fla-Raketen-Lager – alle mit der taktischen Nummer 33 versehen als Kennzeichen der direkten Unterstellung zur 3. LVD – untergebracht.
Die restlichen Strukturelemente – wiederum mit der taktischen Nummer 33 – befanden sich in folgenden Orten:
Zieldarstellungskette in Peenemünde; Kfz-Transportzug, Kfz-Werkstatt und Kfz-Gerätelager, Chemisches und Pioniergerätelager, Munitionslager und Versorgungslager in Altwarp; Zug der Chemischen Abwehr in Burg Stargard; Auswerte- Rechen- und Informationsgruppe in Cölpin; Nachrichten- und Flugsicherungsausbildungskompanie, Nachrichten- und Flugsicherungswerkstatt in Löcknitz; Fla-Raketenwerkstatt in Stallberg sowie Sauerstoffgewinnungs- und Versorgungseinrichtung in Trollenhagen.
Zur 3. LVD gehörten als Hauptkräfte zwei Jagdfliegergeschwader, eine Fla-Raketenbrigade und zwei Fla-Raketenregimenter.
Jagdfliegergeschwader 2 (JG-2) Trollenhagen/Neubrandenburg mit Flugplatzbasis 33
Flugplatzkommando Trollenhagen
Feldflugplatzkommando 2/Fliegertechnisches Bataillon 2 Werbelow/Teterow
Jagdfliegergeschwader 9 (JG-9) Peenemünde mit Flugplatzbasis 43
Feldflugplatzkommando 9/FTB-9 Garz
Feldflugplatzkommando 19/FTB-19 Groß Mohrsdorf/Stralsund
Fla-Raketenregiment 13 (FRR-13) Parchim (alle Abteilungen Raketensystem »Wolchow«)
Technische Abteilung 130 (TA-130) Parchim
Fla-Raketenabteilung 131 (FRA-131) Warin/Sternberg
Fla-Raketenabteilung 132 (FRA-132) Tramm/Schwerin
Fla-Raketenabteilung 133 (FRA-133) Ziegendorf/Parchim
Fla-Raketenabteilung 134 (FRA-134) Steffenshagen/Pritzwalk
Fla-Raketenregiment 23 (FRR-23) Stallberg/Pasewalk (alle Abteilungen Raketensystem »Wolchow«)
Technische Abteilung 230 (TA-230) Stallberg/Pasewalk
Fla-Raketenabteilung 231 (FRA-231) Altwarp/Ückermünde
Fla-Raketenabteilung 232 (FRA-232) Eichhof/Ückermünde
Fla-Raketenabteilung 233 (FRA-233) Burg Stargard/Kreuzbruchhof/Neubrandenburg
Fla-Raketenabteilung 234 (FRA-234) Weggun/Prenzlau
43. Fla-Raketenbrigade (43. FRB) Sanitz/Rostock (vier, zeitweilig fünf Abteilungen Raketensystem »Wolchow«)
Fla-Raketenabteilungsgruppe 431 (FRAG-431) Prangendorf/Cammin (Raketensystem »Wega«)
Technische Abteilung 4320 (TA-4320) Sanitz/Rostock
Fla-Raketenabteilung 4321 (FRA-4321) Abtshagen/Grimmen
Fla-Raketenabteilung 4322 (FRA-4322) Barth/Ribnitz-Damgarten
Fla-Raketenabteilung 4323 (FRA-4323) Hinrichshagen/Rostock
Fla-Raketenabteilung 4351 (FRA-4351) Retschow/Bad Doberan
Fla-Raketenabteilung 4324 (FRA-4324) Neuenkirchen/Rügen
Fla-Raketenabteilung 4331 (FRA-4331) Barhöft/Stralsund
Fla-Raketenabteilung 4332 (FRA-4332) Nienhagen/Bad Doberan
Fla-Raketenabteilung 4333 (FRA-4333) Bastorf/Bad Doberan
Fla-Raketenabteilung 4334 (FRA-4334) Insel Poel/Kirchdorf/Wismar
Fla-Raketenabteilung 4335 (FRA-4335) Dranske/Rügen

Funktechnische Abteilung 4301 (FuTA-4301) Rövershagen/Rostock

Die Radarsicherstellung der 3. LVD besorgten drei Funktechnische Bataillone:
Funktechnisches Bataillon 23 (FuTB-23) Pragsdorf/Neubrandenburg
Funktechnische Kompanie 231 (FuTK-231) Pragsdorf/Neubrandenburg
Funktechnische Kompanie 232 (FuTK-232) Rohlsdorf/Pritzwalk
Funktechnische Kompanie 233 (FuTK-233) Elmenhorst/Grevesmühlen
Funktechnisches Bataillon 33 (FuTB-33) Pudagla/Wolgast
Funktechnische Kompanie 331 (FuTK-331) Pudagla/Wolgast
Funktechnische Kompanie 332 (FuTK-332) Saal/Ribnitz-Damgarten
Funktechnische Kompanie 333 (FuTK-333) Putgarten/Rügen
Funktechnisches Bataillon 43 (FuTB-43) Parchim
Funktechnische Kompanie 431 (FuTK-431) Parchim-Dargelütz
Funktechnische Kompanie 432 (FuTK-432) Groß Molzan/Gadebusch
Funktechnische Kompanie 433 (FuTK-433) Banzin/Hagenow
Funktechnische Kompanie 434 (FuTK-434) Karenz/Ludwigslust
Außerdem zählten die Funktechnische Störkompanie 33 in Burg Stargard sowie die Funktechnische Ausbildungskompanie 33 in Altwarp zum Bestand der 3. LVD. Das Schema gibt eine Übersicht zur Gliederung des Großverbandes.

Das Führungsorgan Front- und Militärtransportfliegerkräfte

Dem Kommandeur sowie dem Stab FO FMTFK mit Sitz in Strausberg in der Kaserne des Kommandos LSK/LV waren die Jagdbombergeschwader sowie die Transport- und Verbindungsfliegerkräfte unterstellt. Im einzelnen waren das:
Jagdbombenfliegergeschwader 37 (JBG-37) Drewitz mit der Flugplatzbasis 57 (FBAS-57) Drewitz
Jagdbombenfliegergeschwader 77 (JBG-77) Laage mit der Flugplatzbasis 47 (FBAS-47) Laage
Marinefliegergeschwader 28 (MFG-28) Laage
Transportfliegerstaffel 24 (TFS-24) Dresden-Klotzsche mit dem Fliegertechnischen Bataillon 24 (FTB-24) Dresden-Klotzsche
Transporthubschraubergeschwader 34 (THG-34) Brandenburg-Briest mit der Flugplatzbasis 67 Brandenburg-Briest
Taktische Aufklärungsfliegerstaffel 47 (TAFS-47) in Preschen
Taktische Aufklärungsfliegerstaffel 87 (TAFS-87) in Drewitz im Aufbau begriffen, für Laage vorgesehen
Verbindungsfliegerstaffel 14 (VS-14) in Strausberg mit dem Fliegertechnischen Bataillon 14 in Strausberg
Sauerstoffgewinnungs- und Versorgungseinheit 77 (SGVE-77) in Laage
Teile des Nachrichten- und Flugsicherungsbataillons 37 (NFB-37) in Striesow/Cottbus unterstanden ebenfalls dem FO FMTFK.

Die Lehreinrichtungen

Die Offiziershochschule »Franz Mehring« in Kamenz bildete im Vierjahreszyklus Offiziere für die Bereiche Fliegeringenieurdienst, Fla-Raketentruppen, Funktechnische Truppen und Führungsorgane sowie ausländische Militärkader aus.
Der Offiziershochschule für Militärflieger »Otto Lilienthal« mit Sitz des Stabes in Bautzen – sie war über viele Jahre Bestandteil der Offiziershochschule Kamenz – oblag dagegen die Ausbildung von Flugzeug- und Hubschrauberführern sowie von Steuerleuten für Transportflugzeuge. Während die Kamenzer Einrichtung lediglich noch über ein Ausbildungsobjekt vor den Toren der Stadt sowie über ein Munitionslager in Bernbruch/Kamenz verfügte, war die Fliegerschule über mehrere Standorte verteilt:
Sektion fliegerische Ausbildung von Flugzeugführern in Bautzen

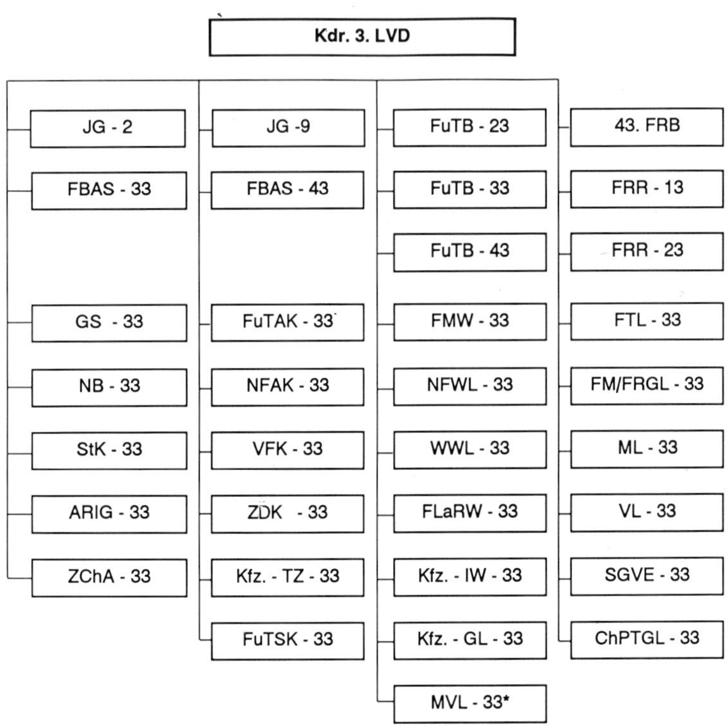

* zentral unterstellt

Front- und Militärtransportfliegerkräfte (FO FMTFK)

FBAS Flugplatzbasis
FTB Fliegertechnisches Bataillon
JBG Jagdbombenfliegergeschwader
MFG Marinefliegergeschwader
TAFS Taktische Aufklärungsfliegerstaffel
TFS Transportfliegerstaffel
THG Transporthubschraubergeschwader
SGVE Sauerstoffgewinnungs- und Versorgungseinheit
VS Verbindungsfliegerstaffel

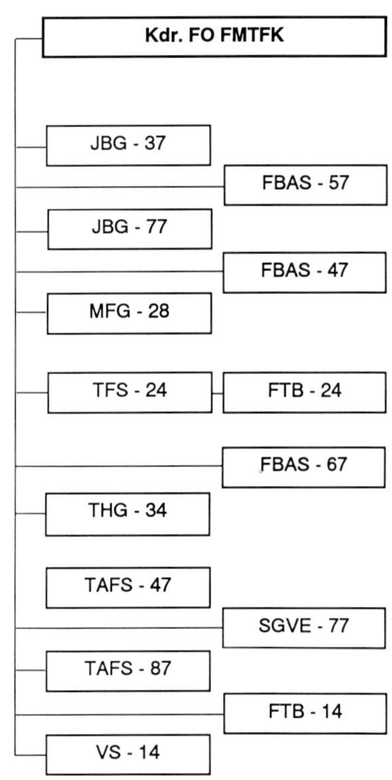

Das Codeleuchtfeuer stand 1000 m vor der Start- und Landebahn neben dem Nahfunkfeuer. Beide strahlten im Morserhythmus den gleichen Buchstaben ab – so am Flugplatz Marxwalde das B, während das Fernfunkfeuer am 4000-m-Punkt die Buchstaben BU ausstrahlte – danach war der Rufname des Gefechtsstandes *B*ergba*u*.

Landeanlage aus den sechziger Jahren ...

... und UKW-Funkstelle für den Flugfunk auf Lkw ZIS-151 aus dieser Zeit.

Landeleiter (li) und Dispatcher (re) in einer Landeanlage vor ihren Arbeitsgeräten. Der Bildschirm rechts oben zeigt den Gleitweg an, wonach die Korrektur in der Höhe – zu hoch, zu tief, normal – erfolgen kann. Der untere Schirm zeigt die Landerichtung mit Sollkurs und Abweichungen.

Fliegerausbildungsgeschwader 15 (FAG-15) mit Fliegertechnischem Bataillon 15 sowie Nachrichten- und Flugsicherungsbataillon 15 (Teile davon in Steinbach/Rothenburg) in Rothenburg/Görlitz (Ausbildung mit Mikojan MiG-21)
Fliegerausbildungsgeschwader 25 (FAG-25) mit Fliegertechnischem Bataillon 25 sowie Nachrichten- und Flugsicherungsbataillon 25 (Teile in Zschillichau/Bautzen) in Bautzen (Ausbildung mit L-39ZO)
Transportfliegerausbildungsstaffel 45 (TAS-45) mit Fliegertechnischem Bataillon 45 in Kamenz (Ausbildung mit Antonow An-2 und LET L-410UVP)
Sektion fliegerische Ausbildung von Hubschrauberführern in Brandenburg-Briest/Havel einschließlich Simulatoren Mi-8 und Hubschraubern Mil Mi-8/Mi-2
Hubschrauberausbildungsgeschwader 35 (HAG-35) mit Fliegertechnischem Bataillon 35 in Brandenburg/Briest
Sauerstoffgewinnungs- und Versorgungseinrichtung 15 (SGVE-15) Rothenburg/Flöha
Eine eigene Lehreinrichtung stellte die **Militärtechnische Schule** (MTS) der LSK/LV in Bad Düben dar. Sie bildete Fähnriche für alle technischen Zweige, aber auch Militärköche aus. An der MTS Bad Düben schulten auch ausländische Militärkader.

Der Soll-Bestand von Truppenteilen und Einheiten

Die Sollstärken werden anhand ausgewählter Einheiten veranschaulicht:
Jagdfliegergeschwader 1 (JG-1) Holzdorf
Gesamtstärke: 416, davon 168 Offiziere, 67 Fähnriche, 16 Berufsunteroffiziere, 103 Unteroffiziere auf Zeit, 62 Grundwehrdienstleistende. (Schwankungen zu anderen Jagdfliegergeschwadern +/– 10 bis 30.) Bestand einer voll aufgefüllten Staffel: 20 Flugzeugführer.
Fliegertechnisches Bataillon 15 (FTB-15) Rothenburg
Gesamtstärke: 414, davon 34 Offiziere, 24 Fähnriche, 18 Berufsunteroffiziere, 43 Unteroffiziere auf Zeit, 225 Grundwehrdienstleistende, 70 Zivilbeschäftigte.
Flugplatzbasis 31 Holzdorf
Gesamtstärke: 709, davon 61 Offiziere, 33 Fähnriche, 46 Berufsunteroffiziere, 117 Unteroffiziere auf Zeit, 373 Grundwehrdienstleistende, 79 Zivilbeschäftigte.
Funktechnisches Bataillon 31 (FuTB-31) Döbern
Gesamtstärke: 575, davon 90 Offiziere, 55 Fähnriche, 26 Berufsunteroffiziere, 88 Unteroffiziere auf Zeit, 272 Grundwehrdienstleistende, 44 Zivilbeschäftigte.
Nachrichtenbataillon 31 (NB-31) Cottbus
Gesamtstärke: 380, davon 39 Offiziere, 26 Fähnriche, 48 Berufsunteroffiziere, 115 Unteroffiziere auf Zeit, 112 Grundwehrdienstleistende, 40 Zivilbeschäftigte.
Jagdbombenfliegergeschwader 77 (JBG-77) Laage
Gesamtstärke: 423, davon 177 Offiziere, 36 Fähnriche, 17 Berufsunteroffiziere, 112 Unteroffiziere auf Zeit, 56 Grundwehrdienstleistende, 25 Zivilbeschäftigte.
Transportfliegerstaffel 24 (TS-24) Dresden
Gesamtstärke: 235, davon 95 Offiziere, 46 Fähnriche, acht Berufsunteroffiziere, 71 Unteroffiziere auf Zeit, 2 Grundwehrdienstleistende, 13 Zivilbeschäftigte.
Fla-Raketenbrigade 41 (FRB-41) Ladeburg
Gesamtstärke: 1897, davon 319 Offiziere, 134 Fähnriche, 106 Berufsunteroffiziere, 371 Unteroffiziere auf Zeit, 826 Grundwehrdienstleistende, 141 Zivilbeschäftigte.
Fla-Raketenregiment 31 (FRR-31) Straßgräbchen/Bernsdorf
Gesamtstärke: 537, davon 79 Offiziere, 40 Fähnriche, 50 Berufsunteroffiziere, 70 Unteroffiziere auf Zeit, 234 Grundwehrdienstleistende, 64 Zivilbeschäftigte.

Montage der Fla-Rakete 20 D (System »Wolchow«).

Die Geschwader, Staffeln und selbständigen Ketten

Il-14 flogen an der Transportfliegerschule Dessau ebenso wie in der Regierungsstaffel Marxwalde und in der Transportstaffel Dresden.

Jagdfliegergeschwader 1 (JG-1) »Fritz Schmenkel«

Standort Holzdorf, Kreis Jessen (Bezirk Cottbus), Land Brandenburg.
Aufgestellt in der Zeit vom 16. August bis 25. September 1952 als 1. Jagdfliegerregiment (1. JFR), auch als 1. Regiment bezeichnet, in Bautzen.
Tarnbezeichnung: KVP-Dienststelle 600/1.
Bestand des 1. JFR: drei Staffeln mit insgesamt 258 Mann (73 Offiziere, 31 Unterführer, 154 Mannschaften).
Die 1. technische Basis zur Versorgung des Truppenteils war bereits am 1. August 1952 gegründet worden.
Verlegung einiger Angehöriger des fliegenden und technischen Personals zur sowjetischen Einheit auf den Flugplatz Cottbus Ende August 1952.
26. September 1952: Verlegung des gesamten 1. JFR nach Cottbus. Vorbereitung der fliegerischen Ausbildung im sowjetischen Fliegerregiment Cottbus: sowjetische Ausbilder unterrichteten das fliegende und technische Personal in den theoretischen Fächern.
1. Oktober 1952: Beginn der praktischen Ausbildung mit der Jakowlew Jak-18 des UdSSR-Truppenteils durch sowjetische Fluglehrer.
Von 1952 bis 1955 waren mehrere sowjetische Instrukteure ständig im 1. JFR tätig. Der Kommandeur und seine Stellvertreter hatten je einen sowjetischen Berater. Von 1955 bis 1957 hatte nur noch der Kommandeur einen Berater aus der UdSSR.
7. Oktober 1952: Mit den militärischen Dienstgraden werden die khakifarbenen Uniformen mit blauen Spiegeln und blauem Mützenrand eingeführt (Befehl des Ministers des Inneren K/180/52 vom 1. 10. 1952).
Anfang Mai 1953: Parallel zur Ausbildung mit den Jak-18 und Jak-11 des sowjetischen Fliegerregiments beginnt die theoretische Ausbildung für den Flugzeugtyp Mikojan MiG-15UTI. Einige Flugzeugführer unternahmen noch vor dem 17. Juni 1953 mehrere Starts mit den im Landtransport von Großenhain nach Cottbus verlegten MiG-15UTI. Durch den Abbruch der Ausbildung

JAGDFLIEGERGESCHWADER 1

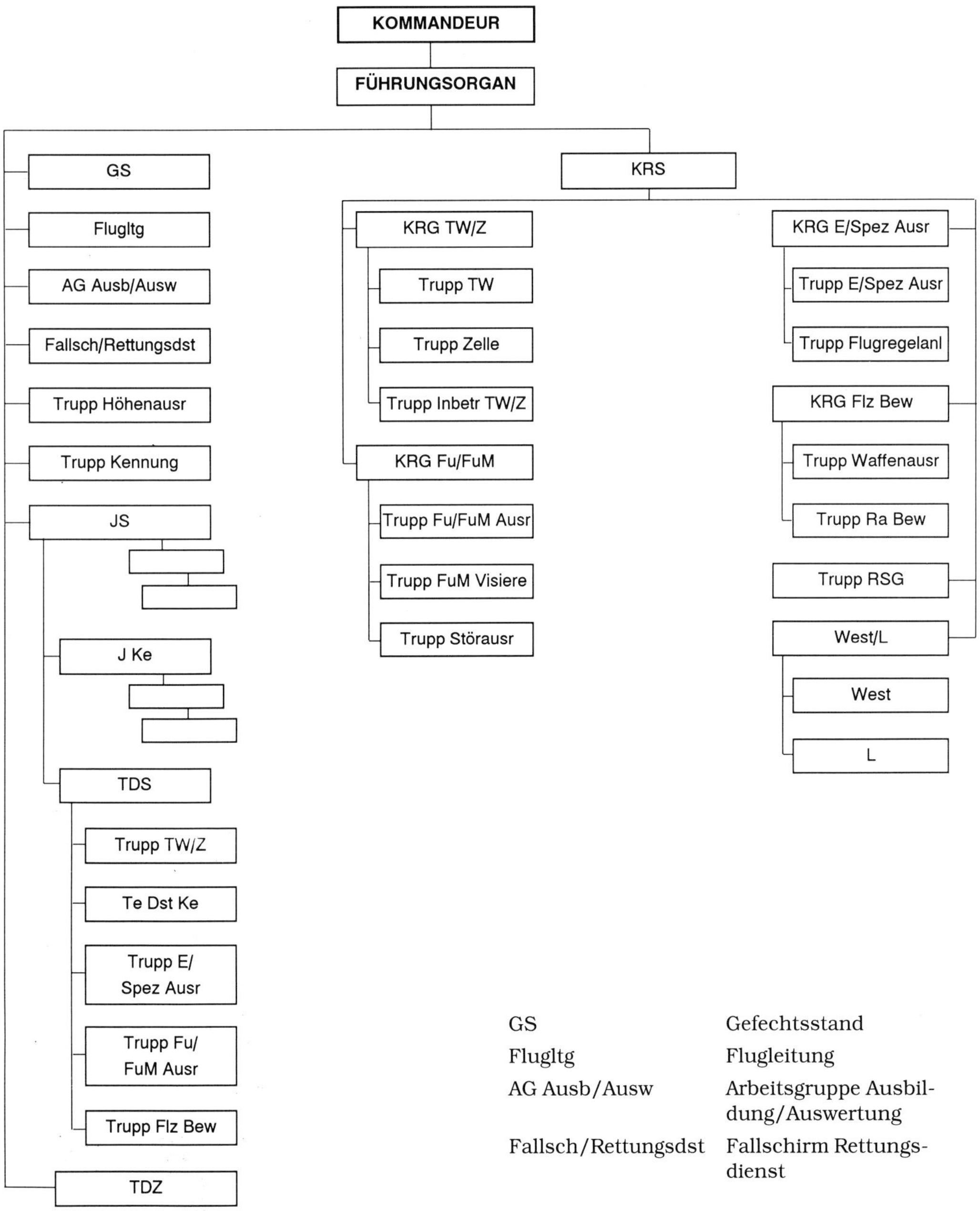

GS	Gefechtsstand
Flugltg	Flugleitung
AG Ausb/Ausw	Arbeitsgruppe Ausbildung/Auswertung
Fallsch/Rettungsdst	Fallschirm Rettungsdienst
Trupp Höhenausr	Trupp Höhenausrüstung
Trupp Kennung	Trupp Kennung
JS	Jagdfliegerstaffel
J Ke	Jagdfliegerkette
TDS	Technische Dienststaffel
Trupp TW/Z	Trupp Triebwerk/Zelle
Te Dst Ke	Technische Dienstkette
Trupp E/Spez Ausr	Trupp Elektro/Spezialausrüstung
Trupp Fu/FuM Ausr	Trupp Funk/Funkmeßausrüstung
Trupp Flz Bew	Trupp für Flugzeugbewaffnung
TDZ	Technische Dienstzone
KRS	Kontroll- und Reparaturstaffel
KRG TW/Z	Kontroll- und Reparaturgruppe Triebwerk/Zelle
Trupp TW	Trupp Triebwerk
Trupp Zelle	Trupp Zelle
Trupp Inbetr TW/Z	Trupp Inbetriebnahme Triebwerk/Zelle
KRG Fu/FuM TruppFu/FuM Ausr	Kontroll- und Reparaturgruppe Funk/Funkmeß Ausrüstung
Trupp FuM Visiere	Trupp Funkmeßvisiere
Trupp Störausr	Trupp Störausrüstung
KRG E/Spez Ausr	Kontroll- und Reparaturgruppe Elektro/Spezialausrüstung
Trupp E/Spez Ausr	Trupp Elektro/Spezialausrüstung
Trupp Flugregelanl	Trupp Flugregelanlagen
KRG Flz Bew	Kontroll- und Reparaturgruppe Flugzeugbewaffnung
Trupp Waffenausr	Trupp Waffenausrüstung
Trupp Ra Bew	Trupp Raketenbewaffnung
Trupp RSG	Trupp Rundsichtgeräte
West/L	Werkstatt/Lager
West	Werkstatt
L	Lager

an dem Strahlflugzeug nach dem 17. Juni 1953 kommt es zu keinen Flügen mit den ebenfalls bereits vorhandenen Einsitzern MiG-15bis. Diese und die UTI gelangten ab 18. Juni wieder auf sowjetische Plätze.
28. August 1953: Der Truppenteil erhält die ersten eigenen elf Jak-18 mit der Aufgabe, ab 15. Oktober 1953 die Flugausbildung selbständig vorzunehmen. Das sowjetische Regiment verläßt den Flugplatz Cottbus und übergibt alle Einrichtungen.
29. Juni bis 22. September 1953: Das 1. JFR wird als 1. E. Kommando (wahrscheinlich Einsatzkommando – Begriff ist nicht mehr zu klären) bezeichnet.
22. September 1953: Umbenennung in 1. Abteilung des 1. Aeroklubs Cottbus.
1. Dezember 1954: Umbenennung in 1. Kommando.
Zweite Januarhälfte 1955: Die ersten zehn eigenen Jak-11 werden dem 1. Kommando vom 2. Kommando übergeben.
Gesamtflugstunden im Ausbildungsjahr 1954/55: 1184.
1. Juli 1956: Das 1. Kommando des 1. Aeroklubs Standort Cottbus wird als Fliegergeschwader 1 (FG-1) mit 109 Offizieren, 60 Unteroffizieren und 109 Fliegern (bis Anfang der siebziger Jahre für Soldaten) in die Nationale Volksarmee übernommen (Befehl K-5/56 Minister für Nationale Verteidigung). Das Geschwader schult mit der Jak-11, und parallel dazu wird die theoretische Umschulung auf die MiG-15 vorbereitet. Am 28. Juni 1956 waren die ersten fünf MiG-15 mit tschechoslowakischen Piloten am Steuer in Cottbus gelandet. Es war nicht mehr festzustellen, ob diese Maschinen in den Bestand des FG-1 gelangten.

September 1956: Das FG-1 erhält als erster NVA-Truppenteil offiziell die ersten zwölf MiG-15UTI.
20. Dezember 1956: Abschluß der theoretischen Umschulung auf die MiG-15.
26. Januar 1957: Beginn der praktischen Ausbildung an der MiG-15. 21 Flugzeugführer sind am Ende des Ausbildungsjahres 1956/57 in der Lage, Elemente des Einzelkunstfluges auszuführen, Paar- und Kettenflüge zu unternehmen und paarweise Strecken zu fliegen.
Januar bis 15. März 1957: Im FG-1 wird die Gruppe Technische Durchsicht und Kontrolle (TDK) gebildet, die erstmals selbst periodische Kontrollen an den Flugzeugen ausführt.
Juni 1957: Der im Geschwader geschaffene Gefechtsstand (GS) schafft die Möglichkeit, die Flugzeuge auf den Streckenflügen zu leiten. Der GS wird auch dazu benutzt, die in einer Art Startbereitschaft befindlichen Flugzeuge (zwei Jak-11) an die von dem Gebiet der Bundesrepublik aufsteigenden Ballone mit Propagandamaterial heranzufliegen und diese mit dem 12,7-mm-MG der Jak-11 abzuschießen. In den Jahren 1956 und 1957 sind insgesamt folgende Balloneinflüge im Gebiet der DDR registriert worden:

	1956	1957
Januar		445
Februar		392
März		1326
April		585
Mai	240	1429
Juni		1781
Juli	217	654
August		126
September	333	82
Oktober	720	106
November	159	14
Dezember	228	6

1. Juli 1957: Das FG-1 erhält die ersten zehn MiG-17F. Im Dezember 1956 hatte die Umschulung auf diesen Typ begonnen. Die Fluglehrer und Ausbilder waren sowjetische Offiziere. Diese Umschulung war am 23. Februar 1957 beendet.
Vom 12. Juni bis 22. Juni 1957 stellte dann das FG-1 insgesamt auf die MiG-17F um, flog aber weiterhin auch mit der MiG-15 und einigen Jak-11.

Strahlflugzeugbestand FG-1 im Jahre 1957

Januar bis März:	zwölf MiG-15UTI
April bis Juni:	sechs MiG-15UTI acht MiG-15bis
Juli bis August:	sechs MiG-15UTI, zwei MiG-15bis, zehn MiG-17F
September bis Dezember:	acht MiG-15UTI, 24 MiG-17F

Mai bis September 1958: Ausbildung der Fluglehrer und deren Einsatz im Geschwader, so daß die Flugzeugführer des FG-1 auch nachts unter einfachen Wetterbedingungen Gefechtsaufgaben lösen können. Forciert wird darauf hin gearbeitet, den Prozeß der Aufstellung von Luftverteidigungskräften abzuschließen. Im FG-1 sind je ein Paar Jak-11 und MiG-17 tags und nachts als Einsatzkräfte befohlen.
April 1959: Die ersten sechs MiG-17PF werden übernommen, es folgen sieben weitere. Der 3. Jagdfliegerstaffel wird die Aufgabe erteilt, für Zieldarstellungsflüge Il-28-Piloten auszubilden. Theoretische Ausbildung vom 1. Februar bis 4. März 1959 in Cottbus, praktische Ausbildung von vier Piloten, zwei Steuerleuten und drei Bordfunkern im sowjetischen Bombergeschwader Welzow (selbständige Ausbildung, in der Folge kein weiterer Einfluß auf das FG-1).

Flugzeugbestand FG-1 im Jahre 1959

	MiG-15UTI	MiG-17F	MiG-17PF	Il-28
Januar bis März	3	16		
April	6	18	13	
Mai	7	18	20	
Juni	7	18	20	2
Juli	7	18	20	2
August bis Oktober	7	23	20	2
November	7	26	20	2
Dezember	7	22	20	2

Stärke des FG-1 Anfang 1960: 109 Offiziere, 159 Unteroffiziere und 111 Flieger.
Januar 1961: Umbenennung in Jagdfliegergeschwader 1 (JFG-1, später JG-1). Bestand: 52 Flugzeugführer mit vier Jak-11, sieben MiG-15UTI, 19 MiG-17F, 19 MiG-17PF. Eine MiG-17PF ging am 19. Juli 1959 verloren.
20. Dezember 1961: Aufnahme in das Diensthabende System (DHS).
Bestand 1962: 10 MiG-15UTI, 35 MiG-17F, 19 MiG-17PF. 1964: 48 Luft-Luft-Raketen R-3S.
Personalbestand im April 1965: 184 Offiziere, 191 Unteroffiziere, 65 Flieger.
23. April 1965: Flugzeugführer des JG-8 sowie eines sowjetischen Truppenteils überfliegen 24 MiG-21PF zum Flugplatz Cottbus zur Übergabe an das JG-1. Für die Umschulung standen mit den beiden MiG-21U Schulflugzeuge gleichen Typs wie die Kampfmaschine, aber kein Trainer KTS-4, zur Verfügung.
Ende 1965: Die dem JG-1 operativ unterstehende FuTK-261 ist in der Lage, über das Leit- und Führungssystem Wosduch-1P automatisch zu leiten.

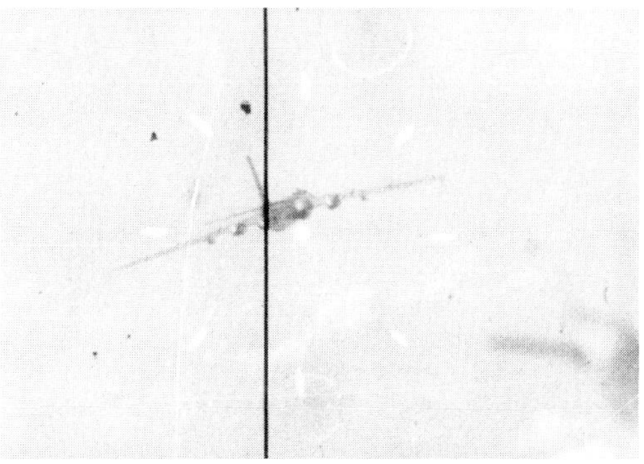

Eine Tu-16 im Visier ASPN-4 der MiG-21.

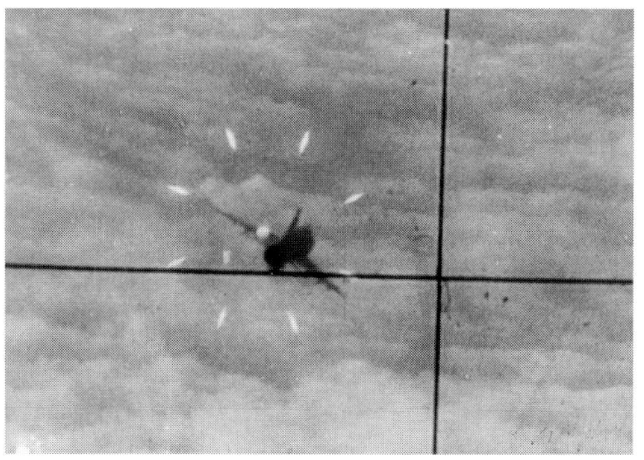

Ebenfalls im Visier ASPN-4 – eine MiG-21 als Zielflugzeug in 300 m Entfernung.

Mit allen Details im Visier des Abfangjagdflugzeuges MiG-21 zu erkennen – ein Zieldarsteller gleichen Typs.

Ende 1966: Vollständige Ausrüstung des JG-1 mit MiG-21 (Zuführung von 16 MiG-21SPS und MiG-21U) aufgrund von Umversetzungen innerhalb der 1. Luftverteidigungsdivision. Im JG-1 blieben weiterhin MiG-15UTI im Bestand, um damit Wetter- und Geräteflüge sicherzustellen (geringeres Wetterminimum als MiG-21U).

Bestand per 30. April 1978

1. Jagdfliegerstaffel:	sechs MiG-21SPS, acht MiG-21SPS/K, drei MiG-21US
2. Jagdfliegerstaffel:	14 MiG-21SPS/K, drei MiG-21US.
3. Jagdfliegerstaffel:	14 MiG-21SPS zwei MiG-21US.
Bestand 1979	22 MiG-21SPS, 22 MiG-21SPS/K, acht MiG-21UM.

23. November 1982: Verlegung zum neuen Standort Holzdorf.

Bestand 1982: 47 MiG-21SPS/SPS/K, neun MiG-21UM.
1987: Übernahme einer Staffel MiG-21MF vom JG-3, dafür wird eine Staffel MiG-21SPS an das JG-2 übergeben; weitere MiG-21MF 1988/89 überführt.
1989: Übergabe der MiG-21SPS an das auf-zulösende JG-7 (Verschrottung der ältesten Maschinen).

Ist-Personalbestand September 1990
JG-1: 494, davon 192 Offiziere, 277 Unteroffiziere/Soldaten und 25 Zivilbeschäftigte.
Flugplatzbasis 31 Holzdorf September 1990: 709, davon 61 Offiziere, 569 Unteroffiziere/ Soldaten und 79 Zivilbeschäftigte.

Flugplatz Holzdorf
Start- und Landebahn 2350 m x 37 m Beton, Tragfähigkeit 8 Mp. Vollständig pioniermäßig ausgebaut, drei Staffeldezentralisierungsräume mit 46 geschlossenen Flugzeugdeckungen und acht offenen. Letzter Flugtag NVA: 26. September 1990.
MiG-21SPS/K – taktische Nummer 441, Werknummer 6709, Nutzungsbeginn April 1968 – als »Weißer Hai« bemalt und als Traditionsmaschine vorgesehen.

Kommandeure
August 1952 bis Dezember 1953:
VP-Oberkommissar (Hauptmann) Wolfgang Reinhold,
Dezember 1953 bis 1955:
Hauptmann Rietzschel,
1955 bis 1. 7. 1956:
Oberleutnant Stephan,
1. 7. 1956 bis 1959:
Hauptmann Klaus Baarß,
1959 bis Juni 1961:
Hauptmann Herbert Priemer,
Juni 1961 bis 23. 12. 1963:
Oberstleutnant Wolfgang Reuter,
1964 bis 1968:
Obersleutnant Werner Fritsch,
1968 bis 1. 11. 1973:
Oberst Siegfried Mittelbach,
1. 11. 1973 bis 31. 11. 1974:
Oberstleutnant Wolfgang Thonke,
31. 11. 1974 bis 31. 11. 1976:
Oberstleutnant Eberhard Köllner,
31. 11. 1976 bis 31. 11. 1981:
Major Rainer Straßburg,
31. 11. 1981 bis 1988:
Oberstleutnant Wilfried Kernchen,
1988 bis 3. 10. 1990:
Oberstleutnant Helmut Seehaus.

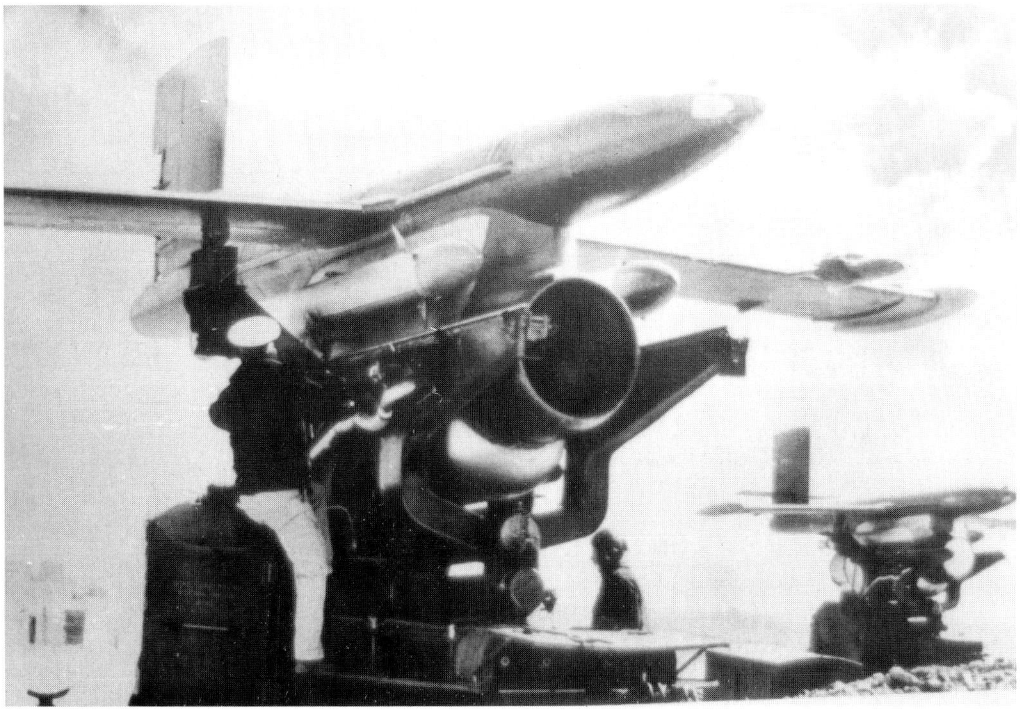

Darauf wurde in der UdSSR von NVA-Piloten geschossen – vom Boden gestartetes und ferngelenktes Luftziel La-17 MM.

Jagdfliegergeschwader 2 (JG-2) »Juri Gagarin«

Standort Trollenhagen/Neubrandenburg, Land Mecklenburg/Vorpommern.
Aufgestellt ab Oktober 1952 in Bautzen/ Sachsen als 3. Regiment.
Ausbildung mit Jakowlew Jak-18 und Jak-11 bis 1954. Ende 1954 Verlegung nach Rothenburg/Görlitz, da Start- und Landebahn aus Beton in Bautzen gebaut wurde.
Ab 1. Dezember 1953 als 3. Abteilung des Aeroklubs Cottbus,
ab 1. Dezember 1954 als 2. Kommando des Aeroklubs Cottbus bezeichnet.
Am 1. März 1957 als Fliegergeschwader 2 (FG-2) der 1. Fliegerdivision (1. FD) mit Stab in Cottbus unterstellt, am 1. Januar 1961 in Jagdfliegergeschwader 2 (JFG-2) umbenannt.
Im Oktober 1961 zum Flugplatz Trollenhagen/Neubrandenburg verlegt und dem dort ebenfalls neu basierten Stab der 3. LVD (vorher in Drewitz stationiert) am 10. Oktober 1961 unterstellt.

Kommandeure
1. 12. 1953 bis 30. 11. 1955:
Leutnant Siegfried Hünig,
1. 12. 1955 bis 30. 11. 1956:
Oberleutnant Triebel,
1. 12. 1956 bis 31. 12. 1960:
Major Ewald Kuhn,
1. 1. 1961 bis 1. 10. 1961:
Major Lätzer,
1. 10. 1961 bis 30. 11. 1964:
Oberstleutnant Ewald Kühn,
1. 12. 1964 bis 30. 11. 1966:
Major Johannes Köhler,
1. 12. 1966 bis 30. 11. 1969:
Hauptmann Peter Irmscher,
1. 12. 1969 bis 30. 11. 1972:
Oberstleutnant Wolfgang Büttner,
1. 12. 1972 bis 30. 11. 1975:
Oberst K.-M. Spitzenberg,
1. 12. 1975 bis 30. 11. 1981:
Oberstleutnant Horst Priese,

1. 12. 1981 bis 1. 12. 1987:
Major Gunter Harzbecher,
1. 12. 1987 bis 30. 9. 1990:
Oberstleutnant Robert Finke.

Flugzeugtechnik

1953 bis 1956: Jak-11 (Stand 26. Sept. 1956: elf Jak-11),
1956 bis 1957: MiG-15bis, MiG-15UTI,
1957 bis 1968: MiG-17F, MiG-15UTI,
1966 bis 1968: MiG-17PF (Übernahme einer Staffel vom JG-3),
1967 bis 1968: MiG-21PFM, MiG-21U,
1971: Il-28 (operativ unterstellt),
1972: MiG-21SPS/K, MiG-21US.

Bestand Anfang November 1987

40 MiG-21PFM und MiG-21SPS/K, sechs MiG-21US.

Ende November 1987: Übernahme der MiG-21SPS vom JG-1 und Aussonderung der MiG-21PFM, Fortsetzung des Austauschprozesses 1988/89.
1989: Übernahme von MiG-21M des aufzulösenden JG-7, an das JG-7 Übergabe der zu verschrottenden MiG-21SPS. Für die Perspektive war die Ausrüstung des JG-2 mit MiG-29 vorgesehen.

Bestand per 30. September 1990

31 MiG-21M, zwölf MiG-21SPS/K und acht MiG-21UM.

Eine MiG-21PFM des JG-2; vorn ein Enteisungsgerät: Lkw KrAZ-214 mit umgebautem Strahltriebwerk WK-1.

Jagdfliegergeschwader 3 (JG-3) »Wladimir Komarow«

Standort Preschen, Kreis Forst (Bezirk Cottbus), Land Brandenburg.
Aufgestellt am 14. Dezember 1954 als 3. Kommando des Aeroklubs, ausgestattet mit 14 Jakowlew Jak-18/Jak-11.
Am 24. August 1956 als 3. Fliegergeschwader der NVA Übernahme von 28 Mikojan MiG-15bis und im Oktober 1957 von 16 MiG-17F.
Im August 1959 Abgabe der MiG-15bis und Übernahme von zwölf MiG-19S und zwölf MiG-19PM in je eine Jagdfliegerstaffel.
1. November 1961: 3. Jagdfliegerstaffel mit MiG-17F.
1961: Übernahme in das Diensthabende System des Warschauer Paktes mit je zwölf MiG-19PM, MiG-19S und MiG-17F.
1962: Abgabe MiG-17 und Übernahme MiG-21F13 aus der 3. Staffel.
1963: Dreimonatiger Umschulungslehrgang in der UdSSR von MiG-17 auf MiG-21F13.
1. September 1963: Nur noch eine MiG-19-Staffel, Übernahme einer Staffel MiG-21F13 vom JG-9.
1968: Umschulung auf MiG-21SPS und Umrüstung der MiG-19-Staffel auf diesen Typ, später auf MiG-21SPS/K.
Juli 1970: Auf dem über eine Betonbahn zu erreichenden Autobahnabschnitt Forst erstmals Landungen mit MiG-21. Danach Ausbildungselement und zentraler Ausbildungsort für alle anderen Geschwader zum Thema »Starts und Landungen auf schmalen Bahnen«.
1972: Als erster NVA-Truppenteil erhält das JG-3 für eine Staffel 14 MiG-21MF.
1973: Umrüstung einer weiteren Staffel auf die MiG-21MF. Übergabe beider MiG-21MF-Staffeln an das JG-8. Als Ersatz Übernahme von MiG-21F13.
1. bis 30. November 1974: Aufstellung der Aufklärungsfliegerstaffel 31 (AFS-31), später in TAFS-47 (Taktische Aufklärungsfliegerstaffel 47) umbenannt und dem Führungsorgan FMTFK unterstellt, ausgerüstet mit MiG-21F13 vorwiegend aus dem Bestand der eigenen MiG-21F13-Staffel.
März 1978: Austausch von MiG-21SPS gegen MiG-21M und Ergänzung mit MiG-21F13.
Juni 1982: 3. JS und Oktober 1982 2. JS mit MiG-21MF vom JG-9 ausgerüstet (damit JG-3 komplett mit einer MiG-21-Version ausgestattet).
1982: Übergabe der MiG-21SPS an das Fliegerausbildungsgeschwader FAG-15.
1985: Ende der Dienstzeit für die MiG-21F13, die TAFS-47 übernimmt dafür MiG-21M.
1987/88: Die 1. JS erhält MiG-29, die MiG-21MF dieser Staffel erhält das JG-1.
1989: Die 2. JS erhält MiG-29, deren MiG-21MF erhält das JG-1.

Bestand per 30. September 1990

im Geschwader: drei MiG-21UM, zwölf MiG-21MF, vier MiG-29UB und 20 MiG-29, in der TAFS-47: drei MiG-21UM und 13 MiG-21M.

Personalbestand September 1990

im Geschwader: 543, davon 216 Offiziere, 299 Unteroffiziere/Soldaten und 28 Zivilbeschäftigte;
in der TAFS-47: 122, davon 37 Offiziere, 81 Unteroffiziere/Soldaten und vier Zivilbeschäftigte;
Flugplatzbasis 41: 630, davon 59 Offiziere, 499 Unteroffiziere/Soldaten und 72 Zivilbeschäftigte;
Sauerstoffgewinnungs- und Versorgungseinheit 31: 17, davon zwei Offiziere, 14 Unteroffiziere und ein Zivilbeschäftigter.
Letzter Flugtag NVA: 27. September 1990.

Kommandeure

1. 7. 1956 bis 30. 11. 1958:
Hauptmann Roland Peters,
1. 12. 1958 bis 31. 7. 1959:
Major Günter Ifland,
1. 8. 1959 bis 30. 4. 1964:
Major Wolfgang Gleis,
1. 5. 1964 bis 31. 7. 1968:
Oberstleutnant Walter Große,
2. 8. 1968 bis 31. 10. 1975:
Oberstleutnant Hans-Peter Otto,
1. 11. 1975 bis 31. 8. 1978:
Oberstleutnant Dieter Paul,
1. 9. 1978 bis 31. 8. 1980:
Oberstleutnant Norbert Wechsel,
1. 9. 1980 bis 31. 7. 1982:
Oberstleutnant Bernd Schneider,
1. 8. 1982 bis 30. 11. 1986:
Oberstleutnant Gerhard Reuschel,
1. 12. 1986 bis 30. 9. 1990:
Oberstleutnant Wolfgang Kilian.

Jagdfliegergeschwader 7 (JG-7) »Wilhelm Pieck«

Standort Drewitz, Kreis Guben (Bezirk Cottbus), Land Brandenburg.
Aufgestellt ab Oktober 1952 in Kamenz als 2. Regiment, später umbenannt in 1. Kommando des 2. Aeroklubs (Stab Drewitz).
Beginn der Ausbildung mit Jakowlew Jak-11.

MiG-29 des JG-3 mit Bewaffnung: vorn 30-mm-Munition der Bordkanone GSch-30, dahinter ungelenkte Luft-Boden-Raketen 80 mm und die dazugehörenden Container, dahinter die gelenkten Luft-Luft-Raketen.

Im Juni 1953 Verlegung zum ständigen Heimatflugplatz Drewitz.
1953 und 1954 mit Jak-18 ausgerüstet, 1955 und 1956 mit Jak-11.
26. September 1956: Übernahme in die NVA als Fliegergeschwader 7 (FG-7), zugehörig zur 3. Fliegerdivision Drewitz.
Am 1. Januar 1961 in JFG-7 umbenannt, später in JG-7.
1989 Beschluß des Nationalen Verteidigungsrates über Auflösung des JG-7 im Rahmen von Abrüstungsmaßnahmen, damit Außerdienststellung von 50 Mikojan MiG-21PFM, MiG-21SPS bzw. MiG-21SPS/K (Austausch mit JG-1 und JG-2, um älteste Technik auszusondern).
Übergabe MiG-21M an TAFS-47, TAFS-87 und JG-2.
Letzter Flugdienst: 31. August 1989.
Außerdienststellung JG-7: 23. Oktober 1989.
Verschrottet wurden 35 Maschinen total (Kosten je Flugzeug für Zerlegung: 30000 Mark, Schrotterlös je Flugzeug 2400 Mark), die restlichen 15 sollten zur Traditionspflege sowie für Lehr- und Ausbildungszwecke verwendet werden.

Kommandeure

26. 10. 1956 bis 15. 1. 1959:
Major Wolfgang Reuter,
15. 1. 1959 bis 1. 9. 1965:
Major Johannes Richter,
1. 9. 1965 bis 1. 3. 1968:
Major Mittelbach,
1. 3. 1968 bis 1. 9. 1970:
Oberstleutnant Gerhard Schumann
1. 9. 1970 bis 1. 9. 1976:
Oberstleutnant Walter Große,
1. 9. 1976 bis 15. 11. 1978:
Oberstleutnant Wolfgang Wehner,
15. 11. 1978 bis 5. 8. 1980:
Oberstleutnant Gunter Junghans,
5. 8. 1980 bis 30. 11. 1988:
Oberst Frank Pampel,
1. 12. 1988 bis 23. 10. 1989:
Oberstleutnant Lutz Kleine.

Flugzeugtechnik

Bestand am 26. September 1956 bei Gründung: vier MiG-15UTI, neun MiG-15bis und eine Jak-11.
1959: Umrüstung auf MiG-17.
1960: Umrüstung auf MiG-17F.
1964: Zuführung von Iljuschin Il-28 und Jakowlew Jak-18 zur Zieldarstellung.
1966: Zuführung von MiG-21.
1970: Umschulung auf MiG-21SPS, Übernahme von MiG-21SPS und MiG-21M.
24. April 1971: Übergabe Zieldarstellungsstaffel 21 (ZDS-21) mit Il-28 an 3. LVD; gleichzeitig Bildung der 1. und 2. Jagdbombenfliegerstaffel mit MiG-17F und Eingliederung in das JG-7.
1. Oktober 1971: Abschluß Aufbauphase JBG-31 (Jagdbombenfliegergeschwader 31) auf dem gleichen Flugplatz, gemeinsame Basierung beider Geschwader auf einem Flugplatz.
1978: Komplette Ausstattung mit MiG-21M.
Kampfbestand 1983 bis 1986: 40 MiG-21M, sechs MiG-21U.

Jagdfliegergeschwader 8 (JG-8) »Hermann Matern«

Standort Marxwalde (seit 1990 wieder Neuhardenberg), Kreis Seelow (Bezirk Frankfurt/Oder), Land Brandenburg.
Aufgestellt Ende 1954, Anfang 1955 in Preschen als 2. Kommando des 2. Aeroklubs.
26. September 1956: Übernahme in die NVA als Fliegergeschwader 8 (FG-8) der 3. Fliegerdivision (3. FD, Stab Drewitz).
2. Januar 1960: Verlegung nach Marxwalde.
1. Januar 1961: Umbenennung in JFG-8, später JG-8.

SKP – der Start-Kontrollpunkt, mit der Zeit durch die Gedeckte Flugleitung (eine Art Großbunker mit verglastem Führungsraum) abgelöst worden.

MiG-21 bis des JG-8 mit gelenkten Luft-Luft-Raketen K-13 M.

1. November 1961: Unterstellung unter Stab 1. LVD Cottbus.
1. August 1962: Als erstes NVA-Geschwader stellt das JG-8 die Mikojan MiG-21F13 in den Dienst.
1983: In Marxwalde landen zwölf sowjetische Antonow An-12. Jede Maschine nimmt eine zerlegte MiG-21M sowie deren Piloten und das ingenieurtechnische Personal an Bord. Bei der Zwischenlandung in Budapest wird das Personal über das solange geheim gehaltene Ziel Aleppo in Syrien informiert. Niemand nahm das Angebot an, mit der gegenüberstehenden Il-18 nach Marxwalde zurückzufliegen. Die MiG-21M wurden in Aleppo entladen, jeden Tag eine zusammengebaut, vom NVA-Piloten eingeflogen und den Syrern übergeben. An Kampfeinsätzen war kein deutsches Personal beteiligt. Nach dem Rückflug erhielten die Teilnehmer hohe Auszeichnungen.
Jahre später erkannte ein ehemaliger Techniker des JG-8 in der Werft Dresden eine MiG-21M mit syrischem Kennzeichen als ehemalige Maschine des JG-8 wieder. Der gesamte »Einsatz der Spezialistengruppe« dauerte vom 28. bis 31. Oktober 1973.

Kommandeure

26. 9. 1956 bis 30. 11. 1961:
Hauptmann Ralf Brandt,
1. 12. 1961 bis 30. 8. 1968:
Major Wolfgang Büttner,
1. 9. 1968 bis 31. 8. 1973:
Oberstleutnant Herbert Bohne,
1. 9. 1973 bis 31. 1. 1975:
Oberstleutnant Siegfried Wünsche,
1. 2. 1975 bis 1. 12. 1978:
Oberstleutnant Jürgen Dieckmann,
1. 3. 1985 bis 1. 12. 1987:
Oberstleutnant Michael Kernchen,
1. 12. 1987 bis 30. 9. 1990:
Oberstleutnant Siegfried Lahmer.

Flugzeugtechnik

1955/56: Jakowlew Jak-11.
4. Januar 1957: 15 MiG-15bis zugeführt.
10. Oktober 1957: 21 MiG-17F zugeführt.
27. Januar bis 28. April 1962: Umschulung Flugzeugführer und ingenieurtechnisches Personal in der UdSSR auf MiG-21F.
26. Mai 1962: Zuführung von 24 MiG-21F13 für 1. und 2. Jagdstaffel, MiG-15UTI blieben mangels MiG-21U im Bestand; 3. JS behielt MiG-17F/MiG-15UTI.
14. März 1962: Zuführung von 14 MiG-21PF (erstmals wurde damit diese Version mit modifiziertem Funkmeßvisier von der NVA übernommen, später als MiG-21PFM bezeichnet).
7. April 1968: 15 MiG-21PFM und SPS/K zugeführt.
12. Oktober 1969: 16 MiG-21SPS zugeführt.
16. März 1970: 14 MiG-21M zugeführt.
1973: Übergabe von Technik in den Nahen Osten, vom JG-3 Übernahme MiG-21MF.
19. Oktober 1977: elf MiG-21bisSAU vom Werk übernommen.
29. November 1977: 14 MiG-21bisLasur vom JG-9 übernommen.
30. Dezember 1977: 17 MiG-21bis vom Werk übernommen.
1977/78: Übergabe der MiG-21M an JG-3 und JG-7.
Kampfbestand Nov. 1987: 42 MiG-21bis.
Kampfbestand am 30. September 1990: 41 MiG-21bis (14 MiG-bisLasur, 27 MiG-21 bis SAU) und acht MiG-21UM (davon vier mit Triebwerk R-13).

Jagdfliegergeschwader 9 (JG-9) »Heinrich Rau«

Standort Peenemünde, Kreis Wolgast (Bezirk Rostock), Land Mecklenburg/Vorpommern.
Aufgestellt im Oktober/November 1954 aus den Beständen der 4. Staffel des 1. Kdo/JG-7 sowie der 4. und 5. Staffel des 2. Kdo/JG-8 mit Jakowlew Jak-11 als 3. Kommando des 2. Aeroklubs der KVP am Standort Drewitz. Einsätze gegen die im Rahmen von Flugblattaktionen in der Bundesrepublik aufgelassenen Ballone. Abschuß mehrerer Ballone mit 12,7-mm-MG der Jak-11.
26. Dezember 1956: Übernahme in die NVA in Drewitz als Fliegergeschwader 9 (FG-9) der 3. Fliegerdivision.
16. Mai 1961: Verlegung zum Flugplatz Peenemünde.
9. Juni 1961: Umbenennung in Jagdfliegergeschwader 9 (JFG-9, später JG-9 abgekürzt).
1989 sollte das JG-9 mit 40 Jagdflugzeugen dem Kommando-Volksmarine unterstellt werden (KSZE-Verhandlungen Wien – Marinekräfte wurden nicht mitgezählt), jedoch verblieb es bei dem Kommando LSK/LV.

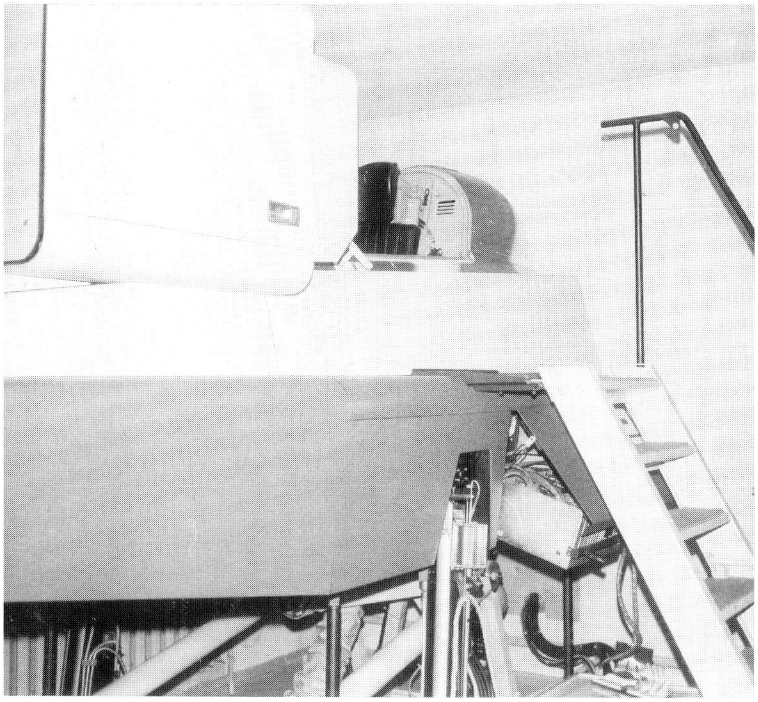

Im JG-8 aufgebaut – der aus der Tschechoslowakei stammende Flugsimulator TL-21 für die MiG-21 bis, mit dem auch Kunstflugfiguren trainierbar waren.

Westende des Flugplatzes Marxwalde – im Hintergrund ein Teil des Kurswegsenders vom Landesystem SPS-70 (ILS), vorn im Fahrzeug Kurswegsender des Landessystems PRGM-5 (ILS für MiG-21 bis SAU).

Kommandeure

1954 bis Mai 1955:
Hauptmann Horst Richter,
bis 24. 9. 1956:
Hauptmann Helmut Dörl,
24. 9. 1956 bis 23. 7. 1957:
Major Siegfried Haufe,
23. 7. 1957 bis 1. 1. 1960:
Hauptmann Günter Schneider,
1. 1. 1960 bis 21. 8. 1961:
Hauptmann Heinz Wiese,
1. 8. 1961 bis 15. 11. 1961:
Major Klaus Baarß,
15. 11. 1961 bis 1. 9. 1963:
Major Günter Schneider,
1. 9. 1963 bis 1. 6. 1964:
Major Roland Ullmann,
1. 6. 1964 bis 30. 10. 1964:
Major Johannes Köhler,
31. 10. 1964 bis 13. 8. 1965:
Major Günter Schmidt,
13. 8. 1965 bis 25. 8. 1968:
Oberstleutnant Klaus Baarß,
25. 8. 1968 bis 13. 11. 1973:
Hauptmann Rolf Berger,
13. 11. 1973 bis 19. 11. 1977:
Oberstleutnant Gerhard Fiß,
19. 11. 1977 bis 1. 12. 1978:
Oberstleutnant Klaus Zimmermann,
1. 12. 1978 bis 30. 4. 1981:
Oberstleutnant Wolfgang Pätz,
1. 5. 1981 bis 7. 3. 1985:
Major Gerd Gyurkovits,
7. 3. 1985 bis 30. 10. 1989:
Oberst Ralf Wukasch,
30. 10. 1989 bis 30. 9. 1990:
Oberstleutnant Wolfharry Dietze.

Flugzeugtechnik

1954/55: Jak-18/Jak-11. Abschluß fliegerische Gefechtsausbildung mit Jak-11 am 30. Oktober 1956.
8. Oktober 1956: Beginn theoretische Umschulung auf MiG-15.
Oktober 1956: Zuführung MiG-15bis/MiG-15UTI, erster Flugtag mit MiG-15: 29. Januar 1957.
Juni 1957: MiG-17F, erster Flugtag: 13. Juli 1957.
Mai 1959: MiG-17PF (20 Maschinen), erster Flugtag: 22. Mai 1959.
Mai 1964: MiG-21F13.
16. Juni 1964: Beginn theoretische Umschulung auf MiG-21F13.
15. Juli 1964: Beginn der fliegerischen Ausbildung MiG-21F13.
1966: Umschulung der 2. und 3. Jagdstaffel (JS) auf MiG-21PFM.
1967: Beginn Nachtflugausbildung mit MiG-21PFM.
Stand 1967: sieben MiG-21F13, fünf MiG-15UTI, zwei MiG-21U.
1968: Beginn Umschulung der 2. und 3. JS auf MiG-21SPS. Beginn Umschulung der 1. JS von MiG-17PF auf MiG-21SPS. Gefechtsschießen von Flugzeugführern der 2. und 3. JS in der UdSSR auf das funkgesteuerte Luftziel La-17MM.
Ende 1968: Umrüstung auf 42 MiG-21SPS.
Ende 1969: Umrüstung auf MiG-21SPS/K.
1970: Einführung MiG-21M.
Stand 1970: 20 MiG-21SPS/K, 29 MiG-21M, fünf MiG-21U, fünf MiG-15UTI.
15. November 1972: Unterstellung der Zieldarstellungsstaffel ZDS-33 mit Iljuschin Il-28.
1973: Beginn Einführung MiG-21MF.
Juli 1973: zwölf MiG-21MF vom Herstellerwerk zugeführt.
Januar 1974: zwölf MiG-21MF vom Herstellerwerk zugeführt.
Mai 1974: zwölf MiG-21MF zugeführt.
Oktober 1974: Umschulung auf und Zuführung von 14 MiG-21bisLasur (erstmals für NVA).
Stand Ende 1975: 14 MiG-21bis, 23 MiG-21MF, sechs MiG-21M, neun MiG-21UM.
Stand 1. Dezember 1977: 14 MiG-21bis, 33 MiG-21MF, neun MiG-21UM.
30. Dezember 1977: Abführung von 14 MiG-21 bis Lasur (an JG-8) und neun MiG-21UM.
6. Januar 1978: Zuführung von zwei MiG-21MF und neun MiG-21U.
23. Juni 1978: Übernahme der ersten zwei MiG-23UB.
13. Juli 1978: Zuführung der ersten MiG-23MF (sechs Maschinen).

15. August 1978: Abführung von vier MiG-21U, und einer MiG-21MF, Zuführung von sechs MiG-23MF.
1982: Umschulung auf MiG-23ML.
2. Juni 1982: Zuführung von acht MiG-23ML.
Weitere Zuführungen: 10. Juni 1982 – vier MiG-23ML, 15. Juni 1982 – zwei MiG-23UB, 18. Juni 1982 – zwei MiG-23ML.
23. Juni 1982: Abführung von sieben MiG-21MF und zwei MiG-21U.
14. August 1982: Abführung von 26 MiG-21MF und drei MiG-21U, damit MiG-21MF und MiG-21U vollständig an JG-3 abgegeben.
15. Oktober 1982: Zuführung einer MiG-23ML.
Stand November 1988: zehn MiG-23MF, 30 MiG-23ML, fünf MiG-23UB.
Stand 30. September 1990: zehn MiG-23MF, 29 MiG-23ML, fünf MiG-23UB.

Personalbestand 30. September 1990 (Sollstärke)
JG-9: 552, davon 227 Offiziere, 296 Unteroffiziere/Soldaten und 29 Zivilbeschäftigte; Zieldarstellungskette 33: 41, davon 13 Offiziere, 28 Unteroffiziere/Soldaten; Flugplatzbasis 43: 643, davon 59 Offiziere, 509 Unteroffiziere/Soldaten und 75 Zivilbeschäftigte.

Fliegerausbildungsgeschwader 15 (FAG-15) »Heinz Kapelle«

Standort Rothenburg/Oberlausitz (Bezirk Dresden), Land Sachsen.
Aufgestellt Anfang 1957 als FAG-3 in Brandenburg, ausgerüstet mit Jakowlew Jak-18/Jak-11.
15. Dezember 1959: In Bautzen neu als FAG-3 formiert.
5. bis 6. Januar 1960: Eisenbahnverlegung von Bautzen nach Rothenburg und Umbenennung in Jagdfliegerausbildungsgeschwader 15 (JAG-15), später FAG-15.
Hauptaufgabe des FAG-15 war die Ausbildung von Jagdfliegern/Jagdbomberfliegern. Die Offiziersschüler absolvierten im 3. und 4. Studienjahr die Ausbildung auf der Mikojan MiG-21 im Umfang von etwa 70 Flugstunden. Ausgelegt war das FAG-15 für die gleichzeitige Ausbildung von etwa 100 Flugschülern. Für die Lösung dieser Aufgabe wurden jährlich bis zu 5300 Flugstunden erreicht.
In der Zeit vom 6. Januar 1960 bis zum 20. September 1990 absolvierten rund 900 Flugschüler in 38 Ausbildungskursen eine Grundflugleistung von 120000 Stunden auf dem Flugplatz Rothenburg. Ab 1963 nahmen die Fluglehrer des FAG-15 mit Flugzeugen unterschiedlichen Typs als Zieldarsteller an Übungen des Kommandos LSK/LV teil.

Kommandeure
15. 12. 1959 bis 6. 1. 1960:
Hauptmann Gerhard Baustian,
6. 1. 1960 bis 1964:
Major Manfred Tröger,
1964 bis 1967:
Major Rolf Krause,
1967 bis 1970:
Hauptmann Dieter Kulitzscher,
1970 bis 1973:
Major Gerhard Fiß,
1973 bis 1977:
Oberstleutnant Dieter Kulitzscher,
1977 bis 1979:
Oberstleutnant Manfred Pippig,
1979 bis 1981:
Oberstleutnant Kleemann,
1981 bis 1986:
Oberstleutnant Langener,
1986 bis 1989:
Hauptmann Glanz,
1989 bis 1990:
Major Wetzstein.

Flugzeugtechnik
1959/60: MiG-15bis, MiG-15UTI, MiG-17F.
Ab 1960: auch MiG-17.
1963/64: Übernahme von zwölf tschoslowakischen L-29, alle MiG-Typen weiterhin im Bestand.
26. Juni 1964: Abgabe L-29 an FAG-25 Bautzen und Übernahme weiterer MiG-17.
Herbst 1964: Zuführung von MiG-21U und MiG-21F13, Aussonderung MiG-15bis. Erstmals Einsatz von MiG-21 zur Ausbildung von Offiziersschülern im Warschauer Pakt, verlief erfolgreich. Erprobung im Auftrage des Vereinten Oberkommandos.
28. Juli 1966: Letzter Flugdienst mit MiG-15UTI, MiG-17 und MiG-17F. Außerdienststellung dieser Typen.
Februar 1978: Zuführung von acht MiG-21SPS und zwei MiG-21US.
Herbst 1978: Aussonderung der MiG-21F13, einige an TAFS-47 übergeben.
Frühjahr 1988: Beginn Außerdienststellung MiG-21U (veraltetes Rettungssystem), letzter Einsatz 8. März 1990.
1990: Zuführung von MiG-21UM.
20. September 1990: 10.00 bis 16.00 Uhr letzter Flugdienst FAG-15, letzte Landung Major Wetzstein mit MiG-21SPS, Bordnummer 780.
2. Oktober 1990: Letzter Appell als NVA-Truppenteil, Einholen der Truppenfahne.
Bestand 30. September 1990: 26 MiG-21SPS, 15 MiG-21U, 13 MiG-21US und drei MiG-21UM.

Fliegerausbildungsgeschwader 25 (FAG-25) »Leander Ratz«

Standort Bautzen (Bezirk Dresden), Land Sachsen.
Aufgestellt Ende 1954/Anfang 1955 als FAG-2 in Preschen, ausgerüstet mit Jakowlew Jak-11.
Ende 1955: Verlegt auf den Flugplatz Schkeuditz (Ausbildung mit Jak-11).
Ende 1957: Verlegung auf den Flugplatz Bautzen.
Januar 1958: Neuformierung als FAG-2 in Bautzen.

MiG-23 ML des JG-9 mit Nahluftkampfraketen R-60.

War bis 1966 an der Fliegerschule im Dienst – die MiG-15 UTI.

Standardschulflugzeug bis 1981 – die L-29.

1. Januar 1961: Umbenennung in Jagdfliegerausbildungsgeschwader 11 (JAG-11).
1. Dezember 1972: Umbenennung in JAG-25, später FAG-25.

Kommandeure

Januar 1958 bis 1. 12. 1958:
Oberst Roland Ullmann,
1. 12. 1958 bis 1. 12. 1959:
Generalmajor Gerhard Baustian,
1. 12. 1959 bis 1. 12. 1961:
Oberst Henry Richter,
1. 12. 1961 bis 1. 12. 1963:
Oberst Horst Kiefel,
1. 12. 1963 bis 1. 12. 1965:
Oberst Henry Richter,
1. 12. 1965 bis 1. 9. 1976:
Oberst Kurt Mengs,
1. 9. 1976 bis 1982:
Oberstleutnant Klaus Bieneck,
1982 bis 1986: Oberstleutnant
Hans-Jürgen Schmidt,
1986 bis 1987:
Oberst Jürgen Dieckmann,
1987 bis 1990:
Oberst Michael Kernchen.

Flugzeugtechnik

Anfangsbestand: Zwei Staffeln mit 40 Mikojan MiG-15bis/MiG-15UTI.
1958: Zuführung von zwölf MiG-15UTI.
1963: Zuführung von fünf MiG-15bis und fünf MiG-17.
Bis Ende 1963: Zuführung von tschechoslowakischen L-29. Gesamtbestand: 50 Maschinen.
1965: MiG-15- und MiG-17-Versionen außer Betrieb gesetzt.
Ende 1977: Zuführung L-39. Gesamtbestand: 48 Maschinen.
1978: Bestand 44 L-29, 48 L-39.
Ende 1981: L-29 außer Betrieb, 50 L-39 im Bestand.
Bestand 30. September 1990: 47 L-39ZO.
Hauptaufgabe des FAG-25 war die Ausbildung von Flugschülern in den beiden ersten Studienjahren mit dem Simulator TL-39 sowie mit dem Strahltrainer L-39ZO. Danach folgte die Ausbildung mit der MiG-21 im FAG-15.

Jagdbombenfliegergeschwader 37 (JBG-37) »Klement Gottwald«

Standort Drewitz, Kreis Guben (Bezirk Cottbus), Land Brandenburg.
Aufgestellt am 1. Oktober 1971 in Drewitz als erstes Jagdbombenfliegergeschwader der NVA. Gehörte zum Bestand der 1. Luftverteidigungsdivision. Zunächst als JBG-31 bezeichnet.
1973 bis 1975: Erhöhung des Gefechtswertes der Mikojan MiG-17F durch Nachrüstung mit zusätzlichen Containern MARS-2 für 57-mm-Raketen in der Flugzeugwerft Dresden.
Ab 1978 Verschrottung der Schulflugzeuge MiG-15UTI.
Von 1980 bis 1985 schrittweise Außerdienststellung der MiG-17F und Zuführung von MiG-23BN/MiG-23UB.
1. November 1982: Dem Führungsorgan der Front- und Armeefliegerkräfte unterstellt (FAFK).

Kommandeure

1971 bis 1973:
Oberst Klaus Baarß,
1973 bis 1977:
Oberst Gerhard Schumann,
1977 bis 1984:
Oberst Manfred Jenichen,
1984 bis 1990:
Oberstleutnant Joachim Hoffmann.

MiG-23 BN mit vier UB-32 – je Kassette 32 ungelenkte Luft-Boden-Raketen S-5.

Von Drewitz nach Dresden ins Museum gelangt – zum Jagdbomber umgebaute MiG-17 F.

Flugzeugtechnik

	MiG-15UTI	MiG-17F	MiG-23UB	MiG-23BN
1976	14	43	–	–
1978	13	40	–	–
1979	13	40	–	–
1980	6	26	2	14
1981	5	21	3	19
1982	3	21	3	18
1983	2	21	3	18
1990	–	–	3	18

Je eine MiG-23BN ging in den Jahren 1980, 1982, 1985 und 1986 bei der Ausbildung verloren.
Erhalten geblieben sind eine MiG-17F (Bordnummer 537) auf dem Sockel vor dem Stabsgebäude und eine MiG-17F (Bordnummer 346) als Traditionsmaschine, ebenso eine MiG-15UTI. Die MiG-17F mit der Bordnummer 300 ist Exponat des Militärhistorischen Museums Dresden.

Jagdbombenfliegergeschwader 77 (JBG-77) »Gebhard Leberecht von Blücher«

Standort Laage, Kreis Güstrow (Bezirk Rostock), Land Mecklenburg/Vorpommern.
Bildung und Arbeit des Vorkommandos in der Zeit vom 15. Juli bis 30. November 1984. Daneben erster Umschulungslehrgang mit acht Flugzeugführern in Krasnodar/UdSSR auf Suchoi Su-22M4 (18. Mai bis 21. Juli 1984) und zweiter Umschulungslehrgang am Standort Rothenburg mit acht Flugzeugführern (3. September bis 30. November 1984). Die Su-22 sind mit sowjetischen Transportmaschinen (Antonow An-22 und Iljuschin Il-76) im zerlegten Zustand (je zwei Su-22 an Bord) nach Rothenburg überführt und dort vom sowjetischen Personal zusammengesetzt und eingeflogen worden. Die Überführung nach Laage nahmen deutsche Flugzeugführer vor.
1. Dezember 1984 bis 30. November 1985: Formierung des JBG-77 im Bestand von zwei Staffeln. Dazu dritter Umschulungslehrgang am Standort Laage mit den Hauptkräften (3. Januar bis 30. April 1985).
9. bis 11. und 12. November 1984: Umsetzung mit Militärtransportzügen vom Standort Drewitz nach Laage.
11. November und 3. Dezember 1984: Umsetzung mit Militärtransportzügen vom Standort Rothenburg nach Laage.
3. November bis 2. Dezember 1984: Übergabe der Kampftechnik in Drewitz und Rothenburg – zwölf Su-22M4 und zwei Su-22UM3K.
1. Dezember 1985: Übernahme in das Gefechtssystem der LSK/LV.

Kommandeure
1. 11. 1984 bis 1. 11. 1987:
Oberst Manfred Jenichen,
1. 11. 1987 bis 2. 10. 1990:
Oberst Jürgen Roske.

Flugzeugtechnik

1. Dezember 1984:	zwölf Su-22M4 und zwei Su-22UM3K,
2. Juni 1985:	24 Su-22M4 und drei Su-22UM3K,
1. Dezember 1986:	24 Su-22M4 und vier Su-22UM3K,
30. November 1987:	23 Su-22M4 und vier Su-22UM3K,
30. September 1990:	23 Su-22M4 und vier Su-22UM3K.

Die Su-22M4 mit der Bordnummer 546 hat eine besondere Bemalung erhalten und ist als Traditionsmaschine vorgesehen.

Marinefliegergeschwader 28 (MFG-28) »Paul Wieczoreck«

Standort Laage, Kreis Güstrow (Bezirk Rostock), Land Mecklenburg/Vorpommern.
Parallel aufgebaut zum JGB-77 in Laage.
Ab 12. August 1985 Arbeit des Vorkommandos.
Formierung des MFG-28 abgeschlossen am

JBG-77

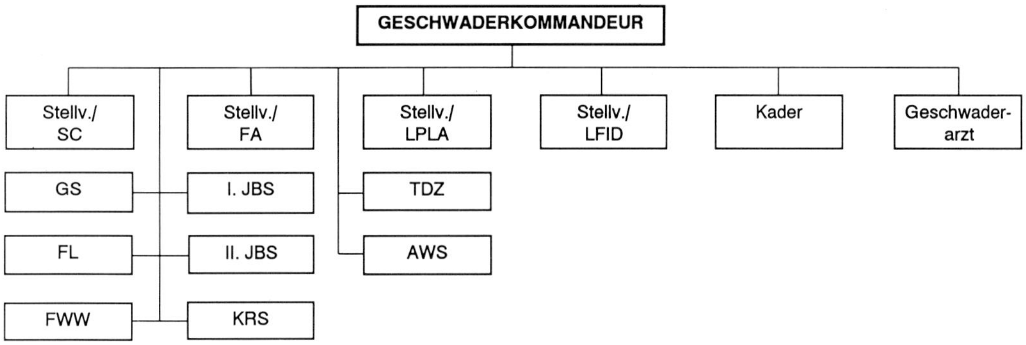

FTB-77

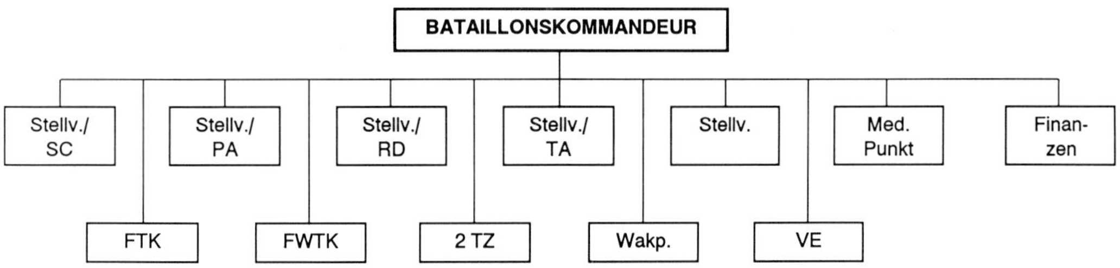

NFB-77

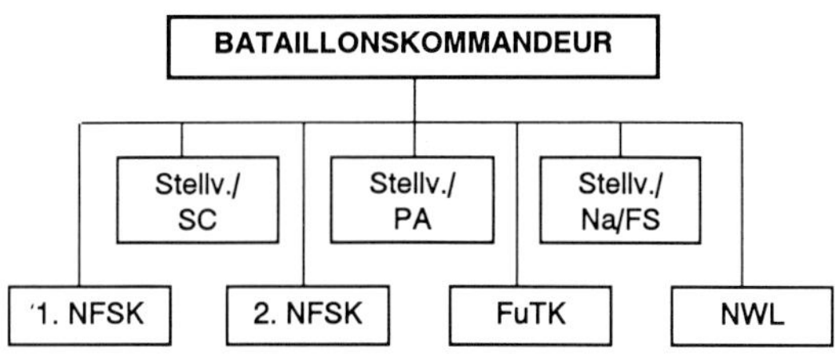

SC	Stabschef
PA	Politische Arbeit
Na/FS	Nachrichten/Funksicherung
NFSK	Nachrichten Flugsicherungskompanie
FuTK	Funktechnische Kompanie
NWL	Nachrichten-Werkstatt Lager
GS	Gefechtsstand
FL	Flugleitung
FWW	Flugwetterwarte
FA	Fliegerische Ausbildung
LPLA	Leiter Politische Arbeit
LFID	Leiter Fliegeringenieurdienst
JBS	Jagdbomberstaffel
KRS	Kontroll- und Reparaturstaffel
TDZ	Technische Dienstzone
AWS	Auswertungsstelle
RD	Rückwärtige Dienste
TA	Technik Ausrüstung
FTK	Fliegertechnische Kompanie
FWTK	Flugplatzwartungs- und Transportkompanie
TZ	Technische Züge
VE	Versorgungseinheit
Wakp.	Wachkompanie

Su-22 M 4 mit Mehrfach-Bombenträgern und Luft-Luft-Raketen R-60 zur Selbstverteidigung im Nahluftkampf.

27. November 1977, aufgebaut und strukturiert wie JBG-77.
Das Marinefliegergeschwader sollte im Verteidigungsfall der Marineführung operativ unterstellt werden. Im Frieden sollten alle Ausbildungs- und Logistikaufgaben durch das Kommando LSK/LV gelöst werden.
Am 20. Juli 1990 wurden dennoch die Uniformen sowie die militärischen Dienstgrade der Marine im MFG-28 eingeführt.

Kommandeure
1985 bis 1987:
Oberst Jürgen Roske,
1987 bis 1990:
Oberstleutnant/Fregattenkapitän Johannes Mallwitz.

Flugzeugtechnik
1. Dezember 1985: acht Suchoi Su-22M4 und zwei Su-22UM3K,
30. September 1990: 23 Su-22M4 und vier Su-22UM3K.
Die Su-22M4 mit der Bordnummer 673 ging am 12. Dezember 1989 verloren. Am 27. März 1991 sind zwei Su-22M4 (Bordnummer 380, Bundeswehrkennung 25-25 und 724/25-33) an die US Air Force in Ramstein übergeben worden. Die Su-22M4 mit der Bordnummer 788 hat eine blau-gelbe Sonderbemalung erhalten und soll als Traditionsflugzeug dienen.

Transportfliegergeschwader 44 (TFG-44) »Arthur Pieck«

Standort Marxwalde (Neuhardenberg), Kreis Seelow (Bezirk Frankfurt/Oder), Land Brandenburg.
Gebildet auf Befehl 60/57 des Ministers für Nationale Verteidigung vom 29. Juli 1957, bis zum 15. August 1957 ein Regierungs- und Verbindungsfliegergeschwader der DDR aufzubauen. Nach Plan sollte das Geschwader bis zum III. Quartal 1960 folgenden Bestand aufweisen:
1. Staffel: fünf Iljuschin Il-14, drei B 152 (die B 152 ist nicht in Serie gebaut worden, da Abbruch der Flugzeugproduktion in der DDR),
2. Staffel: drei Antonow An-2,
3. Staffel: sieben Hubschrauber SM-1/Mi-4.
Da der Flugplatz Marxwalde zu dieser Zeit noch gebaut wurde, brachte man das Personal der 1. Staffel ab 7. Juli 1957 in Niederlehme bei Königswusterhausen und die 2. Staffel in Strausberg unter. Zum Flugplatz Schönefeld verkehrte ein Bus, um den Flugdienst sicherzustellen.
Verfügbar waren zwei von der DDR-Lufthansa übergebene Il-14.
Juli 1957: erstes Flugzeug, die 470, ausgerüstet als Salonmaschine.
1. November 1957: Die Einheit wird Generalmajor Keßler als Chef der Luftstreitkräfte direkt unterstellt. Allgemeine Bezeichnung: Regierungsfliegerstaffel (abgekürzt: Reg.-Staffel).
1957/58: 501 Flugstunden geleistet.
6. April 1959: Verlegung zum gerade fertiggestellten Flugplatz Marxwalde. Bestand: sechs Il-14P. Die Ausbilder waren sowjetische Berater.
1962: Umbenennung in Selbständige Transportfliegerstaffel.
1. Dezember 1965: Umbenennung in Transportfliegerstaffel 29 (TFS-29).
18. Juni 1969: Bildung der 4. Kette mit Mil Mi-8S (zugeführt von Brandenburg-Briest), ab 1. Februar 1973: III. Hubschrauberstaffel.
Ab 8. Juli 1972: Zeitweilige Verlegung nach Schönefeld/Diepensee.
1. Januar 1973: Umbenennung in Transportfliegergeschwader 44 (TG-44) später TFG-44 und direkte Unterstellung Kommando LSK/LV.

Kommandeure
7. 7. 1957 bis 5. 12. 1964:
Oberstleutnant Kurt Bauditz,
5. 12. 1964 bis 14. 10. 1967:
Major Günter Trommer,
14. 10. 1967 bis 1. 12. 1975:
Oberst Siegfried Weise,
1. 12. 1975 bis 2. 10. 1990:
Oberst Wolfgang Gleis.

Flugzeugtechnik
1957: zwei Il-14,
1958: zwei Il-14 (501 Flugstunde),
1960: sechs Il-14 (1561 Flugstunden) und eine Il-18 (47 Flugstunden),
1964: vier Il-14 (1711 Flugstunden), zwei Il-18 (699 Flugstunden) und zwei Tupolew Tu-124 (25 Flugstunden),
1965: keine Il-14 mehr im Bestand, übergeben an TFS-27 Dresden,
1969: drei Il-18 (1257 Flugstunden), drei Tu-124 (1336 Flugstunden), vier Tu-134 (263 Flugstunden) und zwei Mi-8S (weiß, Bordnummern 396 und 397; 164 Flugstunden),
1971: gleiche Typen, zusätzlich erste Tu-134A.
November 1974: Tu-124, Tu-134, Tu-134A, Mi-8S. Alle Il-18 an INTERFLUG verkauft.
November 1978: Tu-134A, Il-62M, Mi-8S.
30. November 1983: elf Tu-134A, sechs Mi-8S und drei Il-62M.
14. April 1988: Um 14.30 Uhr landet die erste Tu-154M (DDR-SFA) in Marxwalde.
Nach festgelegten Kriterien sind die Il-18, Tu-134, Tu-134A sowie Il-62M aus dem Bestand genommen und an die INTERFLUG verkauft worden, so daß im Regierungsgeschwader nur vom Werk zugeführtes Fluggerät verwendet wurde.
Die drei Tu-124 hat die UdSSR zurückgekauft, ebenso die Tu-134A mit der Bordnummer 183 (im Werk sind bei der periodischen Kontrolle schwere Mängel an der Tragwerkaufhängung entdeckt worden).
Die Il-14 hat die TFS-27 Dresden übernommen, und die ausgesonderten Mi-8S gingen in die Truppe (Saloneinrichtung ausgebaut, als Mi-8PS bezeichnet).
Sechs Tu-134A sind am 1. Juni 1990 an Vietnam verkauft worden (siehe Aussonderungsliste Seite 172).
Bestand am 30. September 1990: drei Tu-134A, zwei Tu-154M, drei Il-62M und sechs Mi-8S.
Die drei Staffeln mit den Tu-154M, Tu-134A und Mi-8S waren in Marxwalde stationiert, die Il-62M-Staffel in Schönefeld-Diepensee, weil der Platz in Marxwalde nicht ausreichte.

Transportfliegerstaffel 24 (TS-24)

Standort Dresden-Klotzsche, Land Sachsen.
Aufgestellt am 1. März 1963 als Transportfliegerstaffel 27 (TFS-27) aus dem Transportfliegergeschwader 17 (TFG-17, zeitweilig auch als Transportfliegerausbildungsgeschwader TAF-17 bezeichnet) in Dessau auf dem ehemaligen Werkflugplatz der Junkers-Werke (ab 1956 Standort der später aufgelösten NVA-Transportfliegerschule).
2. Mai 1963: Übernahme der Antonow An-2 mit den Bordnummern 839 und 845 vom TFG-17, Einsatz als Fotoflugzeuge.
Oktober 1963: Verlegung nach Dresden (Bestand: 15 Iljuschin Il-14, vier An-2).
18. September 1964: Übernahme der Il-14 mit den Bordnummern 488 und 470 von der selbständigen Transportfliegerstaffel 29.
5. Februar 1965: Übernahme der Il-14 mit den Bordnummern 482 und 471.
31. März 1965: Übernahme der Il-14 (485 und 475).
1965: Umbau von zwei weiteren Il-14 (416, 422) als Fotomaschinen durch die Flugzeugwerft Dresden (FWD).
März 1976: Übernahme der Hubschrauber Mi-2F (328, 335) als Fotomaschinen.
8. November 1979: Beginn Außerdienststellung der Il-14 mit der Bordnummer 444.
22. Juni bis 22. September 1980: Umschulung auf den Flugzeugtyp An-26.
1. Dezember 1980: Überführung der Il-14 mit der Bordnummer 426 zum Museum der ungarischen Luftstreitkräfte in Szolnok.
11. Dezember 1980: Eintreffen der beiden ersten im Werk Kiew übernommenen An-26 (371, 372) auf dem Flugplatz Dresden.

Übersicht Mi-8 S des TFG-44

Nach dem Übergang aus der Kategorie 1 sind die Mi-8 S in der Regel nach dem Ausbau der Salonausstattung zum normalen Passagierhubschrauber umgerüstet, der Truppe übergeben und u. a. in Brandenburg-Briest zur Ausbildung verwendet worden. Die Hubschrauber werden in der Statistik als Mi-8 geführt; jedoch auch als Mi-8 PS bezeichnet.

Taktische Nummer	Werknummer	Einsatzzeitraum	Übergabe in den Truppendienst
396 weißer Anstrich	0726	Dez. 1968	1973
397 weißer Anstrich	0826	1969	1973
971	10520	Juli 1973	Februar 1976
972	10511	Juli 1973	Februar 1976
973	10522	Juli 1973	Februar 1976
974	10523	Juli 1973	Februar 1976
975	10524	Juli 1973	Februar 1976
976	10532	Nov. 1974	Februar 1977
977	10533	Nov. 1974	Februar 1977
960	10548	März 1976	1979
961	10549	März 1976	1979
962	10550	März 1976	1979
966	10551	März 1976	1979
970	10552	März 1976	Februar 1977
998	10584	Nov. 1977	1987
993	10586	Nov. 1977	1981
990	10585	Nov. 1977	1987
732	10597	Mai 1981	1987
735	10598	Mai 1981	2. 10. 1990 noch TG-44
739	10599	Mai 1981	1987
773	105100	Mai 1981	1987 als Mi-8 S zur Marine
911	10733	4. 9. 1986	2. 10. 1990 noch TG-44
914	105104	4. 9. 1986	2. 10. 1990 noch TG-44
915	105106	4. 9. 1986	2. 10. 1990 noch TG-44
945	105107	4. 9. 1986	2. 10. 1990 noch TG-44
950	105108	4. 9. 1986	2. 10. 1990 noch TG-44

29. Dezember 1980: Beide Flugzeuge in den Dienst der TS-24 gestellt.
4. Juni 1981: Die achte An-26 (368) in Dienst gestellt.
Letzte Einsätze von Il-14: 22. April 1981 (405), 4. Mai 1981 (409) und 14. August 1981 (475).
1. Dezember 1982: TS-24 dem FO FAFK unterstellt.
15. Dezember 1982: Überführung der Il-14 (482, im Dienst seit Juli 1958) zur Traditionsvorstartlinie nach Bautzen, dort ab 7. Januar 1983 aufgestellt.
4. Juni 1982: Indienststellung der neunten An-26 (369).
Letzte Einsätze der Il-14 als Fotovariante: 27. September 1982 (411), 12. Oktober (416) und 17. Dezember 1982 (422, gleichzeitig letzter Flug einer Il-14 im Dienst der LSK/LV, die INTERFLUG kaufte die 422 am 7. Januar 1983 als Foto- und Meßmaschine).
5. Mai 1983: Übergabe der Mil Mi-2F.
20. Dezember 1985: Indienststellung An-26 (373, Aufklärer).
7. Juni 1986: Indienststellung letzte An-26 (384).
1. März 1986 bis 5. Juli 1988: Sondereinsatz von fünf An-26 (364, 367, 368, 371 und 384) für Hilfsflüge in Äthiopien; 1543 Einsätze.
Für Such- und Rettungsaufgaben befand sich eine An-26 ständig in der 1-h-Startbereitschaft. Bei verstärkten Handlungen von NVA-Luftfahrzeugen über See verlegte eine An-26 zum Flugplatz Peenemünde (beispielsweise beim Schießen in der Luftschießzone 2 an der Küste) oder flog über dem Seegebiet, um bei Notwendigkeit SAR-Aufgaben zu erfüllen.

Kommandeure

1. 3. 1965 bis Oktober 1965:
Major Roß,
Oktober 1965 bis 30. 6. 1970:
Major Klaus Zimmer,
1. 7. 1970 bis 15. 11. 1976:
Major Tetzel,
15. 11. 1976 bis 21. 12. 1981:
Oberstleutnant Roland Berthold,
1. 1. 1982 bis 31. 8. 1983:
Oberstleutnant Walter Schickor,
1. 9. 1983 bis 1986:
Oberstleutnant Ulrich Schrammer,
1986 bis 2. 10. 1990:
Major Detlef Gröschel.

Flugzeugtechnik

1974: sechs Il-14 (Frachtvariante), sechs Il-14 (Passagier- und Salonausführung), drei Il-14 (Fotovariante), zwei An-2 (Fotovariante) und zwei Mi-2F;
1986: zehn An-26 (Fracht- und Passagiervariante), eine An-26 (Meßmaschine) und eine An-26 (Aufklärer).
Bestand 30. September 1990: zwölf An-26.

Flugplatz Dessau – die Transportfliegerschule.

Die Iljuschin Il-14 der NVA

NVA-Kennung	Produzent/Werk.-Nr.	Auslieferung	Übernahme	Zivile Kennung	Verbleib
Kleine Ladetür Il-14T					
400	Dresden 14.803.004	22. 11. 56	7. 2. 57	DM-VAH DM-UAB	Absturz Schornstein Vockerode 22. 7. 60
401	Dresden 14.803.021	6. 2. 58	6. 2. 58	DM-VAK	Ägypten 1969
409	Dresden 14.803.042	2. 9. 58	2. 9. 58	DM-VAO	Schrott 17. 5. 77
426 (403)	Dresden 14.803.022	18. 3. 58	18. 3. 58	DM-VAL	Mus. Ungarn 1. 12. 80
444	Dresden 14.803.032	26. 6. 58	26. 6. 58	DM-VAN	Schrott
488 (904)	Dresden 14.803.041	28. 8. 58	28. 8. 58	DM-VAS	Schrott
Große Ladetür Il-14T					
405 (915)	Dresden 14.803.043	3. 9. 58	3. 9. 58	DM-VAP	Schrott 17. 5. 77
421	Dresden 14.803.006	7. 6. 57	7. 6. 57	DM-VAI	Schrott
433	Dresden 14.803.031	13. 6. 58		DM-VAM	Schrott
491	Dresden 14.803.005	7. 3. 57	21. 1. 61	DM-SFP DM-SAA	Ägypten 1965
Fotomaschine Il-14P (F)					
411	Dresden 14.803.002	23. 8. 56	29. 4. 57	DM-VAF	Schrott
416 (917)	Dresden 14.803.044	25. 9. 58	25. 9. 58	DM-VAQ	Schrott (letzte Il-14)
422 (921)	Dresden 14.803.045	16. 10. 58	16. 10. 58	DM-VAR	INTERFLUG 7. 1. 83
Passagierflugzeug					
434	UdSSR 5340803			DM-VAG	Schrott
437	Dresden 14.803.003	28. 9. 56	20. 12. 56	DM-UAA	Ägypten 1965
471	UdSSR 6341508		5. 2. 65	DM-VAB	INTERFLUG
475	Dresden	14. 3. 58	14. 3. 58	DM-VAC	Schrott
482	Dresden 14.803.035	3. 7. 58	3. 7. 58	DM-VAD	Trad. OHS Bautzen 15. 12. 82
Fliegender Hörsaal					
445	Dresden 14.803.007	8. 6. 57	8. 6. 57	DM-VAJ	Ägypten 1963
Versuchsträger					
461	Dresden				Ägypten
Salonausführung Il-14S					
470	UdSSR 14600831	21. 8. 56	Juli 1957	DM-VAA	Schrott
485	Dresden 14.803.027	27. 10. 58	27. 10. 58	DM-VAE	Schrott

Anmerkungen

Die beiden letzten Zahlen der im VEB Flugzeugwerke Dresden hergestellten Maschinen geben die laufende Nummer aus der Produktion von 01 bis 80 an. Die Zahl unter der Bordnummer ist die frühere Bordnummer der Maschine. Die Flugzeuge 471, 475, 482 und 485 hat die Staffel in Dresden von den Regierungsfliegern Marxwalde übernommen. Von der Lufthansa der DDR übernahmen die Luftstreitkräfte die Flugzeuge 400, 405, 409, 411, 422, 434, 437, 461, 470, 471, 485 und 491.

Verbindungsfliegerstaffel 14 (VS-14)

Standort Strausberg (Bezirk Frankfurt/Oder), Land Brandenburg.
Anfänge der Verbindungsfliegerkräfte gehen bis auf das Jahr 1953 zurück, als in Strausberg die Antonow An-2 der KVP-Luft stationiert waren: Bordnummer 801 (Baujahr 1952, im Dienst ab Januar 1953) und 802 (Baujahr 1952, im Dienst ab September 1953). Im gleichen Jahr waren die Maschinen zeitweilig in Brandenburg und danach in Cottbus basiert.
Als eigentliches Gründungsjahr der Einheit gilt 1956, als sie in Cottbus offiziell als Schleppstaffel aufgestellt wurde. Zum Bestand der Schleppstaffel zählten neben Verbindungsmaschinen – zwei An-2, zwei Jakowlew Jak-18 und zwei Jak-11 – mehrere Flugzeuge anderer Typen, die für Sportzwecke verwendet worden sind, darunter zwei tschechoslowakischen Zlin Z-126 Trener, eine polnische Mraz Sokol und zwei Polikarpow Po-2. Die Doppeldecker Po-2 sollen die sowjetischen Fluglehrer als Hobbymaschinen mitgebracht und in Cottbus gelassen haben.
Mit den An-2 sind auch Fallschirmspringer abgesetzt worden – jährlich einmal jeder Flugzeugführer und jeder Fallschirmpacker. Die Sportmaschinen dienten u. a. zum Schleppen von Segelflugzeugen, die von den Angehörigen der militärischen Flugsport-Gruppe verwendet wurden. Obwohl die Sportmaschinen nicht zum offiziellen Bestand der KVP/NVA gehörten, war das Personal der Schleppstaffel für die technische Betreuung verantwortlich.
An die Stelle der Z-126 Trener traten 1956/57 vier Jak-18/Jak-18U/Jak-18A.
Im Jahre 1958 ist die Einheit in Verbindungsfliegerstaffel 25 (VS-25) umbenannt und von Cottbus nach Strausberg verlegt worden. Die endgültige Bezeichnung Verbindungsfliegerstaffel 14 (VS-14) erhielt sie 1971.

Kommandeure

1956 bis 1957:
Major Willi Rohr,
1957 bis 1958:
Oberstleutnant Günter Keck,
1958 bis 1959:
Oberstleutnant Hans Nippert,
1959 bis 1962:
Hauptmann Fritz Kühne,
1963 bis 1969:
Oberstleutnant Johannes Schmidt,
1970 bis 1973:
Hauptmann Hans-Dieter Baron,
1974 bis 1976:
Oberstleutnant Johannes Schmidt,

1977 bis 1987:
Oberstleutnant Klaus Horn,
Dezember 1987 bis September 1990:
Oberstleutnant Michael Sobtzick.

Flugzeugtechnik

1956: Jak-11, Jak-18, An-2;
1957: Jak-18, An-2;
1958: Aero 45, Jak-18, An-2;
1959: Aero 45, Jak-18, L-60;
1962: Aero 45, Jak-18, An-2;
1963: Jak-18A, An-2;
1966: An-2, An-14;
1974: Z-43, An-2, An-14;
1980: vier L-410UVP, elf An-2 und vier Z-43;
1988: vier L-410UVP (S), sechs An-2 und vier Z-43;
1990: vier L-410UVP (S), acht An-2 und vier Z-43.

Transportfliegerausbildungsstaffel 45 (TAS-45)

Standort Kamenz (Bezirk Dresden), Land Sachsen.
Mit Bildung der KVP-Fliegerschule Kamenz im Jahre 1954 wurde dort zu Verbindungszwecken und für die Fallschirmsprungausbildung der Flugzeugführer, außerdem zur Ausbildung im Fach Navigation für die Offiziersschüler der Stabsklassen eine Antonow An-2 stationiert.
Im Verlaufe der Jahre wechselten Struktur und Flugzeugbestand der Einheit.
Die mit Wirkung vom 24. November 1986 von der gemeinsamen Offiziershochschule der Luftstreitkräfte/Luftverteidigung »Franz Mehring« (Sitz des Stabes in Kamenz) abgetrennte Offiziershochschule für Militärflieger »Otto Lilienthal« (Sitz des Stabes und Teile der Schule in Bautzen, verantwortlich für das Profil Militärflieger in den Verwendungen Jagdflieger/Jagdbombenflieger, Hubschrauberführer, Militärtransportflieger, Steuerleute der Besatzungen) verfügte für die beiden letztgenannten Verwendungen über die TAS-45.
Zur in Kamenz basierten Einheit gehörten zwölf An-2, drei tschechoslowakische Zlin Z-43 und acht LET L-410UVP (T).
Bei Bedarf wurden An-26 der TS-24 Dresden nach Kamenz kommandiert.
In Bautzen war ein Simulator TL-410 verfügbar.
Vor der Verlegung der Fliegerschule nach Bautzen und deren Zusammenlegung mit der Fliegertechnischen Schule Kamenz fand die fliegerische Ausbildung von 1954 bis 1958 auf dem Flugplatz Kamenz mit den Flugzeugen Jakowlew Jak-18 (Grundausbildung) und Jak-11 (Fortgeschrittenenausbildung) statt.
1955 waren in Kamenz zwei Staffeln mit der Jak-18 ausgerüstet.
1957 hatte die erste Staffel die Jak-18, die zweite die Jak-18U im Bestand. Ende 1957 verfügten beide Staffeln über die Jak-18U.
Bereits vor der Verlegung der Fliegerschule nach Bautzen wurden die auf dem Flugplatz Kamenz basierten Einheiten in zwei Geschwader unterteilt, aus denen das FAG-15 und das FAG-25 (siehe Seite 57) hervorgingen.

Kommandeur

1. 3. 1987 bis 2. 10. 1990:
Oberstleutnant Claus Ripl.

Zieldarstellungskette 33 (ZDK-33)

Standort Peenemünde, Kreis Wolgast (Bezirk Rostock), Land Mecklenburg/Vorpommern.
Aufgestellt im Februar 1959, hervorgegangen aus der 3. Staffel des JG-1 (siehe Seite 49), als Kommandostaffel bezeichnet.
Bestand: zwei Ketten Mikojan MiG-17, eine Kette Iljuschin Il-28 (Bordnummern 190, 196).
Auf dem sowjetischen Flugplatz Welzow wurde das fliegende Personal ausgebildet.
Herbst 1959: Umbenennung der 3. Staffel des JG-1 in Zieldarstellungsstaffel 21 (ZDS-21). Hauptaufgabe: Zieldarstellungsflüge für die Jagdfliegerkräfte, dazu Kommandierung zum jeweiligen Geschwader.
Frühjahr 1960: Als neues Element beginnen Zieldarstellungsflüge mit Luftsack durch die Il-28.
Herbst 1960: Zuführung einer Kette Jakowlew Jak-11. Flüge der Staffel vorrangig von den Plätzen Trollenhagen/Neubrandenburg und Tutow.
Sommer 1961: Abgabe der Jak-11, Zuführung der Schulmaschine Il-28U (193) und Verlegung nach Peenemünde; Verstärkung mit technischem Personal.
November 1961: Verlegung nach Drewitz.
1962: In Drewitz wird der volle Bestand mit zehn Il-28 erreicht (zwei Il-28 vom sowjetischen Fliegerregiment in Welzow) und mit Besatzungen von der Transportfliegerschule Dessau aufgefüllt (Il-28 mit den Bordnummern 190, 196, 204, 205, 208, 224 und 226; Il-28U mit der Bordnummer 193 und Il-28R mit den Bordnummern 180 und 184). Alle 200er sind vom sowjetischen Bombergeschwader Welzow übernommen worden.
Aufgrund menschlichen Versagens ist die 204 im Jahre 1964 über Polen abgestürzt. Die drei Besatzungsmitglieder überlebten den Absprung leicht verletzt.
Aufgaben: Zieldarstellung für die Truppen-

Vom Anfang bis zum Ende dabei – der Doppeldecker An-2, hier noch mit Sowjetstern.

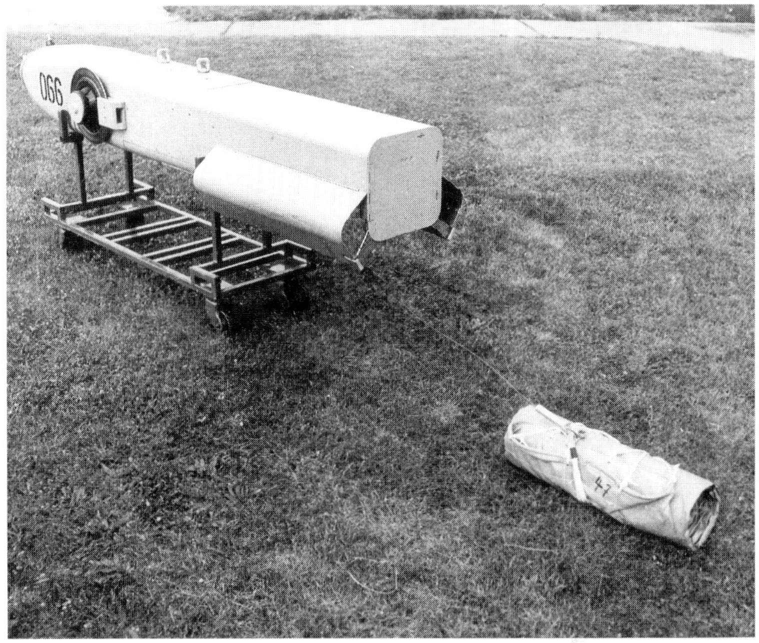

Blick in die hintere Kabine der Schleppmachine L-39 V – statt des Sitzes nimmt sie eine Trommel für das Stahlseil zum Schleppziel KT-04 auf.

Zur Zieldarstellung für die Flak flog von Peenemünde aus die L-39 auch mit einem Schleppsack, der aus dem Unterflügelcontainer ausgestoßen wurde (Foto unten).

Der Container LZA 07 mit geöffneten Luken und herausgenommenem, nicht entfaltetem Luftsack.

luftabwehr und die Jagdfliegerkräfte sowie Spezialaufträge für das Ministerium für Nationale Verteidigung (beispielsweise Erprobungsabwürfe von neuen Fallschirmen mit Betonpuppen).
1963/64 in Preschen, 1965 wieder in Drewitz basiert.
Von April 1971 bis November 1972: Stationierung in Trollenhagen, dort Umbenennung in Zieldarstellungsstaffel 33 (ZDS-33).
14. November 1972: Rückverlegung nach Peenemünde, endgültiger Standort.
1. Dezember 1981: Rückbenennung in Zieldarstellungskette 33 (ZDK-33).
13. Oktober 1982: Letzter Flug einer Il-28 der ZDK-33, Ziel Flugplatz Bautzen zum Abstellen an der historischen Vorstartlinie. Als Ersatz erhielt die Kette zwei einsitzige Schleppmaschinen L-39V mit dem Luftziel KT-04 sowie drei Strahltrainer L-39ZO mit der im Unterflügelcontainer untergebrachten Luftzielapparatur 07 (LZ A07 – ab 1984 verwendet).

Verbindungsfliegerketten 31/33 (VK-31/33)

Mit Bildung der Divisionsstäbe in Cottbus und Drewitz (später in Trollenhagen/Neubrandenburg stationiert) erhielt jeder Divisionsstab eine Verbindungsfliegerkette mit einer Antonow An-2.
Die Ketten sind später aufgestockt worden. Strukturmäßig hatte jede Kette drei An-2 und zwei Jakowlew Jak-18A.
Die Jak-18A ist 1973 ausgesondert und 1974 durch tschechoslowakische Zlin Z-43 ersetzt worden.

Bestand Anfang September 1990

VK-31 (1. LVD Cottbus):	vier An-2 (455, 469, 804, 815) und drei Z-43 (20, 21, 23);
VK-33 (3. LVD Trollenhagen):	vier An-2 (457, 803, 826, 827) und zwei Z-43 (017, 019).

Zeitweilig hatten auch die Stäbe einiger Geschwader ein Verbindungsflugzeug im Bestand. So war im JG-9 in Peenemünde eine Jak-18 zur Verfügung des Geschwaderkommandeurs stationiert.

Transporthubschraubergeschwader 34 (THG-34) »Werner Seelenbinder«

Standort Brandenburg-Briest (Bezirk Potsdam), Land Brandenburg.
Aufgestellt bis 1957 in Cottbus als erste Hubschraubereinheit der NVA (mit sechs Hubschrauberführern und sieben Technikern).
Im Mai 1957 begann die sowjetische Hubschraubereinheit Berlin-Schönefeld die Ausbildung der zukünftigen Hubschrauberführer mit der Mil Mi-4.
Juli 1957: Die Hubschrauberstaffel verlegt von Cottbus nach Dessau zur Ende 1956 gebildeten Transportfliegerschule.
Offensichtlich war man sich darüber im klaren, daß der frühere Werkflugplatz von Junkers nicht für alle Aufgaben (Ausbildung der Besatzungen für Transport- und Verbindungsflugzeuge sowie von zwei Hubschraubertypen) ausreichen würde. Beleg dafür ist die Aufklärung des Flugplatzes Brandenburg-Briest am 20. Februar 1957 durch die Leitung der Transportfliegerschule, die an jenem Tag nach Briest geflogen ist. Im Ergebnis dessen verlegte die aus der Fliegertechnischen Kompanie FTK-25 hervorgegangene FTK-27 (Stab/Führung, Wachzug, Nachrichtenzug, Transportzug) am 25. März 1957 nach Brandenburg-Briest.
Belegt wurde der Platz vorerst mit dem neu gebildeten Fliegerausbildungsgeschwader 3 (Jakowlew Jak-18A, unterstellt der Fliegerschule Bautzen) und einer mit Jak-11 ausgerüsteten Zieldarstellungskette. Die FTK-27 wurde in FTK-19 umbenannt.

Erster Flugdienst: 1. April 1957.
Mitte 1957 formierte sich im Bestand der Transportfliegerschule in Dessau die zukünftige Hubschrauberausbildungsstaffel.
Juli und Oktober 1957: Die ersten sechs Mi-4 werden aus der UdSSR zugeführt; sowjetische Offiziere bilden die künftigen deutschen Fluglehrer aus.
September 1957: Erstmals erscheint in Cottbus eine Mi-4 der NVA in der Öffentlichkeit.
5. November 1957: Nach der Reorganisation der Transportfliegerschule wird das Transportfliegerausbildungsgeschwader 4 gebildet. Dazu gehört neben der Il-14-Staffel als 8. Staffel die Hubschrauberausbildungseinheit. Die Aufgabe der Staffel besteht darin, Offiziersschüler zu Hubschrauberführern (25 für Mi-4, zwölf für SM-1) und 67 Soldaten zu Hubschraubermechanikern (Unteroffizieren) auszubilden.
1958: Je eine Mi-4 der NVA bei erstem Rettungsflug Schwerin/Greiz, bei Filmaufnahmen der DEFA und bei Hochwasserkatastrophe im Raum Dresden. In den folgenden Jahren zahlreiche Einsätze zu Rettungsflügen, Filmaufnahmen, Begleitung internationaler Radrennen (erstmals Mai 1959).
5. Januar 1959: Bei gleichzeitiger Verlegung von Dessau nach Brandenburg-Briest wird das Hubschraubergeschwader gebildet und dem Kommando LSK/LV unterstellt.
Gliederung: Geschwaderführung, Mi-4-Staffel, SM-1-Staffel, TDK (Technische Durchsicht und Kontrolle), FTK 19.
17. Juni 1959: Der Lufthansa der DDR werden zwei Mi-4 übergeben.
September 1959: Bildung der Seekette aus

Angehörige der Verbindungskette 31 versiegeln ihre verschlossene An-2 – ein typischer Vorgang in der NVA.

zwei Mi-4 und Verlegung nach Parow/Stralsund.
1. August 1960: Beginn der Ausbildung von Hubschrauberführern aus dem Unteroffiziersbestand.
Dezember 1960: Verlegung des Geschwaderstabes von Briest nach Brandenburg/Magdeburger Straße.
1. Dezember 1960: Umbenennung FTK-19 in FTB-19 (Fliegertechnisches Bataillon 19).
1. Januar 1961: Befehl des Verteidigungsministers über die Benennung des Hubschraubergeschwaders 31 (HG-31) und des Fliegertechnischen Bataillons 31 (FTB-31).
5. bis 10. Januar 1962: Eine Kette SM-1 zur Seenotrettungsausbildung in Parow.
Februar 1962: Erstmals Zuführung von 40 Offiziersschülern zur Ausbildung als Hubschrauberführer.
12. Mai 1962: Erstmals Wehrpflichtige (Wehrpflichtgesetz vom 24. Januar 1962, bis dahin alles Freiwillige) zur Ausbildung als Hubschraubermechaniker.
1. September 1962: Sechs Ingenieure werden zu Offizieren des aktiven Wehrdienstes ernannt und zu Kettentechnikern umgeschult.
28. Januar 1963: Befehl 8/63 – das HG-31 ist dem Chef LSK/LV direkt unterstellt, das FTB-31 dem Kommandeur des HG-31.
Februar bis März 1963: Erprobung der Verlegung von leichten Feldkabeln.
Oktober 1963: Neue Geschwaderstruktur – Stab, 1. Staffel Mi-4, 2. Staffel Mi-4, 3. Staffel SM-1, TDK, FTB-31.
2. Juni 1964: Containertransport im Außenlastflug mit Mi-4 im Interesse des Chefs der Artillerie.
1964 bis 1965: Erweiterung um die 4. und 5. Staffel.
26. bis 30. April 1965: zwei Mi-4 zu Zieldarstellungsflügen für 1. LVD.
18. bis 21. August 1965: mit 21 Hubschraubern Teilnahme an der Truppenübung der 1. und 6. Flottille.
1967: Bei Truppenübung »Florett« erstmals »Staffelkeil« und »Staffelkolonne« im Tiefflug mit Landung zur befohlenen Zeit von 20 Hubschraubern trainiert.
Bis 15. Mai 1964: Herauslösung von drei Hubschrauberketten für die Grenztruppen (Süd, Nord, Berlin).
1. Dezember 1966: Einführung einer neuen Struktur der ingenieurtechnischen Sicherstellung (ITS), Trennung des fliegenden und des technischen Personals in den Staffeln, Umbenennung der TDK in KRS (Kontroll- und Reparaturstaffel). Neue Struktur: Stab, Ausbildungskompanie (A-Kompanie), 1. bis 3. Hubschrauberstaffel, Wartungs-Reparaturstaffel (WRS), Flugdienststaffel (FDS), Kontroll- und Reparaturstaffel (KRS), Zusammenschluß der Flugplatzwartungskompanie sowie des Transportzuges im FTB-31 zur Flugplatzwartungs- und Transportkompanie (FwTK).
13. Mai bis 20. Juli 1968: 13 Hubschrauberführer und 16 Angehörige des ingenieurtechnischen Personals in Kremendschug/UdSSR zur Umschulung auf die Mi-8.
August 1968: Zuführung der ersten drei Mi-8.
20. September 1968: Erster Mi-8-Flugdienst in Briest.
1. Dezember 1969: Einnahme der Erprobungsstruktur: Stab, 1. Staffel Mi-4/Mi-8, 2. Staffel Mi-4, 3. Staffel SM-1, KRS, OPKRG (operative Kontroll- und Reparaturgruppe).
Mai 1969: Strukturveränderung im FTB-31: Stab, Wachkompanie, FwTK, Nachrichten-Flugsicherungskompanie (NFK), Fliegertechnische Kompanie (FTK), Flugsicherungskompanie (FSK) und Versorgungskompanie. Die Flugwetterwarte wurde aus dem Bestand des FTB-31 herausgenommen und dem HG-31 unterstellt.
1. März 1971: Umbenennung HG-31 in HG-34 und FTB-31 in FTB-34.
1. Dezember 1971: Erneute Strukturveränderung in Vorbereitung der Ausbildung von Offiziersschülern zu Hubschrauberführern sowie der Bildung von Kampfhubschraubergeschwadern: Stab, 1. bis 5. Staffel, KRS, FTB-34.
April 1972: Eintreffen der ersten Mi-2, schrittweiser Beginn Konservierung SM-1.
15. September 1972: Erster Flugtag mit Mi-2 in Brandenburg-Briest.
Frühjahr 1973: Bildung eines Vorkommandos für den neugebauten Flugplatz Basepohl/Stavenhagen und Schaffung der Voraussetzungen für den Aufbau eines Kampfhubschraubergeschwaders auf diesem Platz.
21. November 1975: Verlegung der 5. Staffel des HG-34 nach Basepohl als Stamm für das neue Hubschraubergeschwader.
1. Dezember 1976: Neue Struktur im HG-34 – zwei Einsatzstaffeln Mi-8, eine Ausbildungsstaffel Mi-8 (3. Staffel – Ausbildung der Offiziersschüler) und KRS; gleichzeitig Bildung der selbständigen Hubschrauberstaffel 64 (HS-64) und operative Unterstellung Kommandeur HG-34.
1978: Neue Ausbildungselemente – Absetzen von Luftlandetruppen aus der Standschwebe über Wasser und der Uferzone, Transport von Lasten bei Nacht.
1980: Oberstleutnant Gottfried Tübel überfliegt die letzte Mi-4 zum ungarischen Fliegermuseum Szolnok, alle Mi-4 sind aus dem Kampfbestand herausgelöst.
1. Dezember 1981: Umbenennung HG-34 in THG-34 (Transporthubschraubergeschwader 34). Struktur: Stab, 1. und 2. Staffel Mi-8, 3. Staffel Mi-2, HS-64: Mi-2/Mi-8, KRS, FTB-34.

Nur am grünen Rand um das Hoheitszeichen zu erkennen – Grenzhubschrauber Mi-2.

Etwa parallel dazu verlief die Gründung des Hubschrauberausbildungsgeschwaders 35/ HAG-35, (siehe weiter untern), womit das THG-34 endgültig von der Ausbildung der Offiziersschüler entbunden wurde. Aus der früheren 3. Staffel/HG-34 ist zunächst die HAS-35 (Hubschrauberausbildungsstaffel 35) geworden.
1981/82: Formierung des Kampfhubschraubergeschwaders 64 in Brandenburg-Briest und Verlegung nach Cottbus im Dezember 1982 (Basis dafür war die HS-64).
30. Juli 1982: Übernahme des THG-34 durch das Führungsorgan Front- und Armeefliegerkräfte (FO FAFK).
7. Oktober 1984: Teilnahme an der erstmals stattfindenden Luftparade über Ostberlin.
September 1987: Auf Ersuchen Großbritanniens kommt eine Inspektionsgruppe in die DDR, sie wird von vier Mi-8-Besatzungen des THG-34 zu den einzelnen Inspektionsorten geflogen.
4. bis 7. Oktober 1989: Eine C-130 »Hercules« bringt Inspektoren der britischen Streitkräfte nach Brandenburg-Briest und wird hier untergebracht.
Jahreswechsel 1989/90: Teilnahme am Aufbau eines SAR-Systems auf DDR-Territorium, Umrüstung von Hubschraubern und Stationierung auf den Flugplätzen Peenemünde, Brandenburg, Erfurt; ab 4. Oktober 1990 Laage, Brandenburg, Holzdorf, Erfurt.
21. bis 23. September 1990: Aufnahme erster Kontakte mit Bundeswehrfliegern (Heeresfliegerregiment 16 Celle und HTG-64 Ahlhorn) mit Besuch der »Ahlhorner« in Briest.
23. September 1990: Inspektion durch Bundeswehr-Offiziere zur Vorbereitung der Übernahme des Truppenteils.
2. Oktober 1990: Einholen der Truppenfahne.

Bestand am 30. September 1990: zwei Mi-8 (umgerüstete Mi-8S) und 22 Mi-8T.

Kommandeure

5. 1. 1959 bis 1962:
Hauptmann Wilhelm Eis,
1962 bis 26. 3. 1965:
Major Theo Pötsch,
27. 3. 1965 bis 1. 8. 1970:
Major Wolfgang Gleis,
2. 8. 1970 bis 26. 8. 1970:
Hauptmann Gottfried Adler,
27. 8. 1970 bis 16. 11. 1975:
Oberst Wolfgang Gleis,
17. 11. 1975 bis 21. 4. 1978:
Oberstleutnant Horst Witte,
22. 4. 1978 bis 15. 11. 1983:
Oberst Henry Richter,
16. 11. 1983 bis 2. 10. 1990:
Oberstleutnant Reinhard Streisel.

Hubschraubertechnik
Stand jeweils 1. Dezember:

	Mi-8	Mi-4	Mi-2	SM-1
1969	5	27	–	11
1970	7	26	–	11
1971	15	18	–	9
1972	15	15	4	9
1973	14	13	15	konserviert
1974	20	13	20	–
1975	31	13	8	–
1976	32	13	6	–
1977	34	10	6	–
1978	10	10	10	–
1979	16	–	11	–
1980	16	–	11	–
1981–85	24	–	–	–

Hubschrauberausbildungsgeschwader 35 (HAG-35) »Lambert Horn«

Standort Brandenburg-Briest (Bezirk Potsdam), Land Brandenburg.
Aufgestellt bis zum 5. November 1981, hervorgegangen aus dem THG-34, das vorher mitverantwortlich für die Ausbildung von Hubschrauberführern war.
Mit Bildung der Kampfhubschraubergeschwader hatte sich die Notwendigkeit zur Ausbildung von 2. Hubschrauberführern/ Waffenoperateuren ergeben. Für diese Funktion sind zuletzt auch Fähnrichschüler ausgebildet worden, vorher nur Offiziersschüler (bzw. Umschulung von Offizieren).
Das HAG-35 war Teil der Offiziershochschule der LSK/LV für Militärflieger »Otto Lilienthal« in Bautzen. Bei Bildung verfügte das HAG-35 über 34 Hubschrauber Mil Mi-8 und Mi-2, 1987 waren 18 Mi-8 und 18 Mi-2 (davon zwei in der Fotoversion Mi-2F) verfügbar.
Zur Ausbildungsbasis des HAG-35 zählten zwei Flugsimulatoren KTW Mi-8.
Am 30. September 1990 war das HAG-35 mit elf Mi-8 (zum Transporter umgerüstete Mi-8S), acht Mi-8T und 18 Mi-2 ausgerüstet.

Kommandeure

Ab 5. November 1981:
Oberstleutnant Helmut Laske,
ab 14. Januar 1984:
Major Peter Zahl.

Kampfhubschraubergeschwader 3 (KHG-3) »Ferdinand von Schill«

Standort Cottbus, Land Brandenburg.
Aufgestellt 1982 in Brandenburg-Briest als KHG-64 auf der Basis der dem HG-34 operativ unterstellten Hubschrauberstaffel 64 (siehe Seite 67).
Zuführung der Mil Mi-24D ab 19. Juni 1982, der Mi-8TB ab Herbst 1982.
Dezember 1982: Das KHG-64 verlegt nach Cottbus. Es untersteht dem Führungsorgan der Front- und Armeefliegerkräfte und wird wie das KHG-5 im November 1984 aus dem Bereich der Luftstreitkräfte herausgelöst und dem Militärbezirk III (MB III) Leipzig unterstellt sowie im Dezember 1986 in KHG-3 umbenannt.
30. August 1983: Zuführung von Mi-2, davon eine als Fotovariante Mi-2F und eine in der Ausrüstung Mi-2See.
29. Mai 1984: Zuführung des für Stäbe der Landstreitkräfte ab Ebene Division aufwärts vorgesehenen Hubschraubers Mi-9 mit spezieller Fernmeldeausrüstung (Funk- und Kodiergeräte, Antennen, Stromaggregat).
Die vier Mi-2 und die vier Mi-9 werden in der HSFA-103 (Hubschrauberstaffel zur Führung und Aufklärung) zusammengefaßt. Sie unterstand zeitweilig dem KHG-3, zeitweilig war sie selbständig. Eine Staffel des Truppenteils war mit Mi-24D, eine mit Mi-8TB ausgerüstet.
Die Variante Mi-24P wurde nicht im KHG-3 geflogen. Dafür war der Bestand an Mi-8TB größer.
Am 30. September 1990 war das KHG-3 mit 16 Mi-8TB, einer Mi-8S, vier Mi-2, vier Mi-9 und 19 Mi-24D ausgerüstet.
Bis zum November 1989 wurden jährlich, jeweils in den Monaten April bis Ende Oktober, durch das KHG-3 bei grenznahen Funktechnischen Kompanien (FuTK-Radareinheiten) je eine Mi-24D bzw. Mi-8TB zur Absicherung einer schnellen Aufklärung und zur Abwehr von Grenzverletzern stationiert. Je nach Lage konnte der Diensthabende der FuTK den Kampfhubschrauber einsetzen. Es waren stationiert: FuTK Meiningen und Steinheid je eine Mi-24D, Kreuzebra eine Mi-8TB. An drei weiteren Standorten von FuTK waren Hubschrauber des KHG-5 basiert, und dazwischen standen auf mehreren Landeplätzen sowjetische Hubschrauber. Meiningen war auch im Winter besetzt.

Kommandeure

Oberst Rainer Krautz,
Oberstleutnant Gerd Franke.

Bewaffnung der Mi-8 TB – Gurte mit 12,7-mm-Patronen, ungelenkte Luft-Boden-Raketen S-5 (57 mm) sowie drahtgelenkte Panzerabwehrraketen »Maljutka«.

Kampfhubschraubergeschwader 5 (KHG-5) »Adolf von Lützow«

Standort Basepohl/Stavenhagen (Bezirk Neubrandenburg), Land Mecklenburg/Vorpommern.
Aufgestellt im Rahmen der 5. Staffel/HG-34 (Seite 67) bis Ende 1975 nach Abschluß des Hubschrauberführerlehrgangs.
1. November 1975: Offizieller Gründungstermin laut Ministerbefehl.
21. November 1975: Verlegung der 5. Staffel von Briest nach Basepohl. Bezeichnung Hubschraubergeschwader 54 (HG-54).
25. November 1975: Aufnahmebereitschaft des Flugplatzes hergestellt. Die ersten beiden Mil Mi-2 und vier Mi-8T aus Briest landen in Basepohl.
August bis September 1976: Teilnahme am Manöver »Schild – 76«.
Februar 1977: Eintreffen der ersten Kampfhubschrauber Mi-8TB.
August 1978: Übernahme der ersten vier Kampfhubschrauber Mi-24D.
Dezember 1978 bis Januar 1979: Angehörige des Geschwaders sind an den Einsätzen während der Schneekatastrophe beteiligt. Dazu werden 144 Flüge unternommen, 24 davon sind Rettungsmissionen.
7. Oktober 1979: Beteiligung an der ersten Luftparade über Ostberlin.
1979: Zuführung von vier Mi-24D.
30. April 1981: Übernahme in das Diensthabende System (DHS) der Luftverteidigung.
1. Dezember 1981: Umbenennung in Kampfhubschraubergeschwader 57 (KHG-57).
1981: Zuführung von 18 Mi-24D.
30. September 1982: Zuordnung zum neugeschaffenen Führungsorgan der Front- und Armeefliegerkräfte (FO FAFK).
14. November 1984: Das Geschwader wird aus dem Bereich der Luftstreitkräfte herausgelöst und dem Militärbezirk V (MB V) Neubrandenburg direkt unterstellt. Im Kommando Landstreitkräfte Potsdam ist die Dienststellung Chef Armeefliegerkräfte geschaffen worden.
15. Juli 1986: Inbetriebnahme des Mi-24-Simulators PTW-241 und Verbesserung seiner technischen Möglichkeiten (ursprünglich vom Werk nicht vorgesehen).
1. Dezember 1986: Umbenennung in KHG-5.
15. Dezember 1989: Der erste von zwölf Hubschraubern Mi-24P landet in Basepohl.
7. Februar 1990: Beginn der Umrüstung des Kampfhubschraubers Mi-8TB mit der Bordnummer 135 zu einem Rettungshubschrauber für die Schnelle Medizinische Hilfe (SMH) – war als Pilotprojekt für die gesamte DDR vorgesehen. Ebenfalls umgerüstet

Kampfhubschrauber Mi-24 P des KHG-5 Basepohl – gut zu erkennen ist die doppelrohrige 30-mm-Kanone GSch-30/II. Auf den Kisten liegen vorn ein vierläufiges 7,62-mm-MG und dahinter ein vierläufiges 12,7-mm-MG. Der Container links vorn nimmt zwei 7,62- und ein 12,7-mm-MG auf. Davor befinden sich von hinten nach vorn: Panzerabwehrlenkraketen »Schturm«, ungelenkte Luft-Boden-Raketen von 80 mm und 57 mm Kaliber.

wurde eine Mi-2 für derartige Aufgaben.
13. März 1990: Erstes gemeinsames Hubschrauberunternehmen mit der Bundesrepublik. Ein 28jähriger Stuttgarter wird am Grenzübergang Mustin an die Besatzung eines westdeutschen Rettungshubschraubers übergeben (das Überfliegen der damaligen deutsch-deutschen Grenze war zu diesem Zeitpunkt noch nicht gestattet).
1990: Verteidigungsminister Eppelmann storniert die Bestellung eines Kampfhubschraubers Mi-24W, der zu Ausbildungszwecken vorgesehen war.
Die ebenfalls in Basepohl basierte HSFA-105 (Hubschrauberstaffel zur Führung und Aufklärung) war zeitweilig selbständig, und zeitweise direkt dem Geschwader unterstellt. Zuletzt gehörte sie zum Truppenteil und wurde vom Geschwaderkommandeur geführt. Zur Ausstattung der HSFA gehörten die Mi-2 (eine davon in der Fotovariante Mi-2F, eine mit spezieller Ausrüstung für Flüge über See – Mi-2See) sowie die Mi-9 als spezielle Führungsvariante der Mi-8 (vorgesehen für Kommandeure der Landstreitkräfte von der Division aufwärts).
Wie das KHG-3, so hatte auch das KHG-5 im Sommer drei und im Winter einen Kampfhubschrauber in Grenznähe bei Funktechnischen Kompanien stationiert. Im Sommer waren das Mi-24D auf den Landeplätzen Altensalzwedel und Groß Moltzahn sowie Athenstedt/Ostharz mit Mi-8TB. Im Winter war nur Groß Moltzahn besetzt.

Kommandeure

1. 10. 1975 bis 16. 7. 1984: Oberst Adler,
16. 7. 1984 bis 13. 12. 1986: Major Goller,
13. 12. 1986 bis 2. 10. 1990: Major Erfurth.

Marinehubschraubergeschwader 18 (MHG-18) »Kurt Barthel«

Standort Parow/Stralsund (Bezirk Rostock), Land Mecklenburg/Vorpommern.
Dem Chef Marinefliegerkräfte im Stab des Kommandos Volksmarine Rostock unterstellt.
Hervorgegangen aus der im September 1959 im Hubschraubergeschwader Brandenburg-Briest gebildeten Seekette, die von Parow aus im Interesse der Seestreitkräfte handeln sollte.

Oktober 1959: Eine Mil Mi-4A dieser Kette landet erstmals in Parow.
März 1960: Die Kette wird im Bestand von zwei Mi-4A in Parow stationiert, um spezielle Aufgaben der Marine zu erfüllen. Der zunächst nur zur Aufnahme von zwei Hubschraubern geeignete Flugplatz ist im Verlaufe der Jahre ausgebaut und modernisiert worden.
1960: Nach der fliegerischen Umschulung im Bereich der Luftstreitkräfte kommen vier Offiziere (Absolventen Offiziersschule Seestreitkräfte) nach Parow.
15. September 1962: Herauslösen der Gruppierung Parow aus dem Bestand der Luftstreitkräfte, dem Kommando Volksmarine als selbständige Hubschrauberkette unterstellt – intern als Geburtstag der NVA-Marinefliegerkräfte angesehen.
1. Mai 1963: Nach Verlegung von zwei weiteren Mi-4A nach Parow Bildung der »Hubschrauberstaffel der Volksmarine« – offizieller Gründungstag der Marinehubschrauberkräfte.
1962 bis 1964: Zuführung weiterer Mi-4A.
14. Mai 1964: Neues Ausbildungselement – Einsatz der Bordbewaffnung gegen Seeziele.
März 1965: Zuführung von zwei U-Jagd-Hubschraubern Mi-4MÄ, Beginn der Umschulung unter Leitung sowjetischer Instrukteure.
1. September 1965: Zuführung von zwei weiteren Mi-4MÄ.
Dezember 1965: Eingliederung eines ständigen Bereitschaftshubschraubers in das Gefechtssystem der Volksmarine.
11. bis 16. Januar 1968: Hilfeleistung für die Zivilbevölkerung bei der Beseitigung von Unwetterfolgen – Versorgung der Insel Usedom aus der Luft.
Juni 1970: Ausbau der Anlagen des Flugplatzes.
26. September bis 16. Oktober: Stationierung sowjetischer Hubschrauber in Parow und Handlungen im gemeinsamen Verband.
1. Dezember 1971: Ministerbefehl über Umbenennung der Hubschrauberstaffel der Volksmarine in U-Jagd-Hubschrauberstaffel.
April bis Juli 1974: Angehörige des fliegenden sowie des ingenieurtechnischen Personals schulen an der AEROFLOT-Hochschule in Kremendschuk/UdSSR auf den Hubschrauber Mi-8 um.
August 1974: Zuführung von Mi-8T zur Staffel Parow.
April bis Juni 1976: Umschulung einer zweiten Gruppe auf die Mi-8 in Kremendschuk.
1. Dezember 1976: Bildung des Hubschraubergeschwaders der Volksmarine.
Februar 1977: Übernahme der ersten Kampfhubschrauber Mi-8TB und Beginn der Ausbildung.
April 1977: Außerdienststellung des letzten Hubschraubers Mi-4 (insgesamt fünf Mi-4A und vier Mi-4MÄ) und Abschluß der Umrüstung auf Mi-8.
1. Dezember 1977: Beginn des Ausbildungselementes Flüge nachts bei schwierigen Wetterbedingungen, Ausbildung und Einsatz einer Hubschrauberkette für Aufgaben zur Sicherung der Seegrenze.
Dezember 1978 bis Februar 1979: Einsatz des Geschwaders gegen den verheerenden Kälteeinbruch zum Jahreswechsel: 31. Dezember 1978 bis 5. Januar 1979: 36 Einsätze mit 152 Starts – transportiert wurden 118 Personen, abgeschnittene Ortschaften erhielten Lebensmittel, 13 Rettungsflüge wurden unternommen, acht schwangere Frauen nach Stralsund geflogen. Die Insel Hiddensee erhielt am 1. Januar 5 t Lebensmittel auf dem Luftweg. Vom 15. bis 19. Februar wurden in 83 Einsätzen u. a. 408

Eine Mi-14 des MHG-18 wassert. Zur stabileren Schwimmlage werden die unter zu öffnenden Klappen verborgenen Gummikörper aufgeblasen.

Schichtarbeiter zum Kraftwerk Nord und 24 schwangere Frauen zu Kliniken geflogen.
16. Juni 1979: Erste Flugschicht mit dem Einsatz von Raketen der Mi-8TB gegen Übungsziele.
April bis Oktober 1979: Angehörige des fliegenden und ingenieurtechnischen Personals zur Mi-14-Umschulung in der Sowjetunion.
31. Oktober 1979: Die ersten drei von insgesamt neun UAW-Hubschraubern Mi-14PL landen in Parow.
Oktober 1980: Erstmals Teilnahme einer Kette Mi-14PL der NVA an einem taktischen Training der UAW-Kräfte.
20. April 1981: Eingliederung von Kräften des Hubschraubergeschwaders in das Diensthabende System (DHS) der Luftverteidigung des Landes.
1. Dezember 1981: Umbenennung in Marinehubschraubergeschwader 18 (MHG-18).
22. September 1984: Erstmals Wasserlandung mit einer Mi-14PL des MHG-18 auf der Ostsee.
September 1985: Ausbildung einer Gruppe des fliegenden und des ingenieurtechnischen Personals in der UdSSR für den Minenräumhubschrauber Mi-14BT.
Dezember 1985: Die Mi-14BT werden aus der Sowjetunion von sowjetischen Besatzungen eingeflogen.
Dezember 1987: Erstmals Teilnahme von MAW-Hubschraubern Mi-14BT an gemeinsamer Ausbildung mit MAW-Schiffen der Volksmarine.
Juni 1987: Mi-14PL handeln erstmals als Fühlungshalter zur Sicherstellung des Gefechtsschießens der Stoßkräfte (Schiffe).
Ab 1. April 1990: Beide Mi-8T umgebaut für Schnelle Medizinische Hilfe. Mi-14BT für SAR-Aufgaben.

Kommandeure
1960 bis 1964:
Kapitänleutnant Dieter Bortfeldt,
1964 bis 1970:
Kapitänleutnant Lothar Braunroth,
1970 bis 1974:
Korvettenkapitän Hans Vogel,
1974 bis 1976:
Korvettenkapitän Siegfried Finke,
1976 bis 1990:
Kapitän zur See Günter Leithold.

Bestand per 30. September 1990
zwei Mi-8T, zehn Mi-8TB, eine Mi-8S, acht Mi-14PL und sechs Mi-14BT.
Während der Ausbildung gingen verloren:
1980 – zwei Mi-8TB, 1984 – eine Mi-14PL.

MiG-29-Paar 604 (vorn) und 668 von unten.

Mil Mi-14PL mit Waffenpalette.

MiG-29 679 im Kurvenflug.

MiG-29 679 im Looping.

Die Bugpartie der 679.

MiG-29 UB 179 des JG-3 mit Bremsschirm nach der Landung in Preschen.

MiG-23 ML 569 über der Ostseeküste.

MiG-23 ML-Paar 569 und 350 auf Übungsflug.

MiG-23 ML mit vollem Nachbrenner vor Sonnenuntergang.

Su-22 M4 636 des JBG-77 auf dem Rollweg in Holzdorf.

MiG-21 UM des JG-3 auf dem Rollweg in Preschen.

MiG-23 ML-Paar 569 und 350 vor der Steilküste von Rügen.

782
781

8
Gefr. KL. AII

Mi-24 D (96 + 28) des KHG-5 an ihrem Arbeitsplatz in Basepohl.

MiG-21 MF-Paar 781 und 782 des JG-3 wird startklar gemacht.

MiG-21 M der TASF-47 rollt in Preschen an die Vorstartlinie.

Mi-24 P (96 + 50) des KHG-5 im Übungsflug.

646
SAR

170

Mi-8 TB 626 des THG-34 auf dem Vorfeld in Holzdorf.

Mi-14 BT 646 als SAR-Variante in Peenemünde.

L-39 V 170 der Zieldarstellungskette ZDK-33 landet in Peenemünde.

An-26 371 der TS-24 auf der Vorstartlinie in Marxwalde.

Z-43 26 in Preschen. Im Hintergrund die Vorstartlinie des JG-3.

MiG-23 BN 712 auf der Vorstartlinie in Holzdorf.

L-410 UVP 319 der VS-14 auf dem Vorfeld in Holzdorf.

712
712
712

Gefechtsausbildung am 22.08.90

EINHALTUNG DER TECHNOLOGIE
GARANTIE FÜR FLUGSICHERHEIT
TRAINIERE JEDES ELEMENT
BIS ZUR PERFEKTEN BEHERRSCHUNG
SAUBERKEIT
SCHAFFT SICHERHEIT !

»Briefingraum« des JG-9 während der Gefechtsausbildung am 22. August 1990.

Vorstartlinie in Holzdorf während des Pressetages am 6. Juni 1990.

Arbeit am Triebwerk einer MiG-29 in der KRS des JG-3 in Preschen.

Druckanzug für Flüge in großen Höhen.

MiG-23-Triebwerk in der KRS des JG-9 in Peenemünde.

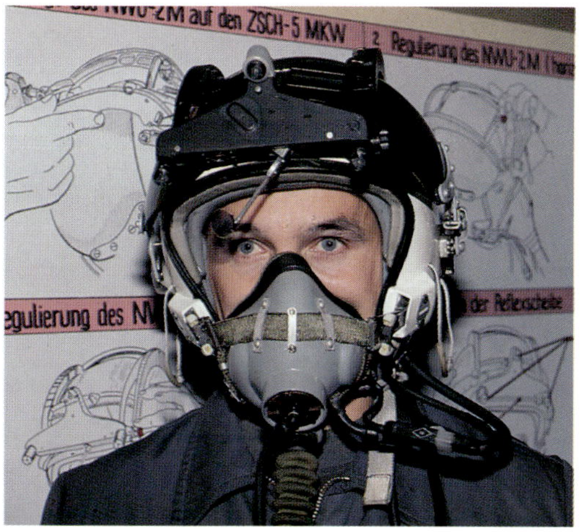

NWU-2 M-Helmvisier für die MiG-29.

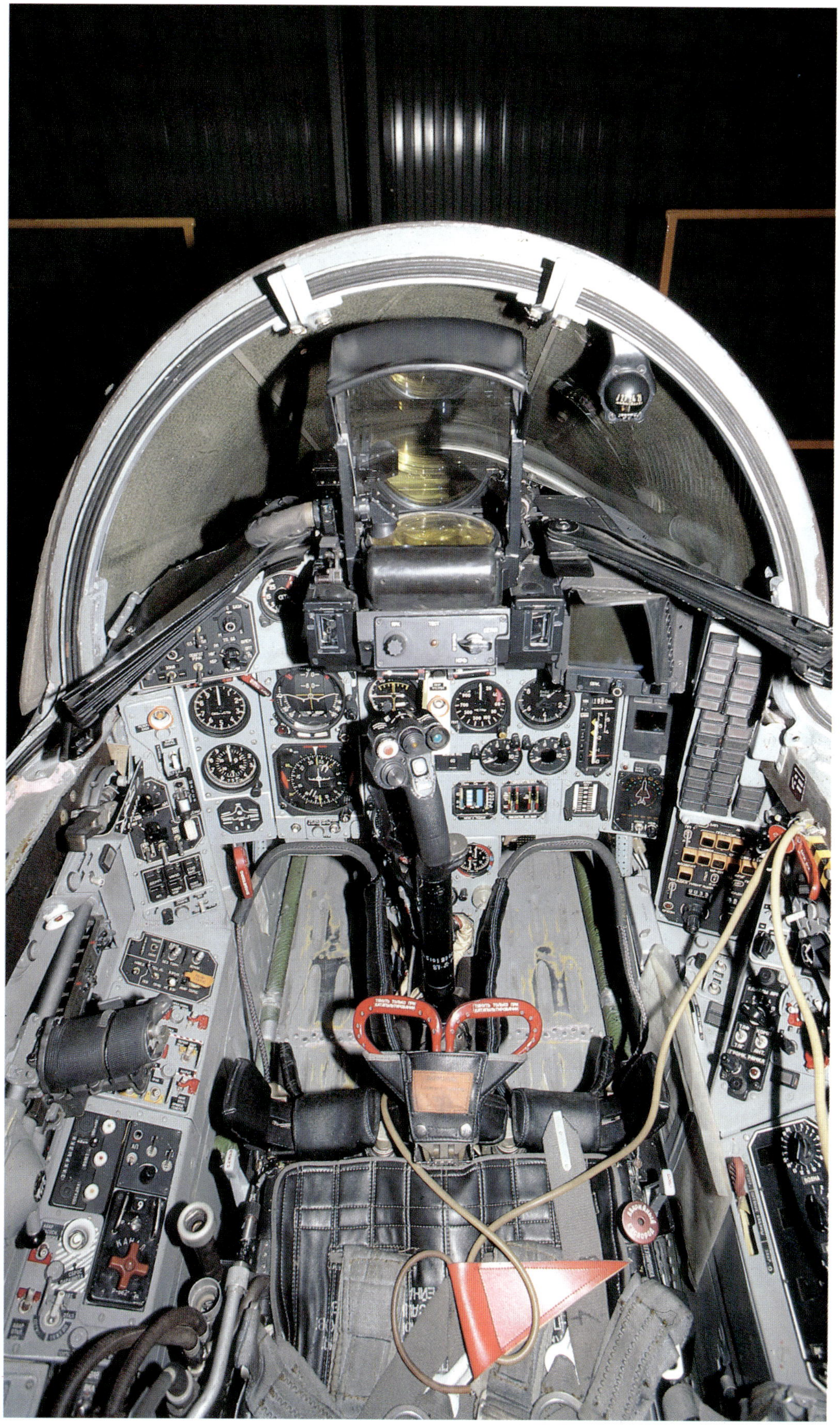

Cockpit der MiG-29.

Blick in das R-29-Triebwerk der MiG-23.

Angehörige des ITP des FG-9
vor einer MiG-23 in Holzdorf.

Kanonenabdeckung und Q-Symbol an der MiG-29 745.

Blick in das RD-33-Triebwerk der MiG-29.

Mikojan/Gurewitsch MiG-15bis NATO-Code FAGOT

Verwendung Jagdflugzeug
Besatzung 1
Erstflug Prototyp 1949
Erstflug Serienmuster 1949
Einsatzzeitraum 1956 – 1965
Stückzahl etwa 100
Haupteinsatztruppenteile alle JG und Fliegerschule
Anzahl am 30. September 1990 0

Abmessungen
Spannweite 10,08 m
Länge 10,10 m
Höhe 3,70 m
Flügelfläche 20,60 m^2

Massen
Leermasse 3691 kg
Startmasse 5055 kg
max. Startmasse 6045 kg
Waffenzuladung 200 kg
Kraftstoffvorrat 1410 l + 2 Zusatzbehälter von je 280 l oder je 400 l

Antrieb
Art/Typ Strahltriebwerk WK-1A
Startleistung 26,47 kN

Flugleistungen
Höchstgeschwindigkeit 1044 km/h (in 3000 m)
Marschgeschwindigkeit 860 – 900 km/h
Überführungsreichweite 2000 km
Aktionsradius 550 km
Dienstgipfelhöhe 15500 – 16200 m
Steiggeschwindigkeit 46 m/s
Landegeschwindigkeit 178 km/h
Startstrecke 500 – 600 m
Landestrecke 740 – 880 m

Bewaffnung
1 Kanone N-37D, 37 mm, 40 Granaten;
2 Kanonen NR-23, 23 mm, je 80 Granaten;
2 Bomben je 50 oder 100 kg, dann ohne Kraftstoffzusatzbehälter;
möglich waren auch zwei ungelenkte Luft-Boden-Raketen ARS-212 oder TRS-190 (212 oder 190 mm)

Ausrüstung
Funkhöhenmesser RW-2, Funkkompaß ARK-5; Katapultsitz; Markierungsfunkempfänger MRP-48; Freund-Feind-Kennungsgerät SRO-1; UKW-Station mit vier vorabgestimmten Kanälen

Mikojan/Gurewitsch MiG-17 NATO-Code FRESCO A

Verwendung Tagjagdflugzeug
Besatzung 1
Erstflug Prototyp 20. Juni 1951
Erstflug Serienmuster 1951
Einsatzzeitraum 1962 – 1966
Stückzahl 122
Haupteinsatztruppenteile JG-1, -2, -7, Fliegerschule
Anzahl am 30. September 1990 0

Abmessungen
Spannweite 9,63 m
Länge 11,26 m
Höhe 3,80 m
Flügelfläche 22,60 m^2

Massen
Leermasse 3798 kg
Startmasse 5202 kg
max. Startmasse 5932 kg
Waffenzuladung 500 kg
Kraftstoffvorrat 1173 kg + Zusatzbehälter 664 kg

Antrieb
Art/Typ Strahltriebwerk WK-1A
Startleistung 26,47 kN

Flugleistungen
Höchstgeschwindigkeit
1094 km/h (in 2000 m)
1060 km/h (in Seehöhe)
Marschgeschwindigkeit 950 km/h
Überführungsreichweite 2060 km
Aktionsradius 600 km
Dienstgipfelhöhe 15 600 m
Steigzeit 5000 m in 3 min, 10 000 m in 6,7 min
Steiggeschwindigkeit 47 m/s
Landegeschwindigkeit 180 km/h
Startstrecke 600 – 700 m
Landestrecke 820 – 900 m

Bewaffnung
Kanone N-37, 37 mm, 40 Granaten; 2 Kanonen NR-23, 23 mm, je 80 Granaten; 2 Bomben je 50, 100 oder 250 kg (dann ohne Kraftstoffzusatzbehälter 2 x 280 oder 2 x 400 l oder 2 Luft-Boden-Raketen ARS-212 oder TRS-190 (212 oder 190 mm) oder 2 Behälter UB-8 für je 8 ungelenkte Raketen S-5 (57 mm)

Ausrüstung
Katapultsitz; Funkhöhenmesser RW-2, Funkkompaß ARK-5, Fernkompaß DGMK-3, Markierungsfunkempfänger MRP-48, Kennungsgerät SRO-1, später SRO-2

Bemerkungen
Bis zum 2. Oktober 1990 befand sich je eine MiG-17 als Denkmal im JG-9 und im Stab 3. LVD. Die kurz vor Hoyerswerda an der Fernverkehrsstraße 97 stehende MiG-17 ist im Sommer 1990 in das Museum Stade verbracht worden.

Mikojan/Gurewitsch MiG-17 F — NATO-Code FRESCO C

Verwendung Tagjagdflugzeug, Jagdbomber
Besatzung 1
Erstflug Prototyp 1951
Erstflug Serienmuster 1953
Einsatzzeitraum 1957 – 1968 Jäger
1971 – 1983 Jabo
Stückzahl etwa 100
Haupteinsatztruppenteile alle JG und JBG-37
Anzahl am 30. September 1990 0

Abmessungen
Spannweite 9,63 m
Länge 11,26 m
Höhe 3,80 m
Flügelfläche 22,60 m^2

Massen
Leermasse 3920 kg
Startmasse 5345 kg
max. Startmasse 6075 kg
Waffenzuladung 500 kg
Kraftstoffvorrat 1410 l + 2 Zusatzbehälter von je 400 l

Antrieb
Art/Typ Strahltriebwerk WK-1F mit Nachbrenner
Startleistung 26,47 kN ohne, 32,12 kN mit Nachbrenner

Flugleistungen
Höchstgeschwindigkeit
1154 km/h (in 3000 m)
1080 km/h (in Seehöhe)
Marschgeschwindigkeit 950 km/h
Überführungsweite 1980 km
Aktionsradius 700 km
Dienstgipfelhöhe 16600 m
Steigzeit 5000 m in 2,1 min, 10000 m in 4 min
Steiggeschwindigkeit 65 m/s
Landegeschwindigkeit 180 km/h
Startstrecke 350 – 590 m
Landestrecke 820 – 900 m

Bewaffnung
1 Kanone N-37D, 37 mm, 40 Granaten,
2 Kanonen NR-23, 23 mm, je 80 Granaten,
2 Bomben je 250 kg (dann ohne Zusatzbehälter) oder großkalibrige Raketen wie MiG-15 bis / MiG-17;
als Jabo zusätzlich 2 Behälter MARS 2 je 16 S-5 (57 mm, ungelenkte Luft-Boden-Raketen)

Ausrüstung
Katapultsitz; Funkhöhenmesser RW-2, Funkkompaß ARK-5, Marker MRP-48P, Kennungsgerät SRO-2, Funkentfernungsmesser SRD-1M; automatisches optisches Visier ASP-3WM; Foto-MG S-13 im Bug und Visierkontrollkamera; Periskop im Dach; UKW-Station R-800; Heckschutzwarngerät SYRENA-1

Bemerkungen
Je eine MiG-17F befindet sich in Drewitz und im Militärhistorischen Museum Dresden (als Jagdbomber ausgerüstet).

Mikojan/Gurewitsch MiG-17 PF — NATO-Code FRESCO D

Verwendung Allwetterabfangjagdflugzeug
Besatzung 1
Erstflug Prototyp 1953
Erstflug Serienmuster 1955
Einsatzzeitraum 1959 – 1970
Stückzahl etwa 30
Haupteinsatztruppenteile JG-1, -2, -9
Anzahl am 30. September 1990 0

Abmessungen
Spannweite 9,63 m
Länge 11,68 m
Höhe 3,80 m
Flügelfläche 22,60 m^2

Massen
Leermasse 4182 kg
Startmasse 5550 kg
max. Startmasse 6280 kg
Waffenzuladung 500 kg
Kraftstoffvorrat 1415 l + 2 Zusatzbehälter von je 400 l

Antrieb
Art/Typ Strahltriebwerk WK-1F mit Nachbrenner
Startleistung 26,47 kN ohne, 32,12 kN mit Nachbrenner

Flugleistungen
Höchstgeschwindigkeit
1121 km/h (in 4000 m)
1050 km/h (in Seehöhe)
Marschgeschwindigkeit 900 km/h
Überführungsreichweite 1000 km
Aktionsradius 350 km
Dienstgipfelhöhe 15850 m
Steigzeit 5000 m in 2,5 min, 10000 m in 4,5 min
Steiggeschwindigkeit 55 m/s
Landegeschwindigkeit 180 km/h
Startstrecke 600 – 700 m
Landestrecke 830 – 900 m

Bewaffnung
3 Kanonen NR-23, 23 mm, je 80 Granaten

Ausrüstung
wie MiG-17 F, aber ohne SRD-1M, dafür Funkmeßvisier RP-1 ISUMRUD

Bemerkungen
Bis zum 2. Oktober 1990 befand sich je eine MiG-17 PF im Militärhistorischen Museum Dresden sowie an der historischen Vorstartlinie in Bautzen.

Mikojan/Gurewitsch MiG-19S NATO-Code FARMER C

Verwendung Tagjagdflugzeug
Besatzung 1
Erstflug Prototyp 5. Januar 1954
Erstflug Serienmuster 1955/56
Einsatzzeitraum 1959 – 1967
Stückzahl 12
Haupteinsatztruppenteil JG-3
Anzahl am 30. September 1990 0

Abmessungen
Spannweite 9,00 m
Länge 14,80 m
Höhe 3,88 m
Flügelfläche 25,16 m²

Massen
Leermasse 5172 kg
Startmasse 7560 kg
max. Startmasse 8662 kg
Waffenzuladung 1000 kg
Kraftstoffvorrat 2155 l + 2 Zusatzbehälter von je 760 l

Antrieb
Art/Typ 2 Nachbrennerstrahltriebwerke RD-9B
Startleistung 2 x 25,48 kN ohne, 2 x 32,34 kN mit Nachbrenner

Flugleistungen
Höchstgeschwindigkeit
1454 km/h (in 10000 m)
1100 km/h (in Seehöhe)
Marschgeschwindigkeit 950 km/h
Überführungsreichweite 2000 km
Aktionsradius 650 km
Dienstgipfelhöhe 18700 m
Steiggeschwindigkeit 115 m/s
Landegeschwindigkeit 235 km/h
Startstrecke 500 – 900 m
Landestrecke 690 – 890 m

Bewaffnung
3 Kanonen NR-30, 30 mm, je 70 Granaten; 2 Kassetten ORO-57K je 8 ungelenkte Luft-Boden-Raketen S-5 (57 mm); 2 Bomben je 50 bis 250 kg

Ausrüstung
Doppelt ausgelegte Steuerungsanlage mit Hydraulikverstärker; verbesserter Katapultsitz; Heckschutzwarngerät SYRENA-2; UKW-Station R-801; automatisches optisches Visier ASP-5n-W3 mit Funkentfernungsmesser SRD-1M gekoppelt; sonst wie MiG-17F; Bremsschirm

Mikojan/Gurewitsch MiG-19PM NATO-Code FARMER D

Verwendung Allwetterabfangjagdflugzeug
Besatzung 1
Erstflug Prototyp 1955
Erstflug Serienmuster 1956/57
Einsatzzeitraum 1959 – 1967
Stückzahl 12
Haupteinsatztruppenteil JG-3
Anzahl am 30. September 1990 0

Abmessungen
Spannweite 9,00 m
Länge 13,50 m
Höhe 3,80 m
Flügelfläche 25,16 m^2

Massen
Leermasse 5200 kg
Startmasse 7600 kg
max. Startmasse 9100 kg
Waffenzuladung 1000 kg
Kraftstoffvorrat 2130 l + 2 Zusatzbehälter von je 760 l

Antrieb
Art/Typ 2 Nachbrennerstrahltriebwerke RD-9B
Startleistung 2 x 25,48 kN ohne, 2 x 32,34 kN mit Nachbrenner

Flugleistungen
Höchstgeschwindigkeit
1445 km/h (in 10000 m)
1100 km/h (in Seehöhe)
Marschgeschwindigkeit 950 km/h
Überführungsreichweite 1910 km
Aktionsradius 650 km
Dienstgipfelhöhe 16800 m
Steigzeit 16800 m in 6 min
Steiggeschwindigkeit 105 m/s
Landegeschwindigkeit 235 km/h
Startstrecke 500 – 900 m
Landestrecke 690 – 890 m

Bewaffnung
4 gelenkte Luft-Luft-Raketen RS-2US (K-5)

Ausrüstung
wie MiG-19S; zusätzlich Funkmeßvisier RP-5, aber optisches Visier ASP-5N; Bremsschirm

Bemerkungen
Je eine MiG-19PM war bis zum 2. Oktober 1990 im JG-3 Preschen sowie an der historischen Vorstartlinie Bautzen ausgestellt.

Mikojan/Gurewitsch MiG-21F 13 NATO-Code FISHBED C

Verwendung Tagjagdflugzeug, Aufklärer
Besatzung 1
Erstflug Prototyp 1958
Erstflug Serienmuster 1959/60
Einsatzzeitraum 1962 – 1985
Stückzahl etwa 50
Haupteinsatztruppenteile JG-8, -3, -9, TAFS-47, FAG-15
Anzahl am 30. September 1990 0

Abmessungen
Spannweite 7,15 m
Länge 15,76 m
Höhe 4,10 m
Flügelfläche 22,95 m²

Massen
Leermasse 4980 kg
Startmasse 7370 kg (2 x K-13)
max. Startmasse 8625 kg
Waffenzuladung 1000 kg
Kraftstoffvorrat 2470 l + Zusatzbehälter 490 l

Antrieb
Art/Typ Zweiwellenstrahltriebwerk R-11F-300 (37F)
Startleistung 38,25 kN ohne, 53,39 kN mit Nachbrenner

Flugleistungen
Höchstgeschwindigkeit
2125 km/h (in 12500 m)
1100 km/h (in Seehöhe)
Marschgeschwindigkeit 1100 km/h
Überführungsreichweite 1580 km
Aktionsradius 600 km
Dienstgipfelhöhe 19000 m
Steigzeit 5000 m in 1,5 min, 10000 m in 3,2 min
Steiggeschwindigkeit 180 m/s
Landegeschwindigkeit 260 – 270 km/h
Startstrecke 850 – 1350 m
Landestrecke 850 – 1250 m

Bewaffnung
1 Kanone NR-30, 30 mm, 60 Granaten und 2 infrarotgelenkte Luft-Luft-Raketen K-13 oder 2 Kassetten UB-16 (je 16 S-5, 57 mm, ungelenkt) oder 2 Bomben bis je 500 kg

Ausrüstung
Katapultsitz SK; UKW-Station R-802; Funkkompaß ARK-10, Funkhöhenmesser RW-UM (RW-3); Marker MRP-56P; Kennungsgerät SOD-57M, Autopilot KAP-2K; Visier ASP-5ND mit Funkentfernungsmesser SRD-5M; Bremsschirm an linker unterer Heckseite

Bemerkungen
Eine MiG-21F 13 ist auf einem Sockel im JG-3 Preschen aufgestellt. Mit einer Luftbildkammer AFA-39 versehen, dienten MiG-21F 13 zuletzt als Aufklärer. Das Flugzeug gilt als die wendigste MiG-21-Version. Intern wurde es als Flugzeug 74 bezeichnet.

Mikojan/Gurewitsch MiG-21PFM NATO-Code FISHBED D

Verwendung Abfangjagdflugzeug
Besatzung 1
Erstflug Prototyp 1961
Erstflug Serienmuster 1962
Einsatzzeitraum 1964 – 1989
Stückzahl etwa 35
Haupteinsatztruppenteile alle JG, Fliegerschule
Anzahl am 30. September 0

Abmessungen
Spannweite 7,15 m
Länge 12,18 m (Rumpf)
13,85 m (über alles)
Höhe 4,13 m
Flügelfläche 22,95 m²

Massen
Leermasse 5227 kg
Startmasse 7775 kg
max. Startmasse 9080 kg
Waffenzuladung 1000 kg
Kraftstoffvorrat 2750 l + Zusatzbehälter 490 l

Antrieb
Art/Typ Zweiwellenstrahltriebwerk R-11F2-300 (37F2)
Startleistung 38,3 kN ohne, 60,6 kN mit Nachbrenner

Flugleistungen
Höchstgeschwindigkeit
2175 km/h (in 12500 m)
1150 km/h (in Seehöhe)
Marschgeschwindigkeit 1200 km/h
Überführungsreichweite 1680 km
Aktionsradius 400 – 450 km
Dienstgipfelhöhe 19900 m
Steiggeschwindigkeit 130 m/s
Landegeschwindigkeit 260 – 280 km/h
Startstrecke 850 m mit Nachbrenner
Landestrecke 550 m mit Bremsschirm

Bewaffnung
keine Kanone;
2 gelenkte Luft-Luft-Raketen K-13 (R-3S, infrarotgelenkt) oder 2 RS-2US (leitstrahlgelenkt) oder 2 Blöcke UB-16 (je 16 Raketen, 57 mm) oder 2 Bomben bis zu 500 kg; Nachrüstung mit polnischem Doppelträger MONSUN für insgesamt 4 R-3S.

Ausrüstung
Für Flüge unter allen Wetterbedingungen tags/nachts; wie MiG-21F13 einteiliges, nach vorn zu öffnendes Kabinendach und Katapultsitz SK; verbesserter Funkhöhenmesser; Funkmeßvisier, Kollimatorvisier PKI; teilweise mit Flugdatenschreiber SARPP nachgerüstet; schmales Seitenleitwerk; Bremsschirm unten

Bemerkungen
Bei Übernahme (Erstflug NVA: 17. August 1964, im Dienst im JG-8 ab 10. Dezember 1964) als MiG-21PF bezeichnet. Da das Radar sich aufgrund von Bodenreflexionen als ungeeignet erwies, wurde es durch das RP-21 ersetzt. Danach einheitliche Bezeichnung MiG-21PFM, obwohl der sowjetische Hersteller unter der PFM eine andere Version geliefert hat (breites Seitenleitwerk). Intern wurde es als Flugzeug 76 bezeichnet. Lieferzeitraum: November 1964 – Mai 1965.

Mikojan/Gurewitsch MiG-21SPS/SPS-K NATO-Code FISHBED D

Verwendung Mehrzweckjagdflugzeug
Besatzung 1
Erstflug Prototyp 1964/65
Erstflug Serienmuster 1965
Einsatzzeitraum ab 1966
Stückzahl etwa 75
Haupteinsatztruppenteile alle JG, Fliegerschule
Anzahl am 30. September 1990 24

Abmessungen
Spannweite 7,15 m
Länge 13,46 m
Höhe 4,13 m
Flügelfläche 22,95 m^2

Massen
Leermasse 5411 kg
Startmasse 7575 kg
max. Startmasse 9080 kg
Waffenzuladung 1000 kg
Kraftstoffvorrat 2750 l + Zusatzbehälter 490 l oder 800 l

Antrieb
Art/Typ Zweiwellenstrahltriebwerk R-11F2S-300 (37F2S)
Startleistung 38,3 kN ohne, 60,6 kN mit Nachbrenner

Flugleistung
Höchstgeschwindigkeit 2175 km/h
1150 km/h (in Seehöhe)
Marschgeschwindigkeit 1250 km/h
Überführungsreichweite 1600 – 1800 km
Aktionsradius 450 – 500 km
Dienstgipfelhöhe 19500 m
Steiggeschwindigkeit 210 m/s
Landegeschwindigkeit 230 km/h mit SPS
Startstrecke 850 – 1350 m
360 – 430 m (mit 2 Starthilfsraketen)
Landestrecke 420 – 500 m (mit Bremsschirm und SPS)

Bewaffnung
wie MiG-21PFM; bei MiG-21SPS/K zusätzlich Kanonengondel GP-9 mit Doppelrohrkanone GSch-23 und 200 Granaten 23 mm anstelle des Zusatzbehälters unter dem Rumpf, dann optisches Visier wie PFM, jedoch neues Fernbedienteil; MiG-21SPS der NVA mit Manöverluftkampfraketen R-60 nachgerüstet

Ausrüstung
erste Version mit Grenzschichtbeeinflussung (SPS-System) und Katapultsitz KM-1, dadurch Kabinendach nach rechts klappend; Bremsschirm ab SPS bei allen Versionen in Gondel über Schubdüse unter Seitenleitwerk; mit Flugdatenschreiber SARPP nachgerüstet.

Bemerkungen
Originalbezeichnung: MiG-21PFM-SPS, Ausführung mit Kanonengondel: MiG-21PFM-SPSA, in NVA: MiG-21SPS/K (eingeführt ab März 1968 etwa 44). Das SPS-System (Abblasen der Grenzschicht über den Landeklappen) setzt die Landegeschwindigkeit um 40 km/h herab. Intern wurde der Typ als Flugzeug 94/94K bezeichnet. Lieferzeitraum: September 1966 – Juni 1968.

Mikojan/Gurewitsch MiG-21M NATO-Code FISHBED G

Verwendung Jagdflugzeug, Aufklärer
Besatzung 1
Erstflug Prototyp 1965
Erstflug Serienmuster 1966
Einsatzzeitraum ab 1969
Stückzahl etwa 65
Haupteinsatztruppenteile alle JG, TAFS-45
Anzahl am 30. September 1990 56, davon 13 mit Kameraausrüstung AFA-39

Abmessungen
Spannweite 7,15 m
Länge 13,46 m
Höhe 4,10 m
Flügelfläche 22,95 m^2

Massen
Leermasse 5950 kg
Startmasse 8950 kg
max. Startmasse 9400 kg
Waffenzuladung 2000 kg
Kraftstoffvorrat 2750 l + 1 bis 3 Zusatzbehälter von je 490 l oder 1 x 800 l

Antrieb
Art/Typ Zweiwellenstrahltriebwerk R-11F2S-300 (37F2S oder 37F2SK)
Startleistung 38,3 kN ohne, 60,6 kN mit Nachbrenner

Flugleistungen
Höchstgeschwindigkeit 2230 km/h (in 11000 m) 1150 km/h (in Seehöhe)
Marschgeschwindigkeit 1200 km/h
Überführungsreichweite 1800 km
Aktionsradius 400 – 450 km
Dienstgipfelhöhe 18500 m
Steiggeschwindigkeit 160 m/s
Landegeschwindigkeit 270 km/h
Startstrecke 800 – 1350 m
Landestrecke 750 – 1250 m

Bewaffnung
starr eingebaute Kanone GSch-23 mit 200 Granaten, 23 mm; sonst wie MiG-21SPS in doppelter Anzahl; zusätzlich Mehrfachbombenträger; Abschußblöcke UB-32 für 32 ungelenkte 57-mm-Raketen und für anhängbare Luft-Luft-Raketen R-13M oder R-60 nachrüstbar

Ausrüstung
grundsätzlich wie MiG-21SPS, jedoch 2-Kanal-Autopilot AP-155 (dazu Anstellwinkelgeber an linker Rumpfseite); 4 Tragflügelstationen; Triebwerk 37F2SK mit System zur Regelung des Schubdüsendurchmessers in großen Höhen; Visier ASP-5ND mit Gebern für Anstell- und Schiebewinkel DUAS

Bemerkungen
Für Standard-Triebwerk 37F2S zu schwer, deshalb teilweise auf R-13-300 umgerüstet. Diese Maschinen gehörten zum JG-7 als Aufklärer mit Kamera AFA-39 und verlegtem Funkhöhenmesser. Schutzbleche an seitlichen Zusatzeinläufen zum Verhindern des Ansaugens von Schmutzpartikeln nachträglich in der Flugzeugwerft Dresden angebracht. Intern wurde der Typ als Flugzeug 96 bezeichnet. Lieferzeitraum: Juli 1969 – Dezember 1970.

Mikojan/Gurewitsch MiG-21MF NATO-Code FISHBED J

Verwendung Mehrzweckjagdflugzeug
Besatzung 1
Erstflug Prototyp 1967
Erstflug Serienmuster 1967/68
Einsatzzeitraum ab 1972
Stückzahl etwa 60
Haupteinsatztruppenteile JG-1, -3
Anzahl am 30. September 1990 47

Abmessungen
Spannweite 7,15
Länge 14,50 m (Rumpf)
15,76 m (über alles)
Höhe 4,12 m
Flügelfläche 22,95 m²

Massen
Leermasse 5350 kg
Startmasse 8200 kg
max. Startmasse 9400 kg
Waffenzuladung 2000 kg
Kraftstoffvorrat 2600 l +
Zusatzbehälter 800 l oder 490 l

Antrieb
Art/Typ Zweiwellenstrahltriebwerk
R-13-300
Startleistung 40,26 kN ohne,
48,10 – 60,67 kN mit Nachbrenner

Flugleistungen
Höchstgeschwindigkeit
2230 km/h (in 11000 m)
1150 km/h (in Seehöhe)
Marschgeschwindigkeit 1250 km/h
Überführungsreichweite 1800 km
Aktionsradius 450 – 500 km
Dienstgipfelhöhe 19000 m
Steiggeschwindigkeit 180 m/s
Landegeschwindigkeit 270 km/h
Startstrecke 800 – 1350 m
Landestrecke 750 – 1250 m

Bewaffnung
wie MiG-21M, geplant war ebenfalls Raketennachrüstung mit R-13M/R-60, ist aber nicht realisiert worden

Ausrüstung
Radargerät RP-21M; Autopilot AP-155; Periskop im Kabinendach; Kabinenausrüstung wie MiG-21M oder MiG-21bis (genannt MiG-21MF 75, nur im JG-3 geflogen); Flugdatenschreiber seit MiG-21M serienmäßig; verbessertes Funkmeßvisier RP-21MA mit praktischer Auffassungsentfernung bis zu 20 km (vorher 12 – 16 km)

Bemerkungen
Erste MiG-21-Version mit Tarnfarbe ab Werk (Soldatenmund: MiG-21**MF** – **m**it **F**arbe). Schutzkappe über seitlichen Lufteinläufen ebenfalls ab Werk vorhanden. Äußerlicher Unterschied zur MiG-21M: vor allem das Periskop auf Kabinendach. Intern wurde der Typ als Flugzeug 96A bezeichnet. Lieferzeitraum: April/Mai 1972 – Juli 1975.

Mikojan/Gurewitsch MiG-21bis SAU/bis LASUR NATO-Code FISHBED L/N

Verwendung Abfangjagdflugzeug
Besatzung 1
Erstflug Prototyp 1970
Erstflug Serienmuster 1971
Einsatzzeitraum ab 1975
Stückzahl etwa 50
Haupteinsatztruppenteile JG-9, -8
Anzahl am 30. September 1990 14 MiG-21 bis LASUR und 27 MiG-21bis SAU

Abmessungen
Spannweite 7,15 m
Länge 14,10 m (Rumpf)
15,76 m (über alles)
Höhe 4,12 m
Flügelfläche 22,95 m^2

Massen
Leermasse 5450 kg
Startmasse 8726 kg
max. Startmasse 10420 kg
Waffenzuladung 2000 kg
Kraftstoffvorrat 2755 l + Zusatzbehälterkombinationen 490 l bzw. 800 l

Antrieb
Art/Typ Zweiwellenstrahltriebwerk R-25-300
Startleistung 40,2 kN ohne, 67,2 kN mit Nachbrenner

Flugleistungen
Höchstgeschwindigkeit
2230 km/h (in 11000 m)
1150 km/h (in Seehöhe)
Marschgeschwindigkeit 1250 km/h
Überführungsreichweite 1850 km
Aktionsradius 450 – 500 km
Dienstgipfelhöhe 22000 m
Steiggeschwindigkeit 195 m/s
Landegeschwindigkeit 270 km/h
Startstrecke 800 – 1350 m
Landestrecke 750 – 1250 m

Bewaffnung
wie MiG-21MF; jedoch mit 250 Schuß Munitionsvorrat für GSch-23; außerdem neue funkmeßzielsuchende Luft-Luft-Rakete R-3R

Ausrüstung
neues Radarvisier RP-22SMA mit verbesserten Leistungen in geringen Höhen und mit größerer Reichweite; für Höhenbereich 0 – 4000 m Sonderregime des Triebwerks mit maximaler Steiggeschwindigkeit von 225 m/s (Luftkämpfe wurden vorrangig in diesem Bereich erwartet)

Bemerkungen
Flugzeug der 4. MiG-21-Generation mit mehreren Elementen der frühen MiG-23. Zwei Versionen: LASUR mit Kommandoübertragungslinie (Kurs, Höhe, Geschwindigkeit und Manöver nicht über Funksprech-, sondern über Funkkommandos an die Anzeigegeräte); SAU ohne Übertragungslinie, aber mit Flugsteuerungsanlage SAU-23, dadurch zum automatisierten Landeanflug bis 40 m Höhe und 800 m vor der Bahn geeignet. Intern wurde der Typ als Flugzeug 75 bezeichnet. Lieferzeitraum: Oktober 1975 – Mai 1978.

887

Mikojan/Gurewitsch MiG-23MF NATO-Code FLOGGER B

Verwendung Jagdflugzeug
Besatzung 1
Erstflug Prototyp etwa 1972
Erstflug Serienmuster 1977
Einsatzzeitraum ab 1978
Stückzahl 12
Haupteinsatztruppenteil JG-9
Anzahl am 30. September 1990 9

Abmessungen
Spannweite 7,78 – 14,00 m
Länge 16,70 m
15,88 m (ohne Staurohr)
Höhe 4,82 m
Flügelfläche 34,16 – 37,27 m^2

Massen
Leermasse 8200 kg
Startmasse 15300 kg
17570 kg (mit 3 Zusatzbehältern)
max. Startmasse 18400 kg
Waffenzuladung 1600 kg
Kraftstoffvorrat 4700 l + 3 Zusatzbehälter von je 800 l

Antrieb
Art/Typ Strahltriebwerk R-29-300 mit Nachbrenner
Startleistung 78,45 kN ohne, 112,76 kN mit Nachbrenner

Flugleistungen
Höchstgeschwindigkeit
2500 km/h (M 2,35 in 11000 m)
1350 km/h (in Seehöhe)
Marschgeschwindigkeit 1200 km/h
Überführungsreichweite 3000 km
Aktionsradius 600 km
Dienstgipfelhöhe 17500 m
Steigzeit 11000 m in 1,4 min
Landegeschwindigkeit 250 – 260 km/h
Startstrecke 580 – 600 m
Landestrecke 750 – 800 m (mit Bremsschirm)

Bewaffnung
1 Kanone GSch-23L im Rumpf mit 200 Granaten, 23 mm;
Varianten: 2 x R-23, 2 x R-3S, 3 Zusatzbehälter oder 2 x R-13M, 2 x R-3S, 3 Zusatzbehälter oder 2 x R-23, 2 x UB-16, 3 Zusatzbehälter oder 2 x UB-32, 2 x S-24, 2 Zusatzbehälter oder 4 x S-24, 2 Zusatzbehälter oder 16 Bomben FAB-100

Ausrüstung
Katapultsitz KM-1M; Navigations- und Feuerleiteinrichtung für alle Wetterbedingungen und für Raketenstart auf Gegenkurs; Wärmepeiler zum Ausweichen bei Radarstörungen; Raketenleitgerät „Delta-NGÄ“

Bemerkungen
Erstes Jagdflugzeug der NVA mit Möglichkeit des Abfangens auf Gegenkurs.

Mikojan/Gurewitsch MiG-23 ML — NATO-Code FLOGGER G

Verwendung Mehrzweckjagdflugzeug
Besatzung 1
Erstflug Prototyp etwa 1974
Erstflug Serienmuster etwa 1977
Einsatzzeitraum ab 1984
Stückzahl 32
Haupteinsatztruppenteil JG-9
Anzahl am 30. September 1990 28

Abmessungen
Spannweite 7,78 – 13,96 m
Länge 16,71 m
15,88 m (ohne Staurohr)
Höhe 4,82 m
Flügelfläche 34,16 – 37,27 m^2

Massen
Leermasse 8200 kg
Startmasse 14 800 kg
max. Startmasse 17 800 kg
Waffenzuladung 2000 kg
Kraftstoffvorrat 4300 l + 3 Zusatzbehälter von je 800 l

Antrieb
Art/Typ Strahltriebwerk R-29-300 mit Nachbrenner
Startleistung 78,5 kN ohne, 122,0 kN mit Nachbrenner

Flugleistungen
Höchstgeschwindigkeit
2500 km/h (M 2,35 in 11000 m)
1350 km/h (in Seehöhe)
Marschgeschwindigkeit 1250 km/h
Überführungsreichweite 3000 km
Aktionsradius 700 km
Dienstgipfelhöhe 18 000 m
Steigzeit 11000 m in 1,2 min
Landegeschwindigkeit 250 – 260 km/h
Startstrecke 1200 – 1300 m
Landestrecke 1200 – 1300 m
750 – 800 m (mit Bremsschirm)

Bewaffnung
1 Kanone GSch-23 L im Rumpf mit 200 Granaten, 23 mm;
wahlweise oder Kombination ungelenkte Luft-Boden-Raketen (2 x R-23 R oder R-23 T, 2 x R-13 oder 6 x R-60 oder 4 x R-3 S);
bis zu 1600 kg Bomben unterschiedlicher Kaliber oder ungelenkte Luft-Boden-Raketen S-24 B (240 mm) oder Kassetten mit je 16 bzw. 32 Raketen S-5 KO (57 mm) oder gelenkte Luft-Boden-Raketen Ch-23.

Ausrüstung
weitreichendes Bordradar, computergestützter Navigations- und Zielgerätekomplex "Saphir", Infrarotsensor, Radarwarn- und -störsystem; gegenüber MiG-23 MF leichtere Bauweise der Zelle; aufgrund geringerer Rüstmasse günstigerer Kraftstoffverbrauch, dadurch geringere Kraftstoffaufnahme möglich

Bemerkungen
Gegenüber Vorgängern mit wesentlich verbesserter Manövrierfähigkeit im Nahluftkampf ausgestattet. Als Unterflügel-Container können zusätzlich Kanonen mitgeführt werden: je Seite ein Behälter UPK-23-500 mit einer Doppelrohrkanone GSch-23 L sowie 250 Granaten, 23 mm.
Lieferzeitraum: 1984 – 1985.
Am 27. März 1991 wurden die MiG-23 ML mit den Bordnummern 338, 339, 467, 567 und 606 an die US Air Force übergeben.

Mikojan/Gurewitsch MiG-29 A NATO-Code FULCRUM A

Verwendung Abfangjagdflugzeug
Besatzung 1
Erstflug Prototyp 1977
Erstflug Serienmuster 1979
Einsatzzeitraum ab 1988
Stückzahl 20
Haupteinsatztruppenteil JG-3
Anzahl am 30. September 1990 20

Abmessungen
Spannweite 11,36 m
Länge 16,28 m (Rumpf)
17,32 m (mit Staurohr)
Höhe 4,73 m
Flügelfläche 43,50 m^2

Massen
Leermasse 10 900 kg
Startmasse 14 670 kg
max. Startmasse 18 480 kg
Waffenzuladung 2300 kg
Kraftstoffvorrat 4300 l +
Zusatzbehälter 1500 l

Antrieb
Art/Typ 2 Zweistrom-Strahltriebwerke R-33D
Startleistung 2 x 49,6 kN ohne, 2 x 81,0 kN mit Nachbrenner

Flugleistungen
Höchstgeschwindigkeit
2500 km/h (M 2,35 in 11 000 m)
M 1,0 (in Seehöhe)
Marschgeschwindigkeit 1250 km/h
Überführungsreichweite 2100 km
Aktionsradius 600 – 650 km
Dienstgipfelhöhe 18 000 m
Steigzeit 6000 m in 55 s
Landegeschwindigkeit 260 – 280 km/h
Startstrecke etwa 300 m
Landestrecke etwa 900 m
etwa 700 m (mit Bremsschirm)

Bewaffnung
1 Kanone GSch-30 I mit 150 Granaten, 30 mm;
6 Luft-Luft-Raketen: 2 x R-27 innen und 4 x R-60 außen oder weitere Kombinationen; bei montiertem Zusatzbehälter zwischen den Triebwerken ist kein Kanoneneinsatz möglich, da Hülsenauswurf blockiert

Ausrüstung
Puls-Doppler-Radar mit Betriebsarten Gegenkurs, Verfolgungskurs, Automat, Nahluftkampf; Head-up-Display; Navigationssystem RSBN (vergleichbar TACAN); Radarwarngerät; Infrarot-Such- und Verfolgungssystem; Laser-Entfernungsmesser für Kanone; fest programmierter Waffenrechner

Bemerkungen
Einsatz der Infrarot-Rakete R-73 mit Hilfe eines Helmvisiers möglich. In den Ausläufen des Seitenleitwerks vorn je Seite Auswurfeinrichtungen für 30 Kartuschen (Düppel/Infrarottäuschkörper). Klappen verschließen bei Start/Landung tief liegende Lufteinläufe (verhindern das Einsaugen von Fremdkörpern). Dabei wird Luft über jalousieartige Öffnungen auf Rumpfflossen angesaugt: Intern wurde der Typ Flugzeug 9-12 genannt.
Lieferzeitraum: Mai 1988 – Januar 1989.
1990 ging eine MiG-29 (29-06) an die US Air Force.

684

Mikojan/Gurewitsch MiG-23BN NATO-Code FLOGGER F

Verwendung Jagdbomber
Besatzung 1
Erstflug Prototyp etwa 1972
Erstflug Serienmuster etwa 1974
Einsatzzeitraum ab 1980
Stückzahl 22
Haupteinsatztruppenteil JBG-37
Anzahl am 30. September 1990 18

Abmessungen
Spannweite 7,78 – 14,00 m
Länge 16,84 m
Höhe 5,15 m
Flügelfläche 34,16 – 37,27 m^2

Massen
Leermasse 10700 kg
Startmasse 16750 kg
max. Startmasse 18850 kg
Waffenzuladung 3000 kg
Kraftstoffvorrat 5380 l + 3 Zusatzbehälter von je 800 l

Antrieb
Art/Typ Strahltriebwerk R-29B-300 mit Nachbrenner
Startleistung 77 kN ohne, 110 kN mit Nachbrenner

Flugleistungen
Höchstgeschwindigkeit
1900 km/h (in 11000 m)
1350 km/h (in Seehöhe)
Marschgeschwindigkeit 1150 km/h
Überführungsreichweite 1350 km
Aktionsradius 550 km
Dienstgipfelhöhe 16800 m
Steigzeit 11000 m in 1,7 min
Landegeschwindigkeit 250 – 260 km/h
Startstrecke 650 – 700 m
Landestrecke 800 – 850 m

Bewaffnung
1 Kanone GSch-23, mit 200 Granaten, 23 mm, im Rumpf
4 Blöcke UB-16/UB-32 mit S-5M/S-5K, 57 mm, und 2 bis 4 S-24 oder
18 Bomben AFAB-100, 8 FAB-250, 6 FAB-500 oder
4 Brandbehälter (2,83 m x 0,50 m) und
2 Kanonencontainer UPK-23-250; oder
2 Raketen Ch-23, 2 Zusatzbehälter unter Tragflächen (je 800 l), 1 Zusatzbehälter unter Rumpf (800 l)

Ausrüstung
Katapultsitz; Navigationsanlagen für Allwettereinsatz, ebenso Zielerfassungs- und Feuerleitanlagen (Laser-Entfernungsmesser)

Bemerkungen
Stabilisierungsfläche unter dem Heck klappt bei Landung um 90° nach rechts.

Suchoi Su-22M4 — NATO-Code FITTER K

Verwendung Jagdbomber
Besatzung 1
Erstflug Prototyp 1965
Erstflug Serienmuster 1979
Einsatzzeitraum ab 1984/85
Stückzahl 48
Haupteinsatztruppenteile JBG-77, MFG-28
Anzahl am 30. September 1990 46

Abmessungen
Spannweite 10.03 m (bei 63°)
13,68 (bei 30°)
Länge 19,03 m
17,34 m (ohne Staurohr)
Höhe 5,13 m
Flügelfläche 34,45 m^2 (bei 63°)
38,49 m^2 (bei 30°)

Massen
Leermasse 10667 kg
Startmasse 15230 kg
max. Startmasse 19430 kg
Waffenzuladung 4000 kg
Kraftstoffvorrat 4590 l + Zusatzbehälter 840/1160 l

Antrieb
Art/Typ Strahltriebwerk AL-21-F3 mit Nachbrenner
Startleistung 76,5 kN ohne, 110,0 kN mit Nachbrenner

Flugleistungen
Höchstgeschwindigkeit
1850 km/h (in 11000 m)
1400 km/h (in Seehöhe)
Marschgeschwindigkeit 1200 km/h
Überführungsreichweite 2500 km
Aktionsradius 460 km
Dienstgipfelhöhe 15200 m
Landegeschwindigkeit 285 bis 290 km/h
Startstrecke 850 bis 900 m
1500 m (voll beladen)
Landestrecke 1200 – 1300 m
950 – 1000 m (mit Bremsschirm)

Bewaffnung
2 Kanonen NR-30, 30 mm, je 80 Granaten; 4000 kg Bomben und 2 Nahkampfraketen R-60 oder Varianten: Zusatzbehälter, Abwurf- oder Raketenwaffen Luft-Boden und 2 R-60;
Vielzahl von Kombinationen möglich: Kanonencontainer, Lenkwaffen Ch-25, Ch-29, Antiradarrakete Ch-58, ungelenkte Raketen S-5, S-8, S-24, S-25

Ausrüstung
umfangreicher Zielgeräte- und Navigationskomplex; Rundum-Warngerät; mehrere Bordcomputer; Katapultsitz; insgesamt 10 Aufhängungspunkte, Mehrfachträger möglich

Bemerkungen
Unter dem Rumpf befinden sich der Aufklärungscontainer KKR-1T, unter dem Tragflügel der Störcontainer SPS-141MWGÄ, Störpatronenträger beidseits des Hecks.
Intern wurde der Jagdbomber als Flugzeug S-54M4 bezeichnet.
Lieferzeitraum: Dezember 1984 – April 1987.
Die Flugzeuge mit den Bordnummern 380 und 724 gingen am 27. März 1991 an die US Air Force.

Iljuschin Il-28 NATO-Code BEAGLE

Verwendung Zieldarstellungsflugzeug
Besatzung 3
Erstflug Prototyp 30. Dezember 1948
Erstflug Serienmuster 1949
Einsatzzeitraum 1960 – 1982
Stückzahl 7
Haupteinsatztruppenteil ZDK-33
Anzahl am 30. September 1990 0

Abmessungen
Spannweite 21,45 m
Länge 17,65 m
Höhe 6,70 m
Flügelfläche 60,80 m^2

Massen
Leermasse 12 890 kg
Startmasse 21 200 kg
max. Startmasse 23 200 kg
Waffenzuladung 1000 – 3000 kg
Kraftstoffvorrat 9000 l

Antrieb
Art/Typ 2 Radialstrahltriebwerke WK-1
Startleistung 2 x 26,46 kN

Flugleistungen
Höchstgeschwindigkeit
900 km/h (in 4500 m)
800 km/h (in Seehöhe)
Marschgeschwindigkeit 770 km/h
Überführungsreichweite 2180 km
Aktionsradius 800 – 900 km
Dienstgipfelhöhe 12 500 m
Steigzeit 5000 m in 6,5 min, 10 000 m in 21 min
Landegeschwindigkeit 185 km/h
Startstrecke 875 – 965 m
Landestrecke 960 – 1170 m

Bewaffnung
2 starre 23-mm-Kanonen NR-23 (nach vorn) mit 80 bis 200 Granaten; 2 bewegliche NR-23 nach hinten (450 Granaten); Kassettenhalterung für Bomben im Kaliber 50 bis 500 kg; Balkenhalterung im Bombenraum für eine Bombe im Kaliber 1000 oder 3000 kg; bei NVA Schleppziel (Textilsack) mit Seil im Bombenraum

Ausrüstung
Katapultsitze für Pilot und Navigator; Notrutsche für Funker/Bombenschützen im von unten zugänglichen Heckstand; Panoramaradargerät PSF-N; Bombenvisier OPB-5S; automatischer Funkkompaß; Überfluganzeiger für Markierungsfunkfeuer; Funkhöhenmesser; Freund-Feind-Kennungsgerät; mehrkanaliges Funkgerät

Bemerkungen
Hauptaufgabe bestand in Zieldarstellung für die Flak. Dazu befand sich zusammengerollter Luftsack im Bombenraum sowie eine Trommel mit 2000 m langem, 4 bis 5 mm starkem Stahlseil. Eingelassene Aluminium-Kegel dienten dem Bodenradar als reflektierende Fläche. Bis zum 2. Oktober 1990 gehörte eine Il-28 zur historischen Vorstartlinie Bautzen.
Bordnummern: 190, 196, 204, 205,208, 224, 226.

Iljuschin Il-28 R

NATO-Code BEAGLE

Verwendung   Zieldarstellungsflugzeug
Besatzung   3
Erstflug Prototyp   19. April 1950
Erstflug Serienmuster   1951
Einsatzzeitraum   1962 – 1979
Stückzahl   2
Haupteinsatztruppenteil   ZDK-33
Anzahl am 30. September 1990   0

Abmessungen
Spannweite   22,65 m
Länge   17,65 m
Höhe   6,70 m
Flügelfläche   60,80 m^2

Massen
Leermasse   13510 kg
Startmasse   19500 kg
max. Startmasse   22680 kg
Waffenzuladung   3000 kg
Kraftstoffvorrat   9550 kg

Antrieb
Art/Typ   2 Radialstrahltriebwerke WK-1
Startleistung   2 x 26,46 kN

Flugleistungen
Höchstgeschwindigkeit
876 km/h (in 5000 m)
800 km/h (in Seehöhe)
Marschgeschwindigkeit   750 km/h
Überführungsreichweite   2780 km
Aktionsradius   1000 – 1200 km
Dienstgipfelhöhe   12300 m
Steigzeit   5000 m in 6,7 min, 10000 m in 22 min
Landegeschwindigkeit   185 km/h
Startstrecke   800 – 900 m
Landestrecke   950 – 1000 m

Bewaffnung
im Bug links eine starre 23-mm-Kanone NR-23 mit 100 Granaten, im Heck zwei bewegliche NR-23 mit je 225 Granaten, Fotobomben;
bei NVA beide Maschinen unbewaffnet und ohne Radargerät

Ausrüstung
Standardausstattung als Aufklärer für Tag oder für Nacht (dann im Bombenraum 12 bis 18 Blitzbomben), bei NVA nicht so eingesetzt, sondern Schleppziel und Kabel im Bombenraum; hydraulischer Antrieb für Räder, diese drehten sich während der Landung, die dann sehr weich war

Bemerkungen
Übernahme der Maschinen DM-ZZI (Bordnummer 180) und ZZK (184) von Flugzeugwerk Dresden (dort Versuchsträger u. a. für Strahltriebwerk Pirna 014, geflogen mit Prüfingenieur im Bug und Navigator im Heckstand). Für NVA wieder umgerüstet. Il-28 R zu erkennen an festen Kraftstoffbehältern (je 375 l) an Tragflügelenden. Wie bei allen Il-28 Anbau von zwei Starthilfsraketen möglich.

KT-04

Verwendung Schleppziel
Besatzung ohne
Erstflug Prototyp etwa 1974
Erstflug Serienmuster etwa 1977
Einsatzzeitraum ab 1980
Stückzahl etwa 70
Haupteinsatztruppenteil ZDK-33
Anzahl am 30. September 1990 52

Abmessungen
Spannweite 5,30 m
Länge 4,90 m
Höhe 1,20 m
Flügelfläche 3,00 m^2

Massen
Startmasse 110 kg
230 kg (mit abwerfbarem Fahrgestell)

Flugleistungen
Höchstgeschwindigkeit 600 km/h

Bemerkungen
Von L-39V geschleppt, nach Abschuß Ausklinken des Seiles über dem Landeplatz, Ausstoßen des Fallschirms nach oben und des aufblasbaren Gummibehälters nach unten. Die Flughöhe der aus der Tschechoslowakei gelieferten KT-04 lag zwischen 500 und 2500 m.

Lawotschkin La-9 NATO-Code FRITZ

Verwendung Begleitjagdflugzeug
Besatzung 1
Erstflug Prototyp La-130 Juni 1946
Erstflug Serienmuster November 1946
Einsatzzeitraum 1952 (KVP) – Ende 50er Jahre
Stückzahl 5
Haupteinsatztruppenteile Fliegertechnische Schule Kamenz
Anzahl am 30. September 1990 0

Abmessungen
Spannweite 9,80 m
Länge 8,63 m
Höhe 2,80 m
Flügelfläche 17,72 m^2

Massen
Rüstmasse 2638 kg
Startmasse 3676 kg
Waffenzuladung 2 Bomben
Kraftstoffvorrat 825 l

Antrieb
Art/Typ luftgekühlter 14-Zylinder-Doppelsternmotor ASch-82 FN mit Dreiblatt-Metall-Luftschraube
Startleistung 1308 kW

Flugleistungen
Höchstgeschwindigkeit 690 km/h (6250 m), 600 km/h (in Seehöhe)
Marschgeschwindigkeit 580 km/h
Flugweite 945 km
Überführungsreichweite 1735 km
Dienstgipfelhöhe 10800 m
Steiggeschwindigkeit 18,7 m/s
Landegeschwindigkeit 140 km/h
Startstrecke 500 m
Landestrecke 600 m

Bewaffnung
4 Kanonen 23 mm NS-23, Kampfsatz 300 Granaten (je Kanone 75)

Ausrüstung
einfache Navigations- und Funkausrüstung

Bemerkungen
Von der KVP/NVA nicht geflogen, lediglich als Ausbildungsflugzeug für die künftigen Flugzeugtechniker (Offiziere) und Flugzeugmechaniker (Unteroffiziere) verwendet. Mit Zuführung modernerer Ausbildungstechnik verschrottet.

Jakowlew Jak-18 NATO-Code MAX

Verwendung Schulflugzeug
Besatzung 2
Erstflug Prototyp 1946
Erstflug Serienmuster 1947
Einsatzzeitraum 1956 – 1958 (KVP ab Oktober 1952)
Stückzahl etwa 50
Haupteinsatztruppenteile Fliegerschule, erste Jagdgeschwader
Anzahl am 30. September 1990 0

Abmessungen
Spannweite 10,60 m
Länge 8,03 m
Höhe 2,80 m
Flügelfläche 17,00 m^2

Massen
Leermasse 785 kg
Startmasse 1087 kg
max. Startmasse 1165 kg
Waffenzuladung 0
Kraftstoffvorrat 150 l

Antrieb
Art/Typ Sternmotor M-11FR
Startleistung 118 kW
95 kW (Dauerleistung)

Flugleistungen
Höchstgeschwindigkeit
245 km/h (in 2000 m)
248 km/h (in Seehöhe)
Marschgeschwindigkeit 170 km/h
Überführungsreichweite 1095 km
Aktionsradius 350 km
Dienstgipfelhöhe 4000 m
Steiggeschwindigkeit 3,5 m/s
Landegeschwindigkeit 85 km/h
Startstrecke 290 m
Landestrecke 250 m

Bewaffnung
ohne

Ausrüstung
einfache Navigations- und Funkausrüstung

Bemerkungen
Flugzeug für die Anfängerausbildung, an die Gesellschaft für Sport und Technik (GST) übergeben (Flugsport und vormilitärische Ausbildung), 1957 bis 1961: 33 Maschinen.

Jakowlew Jak-18U — NATO-Code MAX

Verwendung Schulflugzeug
Besatzung 2
Erstflug Prototyp 1953
Erstflug Serienmuster 1954
Einsatzzeitraum 1957 – 1965
Stückzahl etwa 40
Haupteinsatztruppenteil Fliegerschule
Anzahl am 30. September 1990 0

Abmessungen
Spannweite 10,60 m
Länge 8,13 m
Höhe 3,23 m
Flügelfläche 17,00 m^2

Massen
Leermasse 880 kg
Startmasse 1160 kg
max. Startmasse 1300 kg
Waffenzuladung 0
Kraftstoffvorrat 126 l

Antrieb
Art/Typ Sternmotor M-11FR
Startleistung 118 kW
95 kW (Marschleistung)

Flugleistungen
Höchstgeschwindigkeit
235 km/h (in 2500 m)
235 km/h (in Seehöhe)
Marschgeschwindigkeit 160 km/h
Überführungsreichweite 780 km
Aktionsradius 300 km
Dienstgipfelhöhe 4000 m
Steiggeschwindigkeit 3,6 m/s
Landegeschwindigkeit 103 km/h
Startstrecke 365 m
Landestrecke 345 m

Bewaffnung
ohne

Ausrüstung
einfache Navigations- und Funkausrüstung; mit Bugrad versehene Weiterentwicklung der Jak-18

Bemerkungen
Flugzeuge für die Anfängerausbildung; an die GST übergeben (1958/59: 30 Maschinen).

Jakowlew Jak-18 A — NATO-Code MOUSE

Verwendung Schul- und Kurierflugzeug
Besatzung 2
Erstflug Prototyp 1954
Erstflug Serienmuster 1954
Einsatzzeitraum 1959 – 1973
Stückzahl etwa 50
Haupteinsatztruppenteile Fliegerschule, Verbindungsketten
Anzahl am 30. September 1990 0

Abmessungen
Spannweite 10,60 m
Länge 8,13 m
Höhe 3,23 m
Flügelfläche 17,00 m^2

Massen
Leermasse 995 kg
Startmasse 1281 kg
max. Startmasse 1316 kg
Waffenzuladung 0
Kraftstoffvorrat 122 kg

Antrieb
Art/Typ Sternmotor AI-14 R
Startleistung 191 kW
165 kW (Marschleistung)

Flugleistungen
Höchstgeschwindigkeit
254 km/h in 2500 m)
254 km/h (in Seehöhe)
Marschgeschwindigkeit 175 km/h
Überführungsreichweite 725 km
Aktionsradius 270 km
Dienstgipfelhöhe 5000 m
Steiggeschwindigkeit 5,0 m/s
Landegeschwindigkeit 110 – 115 km/h
Startstrecke 210 m
Landestrecke 260 m

Bewaffnung
ohne

Ausrüstung
UKW-Gerät R-800; Kunstflughorizont AGI; Funkkompaß ARK-5, Funkmarkierungsempfänger MRP-56, Kreiselinduktionskompaß GIK-1; Weiterentwicklung der Jak-18U mit anderem Triebwerk

Bemerkungen
Nach Ablösung durch L-29 an Fliegerschule teilweise als Kuriermaschine und zur Zieldarstellung verwendet. Übergabe an GST von 1960 bis 1973: 48 Maschinen.
Bis zum 2. Oktober 1990 gehörte eine Jak-18A zur historischen Vorstartlinie Bautzen.

Jakowlew Jak-11 — NATO-Code MOOSE

Verwendung Schul- und Übungsjagdflugzeug
Besatzung 2
Erstflug Prototyp 10. November 1945
Erstflug Serienmuster 1946
Einsatzzeitraum 1956 – 1962/63 (KVP ab 1953/54)
Stückzahl 99
Haupteinsatztruppenteile alle JG
Anzahl am 30. September 1990 0

Abmessungen
Spannweite 9,40 m
Länge 8,50 m
Höhe 3,23 m
Flügelfläche 15,40 m²

Massen
Leermasse 1811 kg
Startmasse 2373 kg
max. Startmasse 2480 kg
Waffenzuladung 100 kg
Kraftstoffvorrat 360 l

Antrieb
Art/Typ Sternmotor ASch-21
Startleistung 515 kW
480 kW (Marschleistung)

Flugleistungen
Höchstgeschwindigkeit 475 km/h (in 4500 m)
Marschgeschwindigkeit 350 – 400 km/h
Überführungsreichweite 1290 km
Aktionsradius 500 km
Dienstgipfelhöhe 7100 m
Steiggeschwindigkeit 9,0 m/s
Landegeschwindigkeit 127 km/h
Startstrecke 365 m
Landestrecke 500 m

Bewaffnung
1 MG 12,7 mm, 2 x 50-kg-Bomben

Ausrüstung
einfache Navigations- und Funkausrüstung; Foto-MG PAU-22 oder S-13; Fotokammer AFA-39 möglich; Sauerstoffausrüstung KP-11

Bemerkungen
Mindestens ein Teil der Jak-11 ist in der Tschechoslowakei in Lizenz (als C-11) produziert worden. Das trifft jedenfalls für die bis zum 2. Oktober 1990 an der Fliegerschule Bautzen ausgestellte Maschine zu.

Mikojan/Gurewitsch MiG-15 UTI — NATO-Code MIDGET

Verwendung Schul- und Übungsjagdflugzeug
Besatzung 2
Erstflug Prototyp 1949
Erstflug Serienmuster 1949
Einsatzzeitraum 1956 – 1985 (KVP kurzzeitig Juni 1953)
Stückzahl etwa 30
Haupteinsatztruppenteile alle JG, Fliegerschule, JBG-37
Anzahl am 30. September 1990 0

Abmessungen
Spannweite 10,08 m
Länge 10,10 m
Höhe 3,70 m
Flügelfläche 20,60 m^2

Massen
Leermasse 3500 kg
Startmasse 4850 kg
max. Startmasse 5200 kg
Waffenzuladung 200 kg
Kraftstoffvorrat 1120 l + 2 Zusatzbehälter von je 280 oder 400 l

Antrieb
Art/Typ Strahltriebwerk RD-45 FA
Startleistung 22,46 kN

Flugleistungen
Höchstgeschwindigkeit
1010 km/h (in 3000 m)
900 km/h (in Seehöhe)
Marschgeschwindigkeit 820 km/h
Überführungsreichweite 1340 km
Aktionsradius 450 – 500 km
Dienstgipfelhöhe 14825 m
Steigzeit 5000 m in 3,2 min
Steiggeschwindigkeit 38,5 m/s
Landegeschwindigkeit 172 km/h
Startstrecke 570 m
Landestrecke 740 m

Bewaffnung
1 MG 12,7 mm mit 150 Patronen; 2 Bomben je 50 oder 100 kg, dann ohne Zusatzbehälter

Ausrüstung
Katapultsitze; Bordsprechanlage SPU-2 P; Funkhöhenmesser RW-2, Funkkompaß ARK-5, Markierungsfunkempfänger MRP-48 P

Bemerkungen
Bis zum 2. Oktober 1990 befand sich je eine MiG-15 UTI an der historischen Vorstartlinie Bautzen, im JG-8 Marxwalde sowie im JBG-37 Drewitz. Die UTI der NVA stammten aus tschechoslowakischer Produktion.

Iljuschin Il-28U

NATO-Code MASCOT

Verwendung Schulflugzeug
Besatzung 3
Erstflug Prototyp 18. März 1950
Erstflug Serienmuster Mai 1950
Einsatzzeitraum 1961 – 1979
Stückzahl 1
Haupteinsatztruppenteil ZDK-33
Anzahl am 30. September 1990 0

Abmessungen
Spannweite 21,45 m
Länge 17,65 m
Höhe 6,70 m
Flügelfläche 60,80 m^2

Massen
Leermasse 12 500 kg
Startmasse 17 000 kg
max. Startmasse 21 000 kg
Waffenzuladung 0
Kraftstoffvorrat 8000 l

Antrieb
Art/Typ 2 Radialstrahltriebwerke WK-1
Startleistung 2 x 26,46 kN

Flugleistungen
Höchstgeschwindigkeit
910 km/h (in 4500 m)
800 km/h (in Seehöhe)
Marschgeschwindigkeit 700 km/h
Überführungsreichweite 2260 km
Aktionsradius 800 – 900 km
Dienstgipfelhöhe 12 500 m
Steigzeit 10 000 m in 18 min
Landegeschwindigkeit 180 km/h
Startstrecke 500 – 700 m
Landestrecke 400 – 650 m

Bewaffnung
ohne, im Originalzustand zwei Kanonen im Heck möglich, bei NVA ausgebaut

Ausrüstung
grundsätzlich wie bei Il-28, aber ohne Radargerät; mit Doppelsteuerung, Flugschülerkabine auf Rumpfrücken (Standardausstattung), Fluglehrerkabine im unverglasten Bug, beide Plätze mit Katapultsitzen; im Heckstand kein Katapultsitz

Bemerkungen
Zur Ausbildung der Il-28-Besatzungen beschafft, in sehr benutztem Zustand von sowjetischem Fliegertruppenteil in Welzow auf inoffiziellem Wege übernommen. Nach Aussonderung auf Erdschießplatz nahe des Flugplatzes Peenemünde als Ziel verwendet. Bordnummer: 193.

Aero L-29 NATO-Code MAYA

Verwendung Schulflugzeug
Besatzung 2
Erstflug Prototyp 5. April 1959
Erstflug Serienmuster 1962
Einsatzzeitraum 1963 – 1981
Stückzahl 50
Haupteinsatztruppenteile FAG-15, -25
Anzahl am 30. September 1990 0

Abmessungen
Spannweite 10,29 m
Länge 10,81 m
Höhe 3,13 m
Flügelfläche 19,85 m^2

Massen
Leermasse 2364 kg
Startmasse 3280 kg
max. Startmasse 3540 kg
Waffenzuladung 200 kg
Kraftstoffvorrat 1100 kg + 2 Zusatzbehälter von je 150 l

Antrieb
Art/Typ Strahltriebwerk M-701
Startleistung 8,72 kN

Flugleistungen
Höchstgeschwindigkeit
655 km/h (in 5000 m)
620 km/h (in Seehöhe)
Marschgeschwindigkeit 545 km/h
Überführungsreichweite 640 – 895 km
Aktionsradius 250 – 300 km
Dienstgipfelhöhe 11000 m
Steiggeschwindigkeit 14 m/s
Landegeschwindigkeit 135 km/h
Startstrecke 550 m
Landestrecke 440 m

Bewaffnung
2 x 100-kg-Bomben oder 2 Behälter mit je 8 ungelenkten Luft-Boden-Raketen (57 mm)

Ausrüstung
Instrumentierung zur Ausbildung unter allen Wetterbedingungen tags und nachts; Foto-MG; Visiereinrichtungen für Bombenwurf und Raketenabschuß

Bemerkungen
1961 im Vergleichsfliegen mit TS-11 (Polen) und Jak-30 (UdSSR) als Standard-Schulflugzeug des Warschauer Paktes ausgewählt. Flugsimulator TL-29 Bautzen. Eine der tschechoslowakischen L-29 ist im Militärhistorischen Museum Dresden ausgestellt.

Aero L-39 ZO/39 V

Verwendung Schulflugzeug
Besatzung 2
Erstflug Prototyp 4. November 1968
Erstflug Serienmuster 1974
Einsatzzeitraum ab Ende 1977
Stückzahl 50 L-39 ZO/2 L-39 V
Haupteinsatztruppenteile FAG-25, ZDK-33
Anzahl am 30. September 1990 50 + 2

Abmessungen
Spannweite 9,46 m
Länge 12,13 m
Höhe 4,77 m
Flügelfläche 18,80 m^2

Massen
Leermasse 3540 kg
Startmasse 4500 kg
max. Startmasse 5600 kg
Waffenzuladung 1000 kg
Kraftstoffvorrat 1050 l + 2 Zusatzbehälter von je 420 oder je 180 l

Antrieb
Art/Typ Strahltriebwerk AI-25 TL
Startleistung 16,87 kN

Flugleistungen
Höchstgeschwindigkeit
755 km/h (in 5000 m)
720 km/h (in Seehöhe)
Marschgeschwindigkeit 680 km/h
Überführungsreichweite 800 km
Aktionsradius 300 km
Dienstgipfelhöhe 10 000 m
Steiggeschwindigkeit 17,3 m/s
Landegeschwindigkeit 170 – 180 km/h
Startstrecke 400 m
Landestrecke 650 – 730 m

Bewaffnung
je 4 Bomben 100 oder 250 kg oder 2 Bomben je 500 kg oder 4 Behälter UB-16 mit je 16 ungelenkten Luft-Boden-Raketen S-5K/S-5M, 57 mm, oder 2 Luft-Luft-Raketen R-3 S

Ausrüstung
Schleudersitze; Instrumentierung zur Ausbildung unter allen Wetterbedingungen; Navigationsanlage RSBN-5 S; einfaches Kreiselvisier ASP-3-NMU-39; Schußkamera FKP-2-2; UKW-Anlage R-832 M, Bordsprechanlage SPU-9; automatisch ausfahrende Notstromturbine

Bemerkungen
Unter dem Flügel der aus tschechoslowakischer Produktion stammenden Maschine konnte die Luftzielapparatur 07 mitgeführt werden (LZA 07, ab 1985 in NVA erprobt): ausstoßbarer Luftsack zur Zieldarstellung. L-39 V war die einsitzige Version als Schleppmaschine für das Luftziel KT-04; in der hinteren Kabine befand sich die Trommel für das Schleppseil, unter dem Rumpf die Staudruckturbine zum Einziehen des Seils. Flugsimulator TL-39, Katapultiertrainer NKTL-29/39 und fahrbare Kontrollanlage KL-39 befanden sich im FAG-25.

Mikojan/Gurewitsch MiG-21U NATO-Code MONGOL A

Verwendung Schul- und Übungsjagdflugzeug
Besatzung 2
Erstflug Prototyp 1961
Erstflug Serienmuster 1963
Einsatzzeitraum ab Frühjahr 1965
Stückzahl etwa 30
Haupteinsatztruppenteile alle JG, Fliegerschule
Anzahl am 30. September 1990 13

Abmessungen
Spannweite 7,15 m
Länge 14,41 m
Höhe 4,10 m
Flügelfläche 22,95 m²

Massen
Leermasse 5200 kg
Startmasse 7500 kg
max. Startmasse 7640 kg
Waffenzuladung 1000 kg
Kraftstoffvorrat 2300 l + Zusatzbehälter 490 l

Antrieb
Art/Typ Zweiwellenstrahltriebwerk R-11F-300
Startleistung 38,25 kN ohne, 60,60 kN mit Nachbrenner

Flugleistungen
Höchstgeschwindigkeit 2125 km/h (in 12500 m) 1100 km/h (in Seehöhe)
Marschgeschwindigkeit 1200 km/h
Überführungsreichweite 1670 km
Aktionsradius 400 km
Dienstgipfelhöhe 19500 m
Steiggeschwindigkeit 170 m/s
Landegeschwindigkeit 260 – 270 km/h
Startstrecke 850 – 1350 m
Landestrecke 850 – 1250 m

Bewaffnung
12,7-mm-MG A-12,7 mit 60 Patronen in Rumpfgondel, statt des Zusatzbehälters zu befestigen; unter den Flügeln je Seite eine Luft-Luft-Rakete R-3S oder eine Bombe 250 kg/500 kg oder ein Behälter UB-16-57U mit 16 ungelenkten Luft-Boden-Raketen, 57 mm

Ausrüstung
2 Katapultsitze SK; unter allen Wetterbedingungen tags/nachts einsatzfähig; Version 66-400 mit schmalem Seitenleitwerk (wie MiG-21F 13) und Bremsschirm links unten im Rumpf; Version 66-600 mit breitem Seitenleitwerk (wie MIG-21SPS) und Bremsschirm oben; Visier ASP-5ND; Autopilot KAP-2

Bemerkungen
Trainer der 1. MiG-21-Generation; ohne oder mit Druckanzug zu fliegen. Obwohl das 12,7-mm-MG von der NVA mit der MiG-21U bezogen wurde, ist die Waffengondel (unter den Rumpf anzubringen) nie verwendet worden. Wie die folgenden Doppelsitzer-Varianten, hatte auch die MiG-21U kein Funkmeßvisier. Intern wurde der Typ als Flugzeug 66 bezeichnet. Lieferzeitraum: April 1965 – September 1967.

Mikojan/Gurewitsch MiG-21US NATO-Code MONGOL B

Verwendung Schul- und Übungsjagdflugzeug
Besatzung 2
Erstflug Prototyp 1963
Erstflug Serienmuster 1964
Einsatzzeitraum ab 1968
Stückzahl 15
Haupteinsatztruppenteile alle JG, Fliegerschule
Anzahl am 30. September 1990 13

Abmessungen
Spannweite 7,15 m
Länge 14,41 m
Höhe 4,10 m
Flügelfläche 22,95 m^2

Massen
Leermasse 5400 kg
Startmasse 8000 kg
max. Startmasse 9500 kg
Waffenzuladung 1000 kg
Kraftstoffvorrat 2345 l + Zusatzbehälter 490 l

Antrieb
Art/Typ Zweiwellenstrahltriebwerk R-11F2S-300
Startleistung 38,3 kN ohne, 60,6 kN mit Nachbrenner

Flugleistungen
Höchstgeschwindigkeit
2150 km/h (in 12000 m)
1100 km/h (in Seehöhe)
Marschgeschwindigkeit 1200 km/h
Überführungsreichweite 1750 km
Aktionsradius 400 – 500 km
Dienstgipfelhöhe 19500 m
Steiggeschwindigkeit 170 m/s
Landegeschwindigkeit 220 – 230 km/h
Startstrecke 1100 – 1400 m
Landestrecke 900 – 1250 m

Bewaffnung
12,7-mm-MG A-12,7 mit 60 Patronen in Rumpfgondel, in NVA nicht verwendet; je Seite eine Luft-Luft-Rakete R-3S oder eine Bombe 250 kg/500 kg oder ein Behälter UB-16-57U oder eine ungelenkte Luft-Boden-Rakete S-24 (Kaliber 240 mm)

Ausrüstung
für Einsätze unter allen Wetterbedingungen tags/nachts; Katapultsitze KM-1UM (vorn) und KM-1IM (hinten); System SPS zum Abblasen der Grenzschicht von den Landeklappen; Periskop über hinterer Kabine; Autopilot KAP-2 mit Ausfallimitator; statt des 490-l-Behälters auch einer von 800 l möglich (erstmals 1986 – Verlegung des JG-1 zum Luftzielschießen nach Astrachan)

Bemerkungen
Trainer der 2. MiG-21-Generation (mit SPS-System, daher andere Katapultsitze und Periskop notwendig). Serienmäßig mit Flugdatenschreiber SARPP ausgerüstet, Bremsschirm unter dem Seitenleitwerk. Intern wurde der Typ als Flugzeug 68 bezeichnet.
Lieferzeitraum:
Dezember 1968 – August 1970.

Mikojan/Gurewitsch MiG-21UM NATO-Code MONGOL B

Verwendung Schul- und Übungsjagdflugzeug
Besatzung 2
Erstflug Prototyp 1964/65
Erstflug Serienmuster 1965
Einsatzzeitraum ab 1971
Stückzahl etwa 40
Haupteinsatztruppenteile alle JG, Fliegerschule
Anzahl am 30. September 1990 36

Abmessungen
Spannweite 7,15 m
Länge 14,41 m
Höhe 4,10 m
Flügelfläche 22,95 m²

Massen
Leermasse 5400 kg
Startmasse 8000 kg
max. Startmasse 9500 kg
Waffenzuladung 1000 kg
Kraftstoffvorrat 2345 kg + Zusatzbehälter 490 l

Antrieb
Art/Typ Zweiwellenstrahltriebwerk R-11F2S-300 (37F2S)
Startleistung 38,3 kN ohne, 60,6 kN mit Nachbrenner

Flugleistungen
Höchstgeschwindigkeit
2230 km/h (in 12000 m)
1100 km/h (in Seehöhe)
Marschgeschwindigkeit 1200 km/h
Überführungsreichweite 1750 km
Aktionsradius 400 – 500 km
Dienstgipfelhöhe 19500 m
Steiggeschwindigkeit 170 m/s
Landegeschwindigkeit 220 – 230 km/h
Startstrecke 1100 – 1400 m
Landestrecke 900 – 1200 m

Bewaffnung
12,7-mm-MG A-12,7 mit 60 Patronen in Rumpfgondel (nicht in NVA verwendet); je Seite eine Bombe 250 kg/500 kg oder ein Behälter UB-16-57U oder eine ungelenkte Luft-Boden-Rakete S-24 (240 mm) oder eine Luft-Luft-Rakete R-3S

Ausrüstung
für Flüge unter allen Wetterbedingungen tags/nachts mit einigen Verbesserungen; Visier ASP-PFD oder ASP-PFM-B, Autopilot AP-155, mehrere Imitationen (Ausfall Autopilot und Variometer), günstigere Drosselhebel für Fluglehrer, System SORC für Signalisation von Gefahrenzuständen, Funkhöhenmesser für geringe Höhen

Bemerkungen
Trainer der 3. MiG-21-Generation (ab MiG-21M), im wesentlichen aber wie MiG-21US. Vier MiG-21UM des JG-8 (Bordnummern 246 bis 249) besaßen das Triebwerk R-13-300 (40,2 kN Startschub ohne, 60,7 kN mit Nachbrenner). Intern wurde der Typ als Flugzeug 69 bezeichnet. Lieferzeitraum: Juli 1971 – April 1975.

Mikojan/Gurewitsch MiG-23 UB NATO-Code FLOGGER C

Verwendung Schul- und Übungsjagdflugzeug
Besatzung 2
Erstflug Prototyp etwa 1970
Erstflug Serienmuster etwa 1972
Einsatzzeitraum ab 1978
Stückzahl 11
Haupteinsatztruppenteile JG-9, JBG-37
Anzahl am 30. September 1990 8

Abmessungen
Spannweite 7,78 – 14,00 m
Länge 16,64 m
Höhe 4,82 m
Flügelfläche 34,16 – 37,27 m²

Massen
Leermasse 8700 kg
Startmasse 14 780 kg
max. Startmasse 17 640 kg
Waffenzuladung 2000 kg
Kraftstoffvorrat 4000 l + 3 Zusatzbehälter von je 800 l

Antrieb
Art/Typ Strahltriebwerk R-27 F 2 M-300 mit Nachbrenner
Startleistung 67,67 kN ohne, 98,07 kN mit Nachbrenner

Flugleistungen
Höchstgeschwindigkeit
2500 km/h (M 2,35 in 11000 m)
1350 km/h (in Seehöhe)
Marschgeschwindigkeit 1250 km/h
Überführungsreichweite 3000 km
Aktionsradius 700 km
Dienstgipfelhöhe 18 000 m
Steigzeit 11000 in 1,4 min
Landegeschwindigkeit 250 – 260 km/h
Startstrecke 1200 – 1300 m
Landestrecke 1200 – 1300 m

Bewaffnung
Doppelrohrkanone GSch-23 L, 23 mm, mit 200 Granaten;
Varianten:
4 Luft-Luft-Raketen R-3 S oder
4 Luft-Boden-Raketen S-24 (240 mm) oder
Bomben: 14 FAB-100 oder 4 FAB-250 oder 2 FAB-500 oder
Abschußblöcke UB-32 (2 x 32 57-mm-Raketen) oder UB-16 (4 x 16 57-mm-Raketen)

Ausrüstung
optisches Visier ASP-PFD-21; Anstellwinkelbegrenzung SOUA, Anstellwinkelanzeigegerät UUA-1; Navigationskomplex »Poljot II-23« mit Anlage für automatische Landung (SAU-23 UB-1); Trimmeffektmechanismen in Längs-, Quer- und Seitensteuerung

Bemerkungen
Die UB entspricht im Grundaufbau der MiG-23 MF. Wie bei allen MiG-23-Versionen sind drei Stellungen der Tragflügel möglich: 16° bei Startstellung, 45° für Manöver in großen Höhen und hohem Geschwindigkeitsbereich, 72° im Überschallbereich. Flugsimulator KTS-6. Für Ausbildungszwecke an Militärtechnischer Schule Bad Düben ist von den sowjetischen Fliegerkräften eine bei Rollversuchen mit Fangnezt beschädigte Maschine MIG-22 (frühe Version mit vielen Besonderheiten) übernommen worden.
Lieferzeitraum:
August 1968 – November 1985

noch MiG-23 UB.

Mikojan/Gurewitsch MiG-29 UB — NATO-Code FULCRUM B

Verwendung Schul-und Übungs-jagdflugzeug
Besatzung 2
Erstflug Prototyp etwa 1980
Erstflug Serienmuster etwa 1981
Einsatzzeitraum ab 1988
Stückzahl 4
Haupteinsatztruppenteil JG-3
Anzahl am 30. September 1990 4

Abmessungen
Spannweite 11,36 m
Länge 17,42 m
Höhe 4,73 m
Flügelfläche 43,50 m^2

Massen
Leermasse 10900 kg
Startmasse 15000 kg
max. Startmasse 18000 kg
Waffenzuladung 2300 kg
Kraftstoffvorrat 4300 l + Zusatzbehälter 1500 l

Antrieb
Art/Typ 2 Zweistromstrahltriebwerke R-33D
Startleistung 2 x 49,6 kN ohne, 2 x 81,0 kN mit Nachbrenner

Flugleistungen
Höchstgeschwindigkeit
2400 km/h (in 12000 m)
1350 km/h (in Seehöhe)
Marschgeschwindigkeit 1250 km/h
Überführungsreichweite 2100 km
Aktionsradius 600 – 650 km
Dienstgipfelhöhe 18000 m
Steigzeit 6000 m in 55 s
Landegeschwindigkeit 260 – 280 km/h
Startstrecke etwa 300 m
Landestrecke 700 – 900 m

Bewaffnung
1 Kanone GSch-301 (9A-4071K) mit 50 Granaten (Kaliber 30 mm) – Schießen ist nur ohne Zusatzbehälter möglich; Luft-Luft-Raketen R-27, R-73, R-60 wie bei MiG-29 möglich: Bomben bis max. 2000 kg, ungelenkte Luft-Boden-Raketen und Abschußblöcke für 80-mm- und 57-mm-Raketen

Ausrüstung
kein Radargerät, dafür Funkentfernungsmesser; wie bei Einsitzer: Funkkommandoanlage, Sprachinformator »Natascha« (bei Gefahren: 48 Informationen in Russisch)

Bemerkungen
Auf den Flügeln fehlt der Grenzschichtzaun des Einsitzers. Das Flugzeug ist auch für Gefechtseinsätze tauglich. Intern wurde es als Flugzeug 9-51 bezeichnet.
Lieferzeitraum: Mai 1988 – Januar 1989.

noch MiG-29 UB.

Suchoi Su-22UM3K — NATO-Code FITTER G

Verwendung Übungskampfflugzeug
Besatzung 2
Erstflug Prototyp 1974
Erstflug Serienmuster 1977
Einsatzzeitraum ab 1984/85
Stückzahl 8
Haupteinsatztruppenteile JBG-77, MFG-28
Anzahl am 30. September 1990 8

Abmessungen
Spannweite 10,03 m (bei 63°)
13,68 m (bei 30°)
Länge 19,03 m
17,34 m (ohne Staurohr)
Höhe 5,13 m
Flügelfläche 34,45 m^2 (bei 63°)
38,49 m^2 (bei 30°)

Massen
Leermasse 10 800 kg
Startmasse 15 000 kg
max. Startmasse 18 900 kg
Waffenzuladung 3000 kg
Kraftstoffvorrat 3720 l + 4 Zusatzbehälter von je 840 bzw. 1160 l

Antrieb
Art/Typ Strahltriebwerk AL-21-F3 mit Nachbrenner
Startleistung 76,5 kN ohne, 110,0 kN mit Nachbrenner

Flugleistungen
Höchstgeschwindigkeit 1900 km/h
1700 km/h (in Seehöhe)
Marschgeschwindigkeit 1200 km/h
Überführungsreichweite 2000 km
Aktionsradius 400 km
Dienstgipfelhöhe 15 500 m
Steigzeit 10 000 m in 1 min
Steiggeschwindigkeit 230 m/s
Landegeschwindigkeit 285 – 290 km/h
Startstrecke 850 – 900 m
1500 m (voll beladen)
Landestrecke 1200 m
950 m (mit Bremsschirm)

Bewaffnung
1 Kanone NR-30, 30 mm, mit 80 Granaten; 3000 kg Bomben oder Brandmittelbehälter oder Kanonencontainer oder Kombinationen, auch mit Kraftstoffbehältern (z. B. 4 x 840 l); alle Varianten wie bei SU-22M4, außer Ch-29 und Ch-58

Ausrüstung
ermöglicht Ausbildung und Training aller Elemente tags und nachts unter allen Wetterbedingungen in Steuertechnik, Navigation und Gefechtseinsatz mit gesamtem Waffenspektrum gegen Boden- und Seeziele sowie gegen Luftziele (Kanone, R-60); auch für Aufklärungsmissionen geeignet

Bemerkungen
Grundsätzlicher Aufbau wie Einsitzer, ebenfalls mit kontinuierlicher Tragflügelpfeilung von 30° bis 63°; abweichende Signalisation und 1,5fach schwerer in der Steuerung. Start und Landung mit Tragflügelpfeilung 30°, Gefechtsmanöver und Kunstflug mit 45°, Überschallflug mit 63°. Blockierungsvorrichtung wirkt bei 30° und ausgefahrenen äußeren Landeklappen. Intern wurde der Typ als Flugzeug S-52 bezeichnet.
Lieferzeitraum: Dezember 1984 – Mai 1987.

Antonow An-2TP/S NATO-Code COLT

Verwendung Verbindungs- und Transportflugzeug
Besatzung 2 – 3
Erstflug Prototyp 31. August 1947
Erstflug Serienmuster 1949
Einsatzzeitraum ab 1956
Stückzahl etwa 35
Haupteinsatztruppenteile Fliegerschule Dessau, VS-14, VK-31/33
Anzahl am 30. September 1990 1

Abmessungen
Spannweite 18,17 m
Länge 12,40 m
Höhe 4,23 m
Flügelfläche 71,51 m^2

Massen
Leermasse 3445 kg
Startmasse 5250 kg
max. Startmasse 5500 kg
Waffenzuladung 0
Kraftstoffvorrat 1200 l (900 kg)

Antrieb
Art/Typ Sternmotor ASch-62 IR
Startleistung 736 kW

Flugleistungen
Höchstgeschwindigkeit 253 km/h 240 km/h (in Seehöhe)
Marschgeschwindigkeit 185 – 220 km/h
Überführungsreichweite 900 km
Aktionsradius 350 km
Dienstgipfelhöhe 5200 m
Steigzeit 1000m in 4,1 min, 2000 m in 8,1 min
Steiggeschwindigkeit 3,5 m/s
Landegeschwindigkeit 85 km/h
Startstrecke 150 – 180 m
Landestrecke 170 – 180 m

Bewaffnung
ohne

Frachtraum
Nutzlast 800 – 1000 kg (oder bis zu 12 Fallschirmspringer)
Größe 4,1 x 1,6 x 1,8 m

Ausrüstung
12 metallene Klappsitze, große Ladetür, nach oben zu öffnen; Doppelsteuerung, 2 ARK-5, Blindflugausrüstung, in der Seenotausrüstung mit Funkkompaß ARK-U 2 zusätzlich (Anpeilen von und Verbindungsaufnahme mit zu Rettenden)

Bemerkungen
Die Maschinen vor 1960 entstammen sowjetischer, die nach 1960 übernommenen polnischer Produktion. In der Version An-2 TD (Bordnummern 799, 800, 803, 804, 805) gibt es eine Signalisationsvorrichtung Pilot/Fallschirmspringer. Die 855 hat eckige Fenster (von ziviler Luftfahrt übernommen, war zeitweilig Salonmaschine).

Iljuschin Il-14 S/T/F — NATO-Code CRATE

Verwendung Passagier- und Transportflugzeug
Besatzung 4 – 5 (bis 28 Passagiere)
Erstflug Prototyp 20. September 1950
Erstflug Serienmuster 1954
Einsatzzeitraum 1956 – 1982
Stückzahl 23
Haupteinsatztruppenteile Fliegerschule Dessau, Regierungsstaffel, TS-24
Anzahl am 30. September 1990 0

Abmessungen
Spannweite 31,70 m
Länge 22,31 m
Höhe 7,80 m
Flügelfläche 100,00 m^2

Massen
Leermasse 12 700 kg
Startmasse 17 700 kg
max. Startmasse 18500 kg
Waffenzuladung 0
Kraftstoffvorrat 3520 l
Nutzmasse 4800 kg

Antrieb
Art/Typ 2 Kolbenmotoren ASch-82T
Startleistung 2 x 1397 kW

Flugleistungen
Höchstgeschwindigkeit
430 km/h (in 2000 m)
400 km/h (in Seehöhe)
Marschgeschwindigkeit 280 – 360 km/h
Überführungsreichweite 2250 km
Aktionsradius 450 km
Dienstgipfelhöhe 6500 m
Steiggeschwindigkeit 5 m/s
Landegeschwindigkeit 135 km/h
Startstrecke 1020 m
Landestrecke 800 m

Bewaffnung
ohne

Ausrüstung
Blindflugausrüstung; mit kleiner oder großer Ladetür; Fliegender Hörsaal für Navigatoren; Salon- und Passagierausrüstung (Il-14 S/P); metallene Sitze in Frachtausrührung Il-14 P (T); bis auf 3 aus UdSSR-Produktion, alle Maschinen aus Dresden

Bemerkungen
Umbau der 411, 416 und 422 zu Fotomaschinen Il-14 P (F): Gondel unter dem Rumpf mit Platz für Foto-Operateur (außer bei Start und Landung), um Genauigkeit der Blindflüge zu erhöhen. Blieben bis 1982 im Einsatz. Die 482 war bis zum 30. September 1990 Exponat der historischen Vorstartlinie Bautzen.

Aero L-60

Verwendung Schul- und Verbindungsflugzeug
Besatzung 2 – 3
Erstflug Prototyp 22. März 1955
Erstflug Serienmuster 1958
Einsatzzeitraum 1956 – 1962
Stückzahl 20
Haupteinsatztruppenteil Transportfliegerschule Dessau
Anzahl am 30. September 1990 0

Abmessungen
Spannweite 13,96 m
Länge 8,80 m
Höhe 2,72 m
Flügelfläche 24,30 m²

Massen
Leermasse 968 kg
Startmasse 1420 kg
max. Startmasse 1560 kg
Waffenzuladung 0
Kraftstoffvorrat 200 l
Nutzmasse 300 kg

Antrieb
Art/Typ Reihenmotor Praga Doris M-20 B
Startleistung 162 kW

Flugleistungen
Höchstgeschwindigkeit
193 km/h (in 1000m)
180 km/h (in Seehöhe)
Marschgeschwindigkeit 175 km/h
Überführungsreichweite 720 km
Aktionsradius 250 km
Dienstgipfelhöhe 4500 m
Steiggeschwindigkeit 4,4 m/s
Landegeschwindigkeit 75 km/h
Startstrecke 225 m
Landestrecke 180 m

Bewaffnung
ohne

Ausrüstung
Doppelsteuerung, einfache Navigations- und Funkausrüstung, keine Freund-Feind-Kennung, Kabine mit insgesamt vier Sitzen

Bemerkungen
Zunächst als Schulflugzeug verwendet, für kurze Zeit auch als Kurier- und Verbindungsmaschine. 1962 wurden die aus tschechoslowakischer Produktion stammenden Flugzeuge sämtlich an die zivile Luftfahrt übergeben (Agrarflug).

LET Aero 45

Verwendung Kurierflugzeug
Besatzung 1 (bis 3 Passagiere)
Erstflug Prototyp 21. Juli 1947
Erstflug Serienmuster 1949
Einsatzzeitraum 1957 – 1964
Stückzahl 4
Haupteinsatztruppenteil VS-14
Anzahl am 30. September 1990 0

Abmessungen
Spannweite 12,25 m
Länge 7,54 m
Höhe 2,35 m
Flügelfläche 17,09 m^2

Massen
Leermasse 960 kg
Startmasse 1600 kg
max. Startmasse 1700 kg
Waffenzuladung 0
Kraftstoffvorrat 190 l
Nutzmasse 640 kg

Antrieb
Art/Typ 2 Reihenmotoren Walter Minor 4-III
Startleistung 2 x 77 kW

Flugleistungen
Höchstgeschwindigkeit 285 km/h
250 km/h (in Seehöhe)
Marschgeschwindigkeit 235 km/h
Überführungsreichweite 1600 km
Aktionsradius 400 km
Dienstgipfelhöhe 4350 m
Steiggeschwindigkeit 5 m/s
Landegeschwindigkeit 100 km/h
Startstrecke 220 m
Landestrecke 250 m

Bewaffnung
ohne

Ausrüstung
einfache Funk- und Navigationsausrüstung; für Nacht- und Schlechtwetterflüge bedingt geeignet; keine Freund-Feind-Kennung; Zugang zur Kabine mit Hilfe von zwei nach oben zu bewegenden Klappen; vorn Sitze, hinten Sitzbank

Bemerkungen
1957 übernahmen die Luftstreitkräfte von der DDR-Lufthansa die ersten beiden Aero 45, 1959 folgten zwei weitere (die Lufthansa besaß insgesamt 6 Aero 45). Der Typ genügte militärischen Anforderungen nicht. Nach Absturz einer Aero 45 Aussonderung. Übergabe einer der aus tschechoslowkischer Produktion stammenden Maschinen an das Verkehrsmuseum Dresden, dort als Exponat mit gekürztem linkem Flügel und ziviler Kennung.

Antonow An-14 — NATO-Code COLT

Verwendung Kurierflugzeug
Besatzung 1 – 2 (6 – 7 Passagiere)
Erstflug Prototyp 15. März 1958
Erstflug Serienmuster 1965
Einsatzzeitraum 1966 – 1981
Stückzahl 4
Haupteinsatztruppenteil VS-14
Anzahl am 30. September 1990 0

Abmessungen
Spannweite 21,99 m
Länge 11,36 m
Höhe 4,63 m
Flügelfläche 39,72 m²

Massen
Leermasse 2600 kg
Startmasse 3270 kg
max. Startmasse 3750 kg
Waffenzuladung 0
Kraftstoffvorrat 385 l
Nutzmasse 600 – 720 kg

Antrieb
Art/Typ 2 Sternmotoren AI-14 RF
Startleistung 2 x 221 kW

Flugleistungen
Höchstgeschwindigkeit 220 km/h (in 1000 m)
Marschgeschwindigkeit 170 – 180 km/h
Überführungsreichweite 680 km
Aktionsradius 200 km
Dienstgipfelhöhe 4500 m
Steiggeschwindigkeit 5,1 m/s
Landegeschwindigkeit 80 km/h
Startstrecke 90 – 100 m
Landestrecke 110 m

Bewaffnung
ohne

Ausrüstung
umrüstbar: Salon mit 4 Plätzen, Passagierversion für 6 Plätze oder Frachtraum für Zuladung bzw. für 6 Verwundete auf Tragen; Platz für einen Passagier links im Cockpit; Doppelsteuerung möglich; Heckeinstieg

Bemerkungen
Die 995 wurde 1980 verschrottet, die 994 ging im gleichen Jahr zur Vorstartlinie Bautzen, die 996 im Jahre 1991 zum Militärhistorischen Museum Dresden, die 997 als Übungsgerät für den Chemischen Dienst nach Storkow.

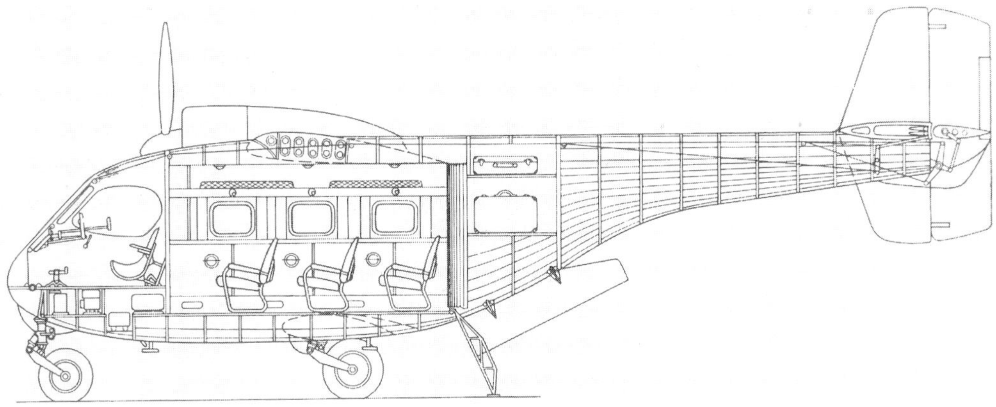

Antonow An-26 NATO-Code CURL

Verwendung Transportflugzeug
Besatzung 4
Erstflug Prototyp 1967
Erstflug Serienmuster 1968
Einsatzzeitraum ab 1980
Stückzahl 12
Haupteinsatztruppenteil TS-24
Anzahl am 30. September 1990 12

Abmessungen
Spannweite 29,20 m
Länge 23,80 m
Höhe 8,57 m
Flügelfläche 74,98 m²

Massen
Leermasse 15 400 kg
Startmasse 23 000 kg
max. Startmasse 24 600 kg
Waffenzuladung 0
Kraftstoffvorrat 7000 l

Antrieb
Art/Typ 2 PTL-Triebwerke AI-24 WT und 1 Strahltriebwerk RU-19 A-300
Startleistung 2 x 2074 kW + 7,85 kN

Flugleistungen
Höchstgeschwindigkeit
540 km/h (in 5000 m)
510 km/h (in Seehöhe)
Marschgeschwindigkeit 430 km/h
Überführungsreichweite 2350 km
Aktionsradius 1200 km
Dienstgipfelhöhe 7500 m
Steiggeschwindigkeit 7,2 m/s
Landegeschwindigkeit 195 km/h
Startstrecke 1360 m
Landestrecke 1280 m

Bewaffnung
ohne

Frachtraum
Nutzlast 5500 kg (oder 39 Soldaten mit Ausrüstung oder 30 Fallschirmspringer mit Ausrüstung oder 26 Verwundete auf Tragen)
Größe 2,34 m x 3,30 m (Bodenfreiheit 1,22 m; Laderaumvolumen 60 m³; Ladeluke unter den Rumpf zu schieben – am Boden und in der Luft)

Ausrüstung
Navigationsausrüstung für Flüge unter allen Wetterbedingungen; Ladegeschirr, Befestigungsvorrichtungen für Fracht, Abwurfautomatik

Bemerkungen
8 Maschinen in Frachtausführung mit 39 klappbaren Metallsitzen an den Seiten (inoffiziell: An-26T), 2 Maschinen mit 12 Sitzen und Tisch in der Kabine hinter dem Cockpit (An-26ST – Bordnummern 359 und 376). Eine Meßmaschine zur Kontrolle von Bodenflugsicherungsanlagen (369). Die 373 flog bis 30. September 1990 als Aufklärer.

Moravan Z-43

Verwendung Kurier- und Verbindungsflugzeug
Besatzung 1 (bis 3 Passagiere)
Erstflug Prototyp 10. November 1968
Erstflug Serienmuster 1969
Einsatzzeitraum 1973 – 1990
Stückzahl 12
Haupteinsatztruppenteile Verbindungsfliegereinheiten, Fliegerschule
Anzahl am 30. September 1990 0

Abmessungen
Spannweite 9,76 m
Länge 7,75 m
Höhe 2,91 m
Flügelfläche 14,50 m^2

Massen
Leermasse 730 kg
Startmasse 1000 kg
max. Startmasse 1350 kg
Waffenzuladung 0
Kraftstoffvorrat 230 l

Antrieb
Art/Typ Reihenmotor M 337 A
Startleistung 154 kW

Flugleistungen
Höchstgeschwindigkeit 235 km/h (in 1000 m)
Marschgeschwindigkeit 210 km/h
Überführungsreichweite 1160 km
Aktionsradius 450 km
Dienstgipfelhöhe 3800 m
Steiggeschwindigkeit 3,5 m/s
Landegeschwindigkeit 110 km/h
Startstrecke 700 m
Landestrecke 590 m

Bewaffnung
ohne

Ausrüstung
einfache Navigations- und Funkausrüstung; Doppelsteuerung; Umrüstung für Segelflugzeugschlepp möglich

Bemerkungen
Bis auf die schrottreife Z-43 (Bordnummer 17) sind bis zum 30. September 1990 alle diese aus tschechoslowakischer Produktion stammenden Maschinen von der NVA an die Firma Sächsische Luftfahrt Service GmbH Kamenz verkauft worden.

LET L-410 UVP

Verwendung Passagier-, Kurier- und Schulflugzeug
Besatzung 2 (bis 15 Passagiere)
Erstflug Prototyp 16. April 1968
Erstflug Serienmuster 1979 (UVP)
Einsatzzeitraum ab 1980
Stückzahl 12
Haupteinsatztruppenteile VS-14, TAS-45
Anzahl am 30. September 1990 12

Abmessungen
Spannweite 19,48 m
Länge 14,47 m
Höhe 5,38 m
Flügelfläche 35,20 m^2

Massen
Leermasse 3700 kg
Startmasse 5500 kg
max. Startmasse 5800 kg
Waffenzuladung 0
Kraftstoffvorrat 1270 l

Antrieb
Art/Typ 2 PTL-Triebwerke Walter M-601B
Startleistung 2 x 544 kW

Flugleistungen
Höchstgeschwindigkeit 368 km/h (in 2000 m)
Marschgeschwindigkeit 310 – 320 km/h
Überführungsreichweite 1040 km
Aktionsradius 350 – 400 km
Dienstgipfelhöhe 6000 m
Steiggeschwindigkeit 7,8 m/s
Landegeschwindigkeit 135 km/h
Startstrecke 350 – 550 m
Landestrecke 250 – 450 m

Bewaffnung
ohne

Frachtraum
15 Passagiere oder 12 Fallschirmspringer oder 1000-kg-Lastcontainer oder 6 Verwundete auf Tragen oder 1310 kg Fracht

Ausrüstung
2 automatische Funkkompasse; 2 Funkstationen; Funkhöhenmesser; Flugdatenschreiber; Geräte für Instrumentenlandesystem; klappbare Tür in Passagierausführung, aufschiebbares Ladetor (1,25 x 1,46 m) in Transportversion

Bemerkungen
Die 4 L-410 UVP der VS-14 flogen in der Passagierausführung, die 8 der TAS-45 in der Transport- und Schulausführung, auch mit Ausrüstung zur Ausbildung von Steuerleuten. Die L-410 wurde in der Tschechoslowakei gefertigt.

Iljuschin Il-18W — NATO-Code COOT

Verwendung Passagierflugzeug
Besatzung 5 + Stewardessen (bis 60 Passagiere)
Erstflug Prototyp 4. Juli 1957
Erstflug Serienmuster 1958
Einsatzzeitraum 1960 – 1974
Stückzahl 6
Haupteinsatztruppenteil Regierungsstaffel
Anzahl am 30. September 1990 0

Abmessungen
Spannweite 37,40 m
Länge 35,90 m
Höhe 10,16 m
Flügelfläche 140,00 m^2

Massen
Leermasse 26570 kg
Startmasse 45300 kg
max. Startmasse 61200 kg
Waffenzuladung 0
Kraftstoffvorrat 23700 kg
Nutzmasse 13000 kg

Antrieb
Art/Typ 4 PTL-Triebwerke AI-20K
Startleistung 4 x 3075 kW

Flugleistungen
Höchstgeschwindigkeit 685 km/h
640 km/h (in Seehöhe)
Marschgeschwindigkeit 620 – 640 km/h
Überführungsreichweite 5000 km
Aktionsradius 2000 km
Dienstgipfelhöhe 10000 m
Steiggeschwindigkeit 8 – 10,5 m/s
Landegeschwindigkeit 190 km/h
Startstrecke 1200 m
Landestrecke 800 – 900 m

Bewaffnung
ohne

Ausrüstung
für Flüge unter allen Wetterbedingungen tags und nachts; Radargerät unter Plastikverkleidung im Bug; mit ziviler Bemalung: hinten Schlafraum, Mitte Sitze, vorn Konferenzraum

Bemerkungen
Die Regierungsstaffel benutzte jeweils 2 Il-18 gleichzeitig, bei Zuführung neuer Maschinen gab man die gebrauchten an die INTERFLUG.

Ziviler Kenner	milit. Kenner	Werknummer
DM-STD	493	180002302
DM-STP	497	184007401
DM-STE	499	182005101
DM-STH	IF-Bemalung	184007305
DM-STI	IF-Bemalung	185008404
DM-STM	IF-Bemalung	188010805

Die DM-STM war eine IL-18D mit größerer Reichweite.

Tupolew Tu-124W NATO-Code COOKPOT

Verwendung Passagierflugzeug
Besatzung 3 + Stewardessen (bis 56 Passagiere)
Erstflug Prototyp Juni 1960
Erstflug Serienmuster 1961
Einsatzzeitraum 1964 – 1975
Stückzahl 3
Haupteinsatztruppenteil Regierungsstaffel
Anzahl am 30. September 1990 0

Abmessungen
Spannweite 25,55 m
Länge 30,58 m
Höhe 8,08 m
Flügelfläche 119,37 m²

Massen
Leermasse 22900 kg
Startmasse 36500 kg
max. Startmasse 37500 kg
Waffenzuladung 0
Kraftstoffvorrat 13120 l
Nutzmasse 6000 kg

Antrieb
Art/Typ 2 Zweiwellen-Mantelstrom-Strahltriebwerke D-20P
Startleistung 2 x 52,9 kN

Flugleistungen
Höchstgeschwindigkeit 970 km/h
900 km/h (in Seehöhe)
Marschgeschwindigkeit 800 – 870 km/h
Überführungsreichweite 1200 – 2100 km
Aktionsradius 450 – 550 km
Dienstgipfelhöhe 11500 m
Steiggeschwindigkeit 12 m/s
Landegeschwindigkeit 190 km/h
Startstrecke 1000 m
Landestrecke 900 m

Bewaffnung
ohne

Ausrüstung
für Flüge unter allen Wetterbedingungen tags/nachts; als VIP-Maschinen kombinierte Kabinenausstattung: vorn Salon, hinten Touristen-Klasse

Bemerkungen
Erstes Kurz/Mittelstreckenverkehrsflugzeug mit Zweiwellen-Mantelstrom-Triebwerken. Reichweite mit 6000 kg Nutzmasse 1220 km. Im Prinzip verkleinerte Tu-104, als Nachfolgerin der Il-14 von Tupolew konzipiert. Start und Landung auf Rasenbahnen möglich. Eine Tu-124 mit militärischem Kenner, zwei mit zivilem. 1975 Verkauf der Maschinen an die AEROFLOT.

Kenner	Werknummer
495	1505
DM-SDA	1508
DM-SDB	1708

Tupolew Tu-134 — NATO-Code CRUSTY

Verwendung Passagierflugzeug
Besatzung 4 + Stewardessen (bis 72 Passagiere)
Erstflug Prototyp Herbst 1963
Erstflug Serienmuster 1965
Einsatzzeitraum 1969 – 1974
Stückzahl 4
Haupteinsatztruppenteil Regierungsstaffel
Anzahl am 30. September 1990 0

Abmessungen
Spannweite 29,01 m
Länge 34,95 m
Höhe 9,02 m
Flügelfläche 127,30 m^2

Massen
Leermasse 26 500 kg
Startmasse 44 000 kg
max. Startmasse 45 000 kg
Waffenzuladung 0
Kraftstoffvorrat 13 000 l

Antrieb
Art/Typ 2 Zweikreis-Strahltriebwerke D-30
Startleistung 2 x 66,68 kN

Flugleistungen
Höchstgeschwindigkeit 870 km/h
810 km/h (in Seehöhe)
Marschgeschwindigkeit 800 km/h
Überführungsreichweite 2400 – 3000 km
Aktionsradius 1000 km
Dienstgipfelhöhe 11 000 m
Steiggeschwindigkeit 15 m/s
Landegeschwindigkeit 240 km/h
Startstrecke 1200 – 2000 m
Landestrecke 1500 – 2000 m

Bewaffnung
ohne

Frachtraum
Nutzmasse 7700 kg
Volumen 13,0 m^3 (Frachträume)
58,1 m^3 (Passagierkabine)

Ausrüstung
für Flüge unter allen Wetterbedingungen tags/nachts; Kollisionsradar im Bug; thermische Enteisung; Triebwerke ohne Schubumkehr; in der NVA in Salonausstattung mit geringer Anzahl von Sitzen geflogen

Bemerkungen
Von den 4 Tu-134 der NVA flogen 3 in den Farben der INTERFLUG (DM-SCE, DM-SCF, DM-SCG), eine mit militärischen Zeichen und Bordnummer 177 (Werknummer 0913). Die INTERFLUG erhielt nach der zweiten Werkinstandsetzung alle 4 Tu-134 (177 als DM-SCZ am 1. Dezember 1975).

Tupolew Tu-134 A — NATO-Code CRUSTY

Verwendung Passagierflugzeug
Besatzung 3 – 4 + Stewardessen (bis 74 Passagiere)
Erstflug Prototyp 1969
Erstflug Serienmuster 1970
Einsatzzeitraum ab 1971
Stückzahl 21
Haupteinsatztruppenteil TFG-44
Anzahl am 30. September 1990 3

Abmessungen
Spannweite 29,01 m
Länge 37,32 m
Höhe 9,14 m
Flügelfläche 127,30 m^2

Massen
Leermasse 28600 kg
Startmasse 44500 kg
max. Startmasse 47500 kg
Waffenzuladung 0
Kraftstoffvorrat 18000 l
Nutzmasse 8500 kg

Antrieb
Art/Typ 2 Zweikreis-Strahltriebwerke D-30-II
Startleistung 2 x 69,38 kN

Flugleistungen
Höchstgeschwindigkeit 900 km/h 880 km/h (in Seehöhe)
Marschgeschwindigkeit 800 km/h
Überführungsreichweite 3700 km
Aktionsradius 1000 km
Dienstgipfelhöhe 12000 m
Steiggeschwindigkeit 14,5 m/s
Landegeschwindigkeit etwa 240 km/h
Startstrecke 1200 – 2000 m
Landestrecke 1200 – 1600 m

Bewaffnung
ohne

Ausrüstung
für Flüge unter allen Wetterbedingungen tags/nachts; Kollisionsradar; Triebwerke mit Schubumkehr; Turboaggregat TA-8 als Hilfsenergieanlage im Heck; Ausstattung in der Salonversion mit 34 Plätzen

Bemerkungen
Ein Teil der Tu-134 A hat einen verglasten Bug für den Navigator, bei einem Teil besteht die Bugspitze aus einer Radarnase. Mit Radarnase ab 1978 ausgeliefert. Der Navigator findet in dieser Version hinter dem Copiloten Platz, die Navigations- und Funkausrüstung wurde verbessert, ein neues automatisches Bordsteuersystem ist vorhanden.

Iljuschin Il-62M — NATO-Code CLASSIC

Verwendung Langstrecken-Passagierflugzeug
Besatzung 5 + Stewardessen (bis 168 Passagiere)
Erstflug Prototyp 1960
Erstflug Serienmuster 1962 (Il-62M ab 1970)
Einsatzzeitraum ab November 1978
Stückzahl 5
Haupteinsatztruppenteil TFG-44
Anzahl am 30. September 1990 3

Abmessungen
Spannweite 43,20 m
Länge 53,12 m
Höhe 12,35 m
Flügelfläche 279,62 m²

Massen
Leermasse 69400 kg
Startmasse 155000 kg
max. Startmasse 167000 kg
Waffenzuladung 0
Kraftstoffvorrat 105000 l
Nutzmasse 23000 kg

Antrieb
Art/Typ 4 Zweistrom-Strahltriebwerke D-30KU
Startleistung 4 x 107,8 kN

Flugleistungen
Höchstgeschwindigkeit 950 km/h
850 km/h (in Seehöhe)
Marschgeschwindigkeit 800 – 900 km/h
Überführungsreichweite 10000 km
Aktionsradius 4000 km
Dienstgipfelhöhe 12000 m
Steigzeit 1000 m in 10 min
Steiggeschwindigkeit 16,8 m/s
Landegeschwindigkeit 240 km/h
Startstrecke 1800 – 2200 m
Landestrecke 1900 – 2300 m

Bewaffnung
ohne

Ausrüstung
für Flüge unter allen Wetterbedingungen tags/nachts; gegenüber Il-62 verbesserte Navigations- und Funkausrüstung; vor Leitwerkflosse zusätzlicher 5000-l-Tank; 2 Triebwerke mit Schubumkehr; ausfahrbare Stütze im Heck als Bodensicherung gegen Hecklastigkeit

Bemerkungen
Als 4. Staffel des TFG-44 in Diepensee/Schönefeld stationiert. Bestuhlung der Il-62M wurde nach Bedarf geändert. Stand 30. September 1990:
DDR-SEN – 127 Sitzplätze (Halbvariante)
DDR-SEP – 168 Sitzplätze (Touristenvariante)
DDR-SEV – 55 Sitzplätze (Salonvariante)
Im Salonteil abgeschlossene Kabine mit zwei Schlafgelegenheiten.

Tupolew Tu-154 M — NATO-Code CARRLESS

Verwendung Mittel/Langstrecken-Passagierflugzeug
Besatzung 3 + Stewardessen (bis 105 Passagiere)
Erstflug Prototyp 3. Oktober 1968
Erstflug Serienmuster 1969
Einsatzzeitraum ab April 1989
Stückzahl 2
Haupteinsatztruppenteil TFG-44
Anzahl am 30. September 1990 2

Abmessungen
Spannweite 37,55 m
Länge 48,00 m
Höhe 11,40 m
Flügelfläche 201,45 m²

Massen
Leermasse 55 800 kg
Startmasse 90 000 kg
max. Startmasse 100 000 kg
Waffenzuladung 0
Kraftstoffvorrat 50 300 l
Nutzmasse 20 000 kg

Antrieb
Art/Typ 3 Zweistrom-Strahltriebwerke D-30 KU-154
Startleistung 3 x 105 kN

Flugleistungen
Höchstgeschwindigkeit 950 km/h
850 km/h (in Seehöhe)
Marschgeschwindigkeit 850 km/h
Überführungsreichweite 6300 km (bei 4000 kg Nutzmasse)
Aktionsradius 2500 km
Dienstgipfelhöhe 12 000 m
Steiggeschwindigkeit 15 m/s
Landegeschwindigkeit 230 km/h
Startstrecke 2500 m
Landestrecke 2500 m

Bewaffnung
ohne

Ausrüstung
für Flüge unter allen Wetterbedingungen tags/nachts; automatischer Landeanflug nach II. ICAO-Kategorie; 2 Triebwerke mit Schubumkehr; Hilfstriebwerk im Heck; Frachtraum mit mechanischer Ladeeinrichtung; gegenüber Vorgängern umgearbeitete Heckflächen; Spoiler größer

Bemerkungen
Auch als Tu-164 bezeichnet. Beide Tu-154 im Lieferzustand mit je 57 Plätzen. Nach Umrüstung in drei Grundarten geflogen: Standardvariante mit 69 Plätzen, Optimalvariante mit 91 und Maximalvariante mit 105 Plätzen. Im 1. Salon Tisch und Sessel.

PZL SM-1 (Mil Mi-1) NATO-Code HARE

Verwendung Mehrzweckhubschrauber
Besatzung 1 – 2 (bis 2 Passagiere)
Erstflug Prototyp September 1948
Erstflug Serienmuster 1950
Einsatzzeitraum 1958 – August 1972
Stückzahl 22
Haupteinsatztruppenteile Fliegerschule Dessau, Brandenburg-Briest, Grenzketten
Anzahl am 30. September 1990 0

Abmessungen
Tragschraubendurchmesser 14,30 m
Länge 12,10 m (Rumpf)
16,95 m (über alles)
Höhe 3,30 m
Rotorkreisfläche 161,56 m^2

Massen
Leermasse 1800 kg
Startmasse 2300 kg
Masse Außenlast 0
max. Startmasse 2400 kg
Waffenzuladung 0
Kraftstoffvorrat 260 l + Zusatzbehälter 160 l
Nutzmasse 300 kg

Antrieb
Art/Typ Sternmotor AI-26W
Startleistung 422 kW

Flugleistungen
Höchstgeschwindigkeit
185 km/h (in 2000 m)
170 km/h (in Seehöhe)
Marschgeschwindigkeit 130 – 145 km/h
Überführungsreichweite 620 km
Aktionsradius 200 km
Dienstgipfelhöhe 3000 m
Steigzeit 1000 m in 4,5 min
Steiggeschwindigkeit 6,5 m/s (schräg)

Bewaffnung
ohne

Ausrüstung
einfache Navigationsausrüstung, UKW-Funkgerät, Funkhalbkompaß oder Funkkompaß, Gyrokompaß GIK-1, Funkhöhenmesser RW-2; kein Freund-Feind-Kennungsgerät; SM-1 mit Handtrimmung; Zusatzbehälter links möglich; Triebwerk horizontal hinter Kabine

Bemerkungen
Von den 22 Hubschraubern waren 12 SM-1, 4 Mi-1M (an jede Seite eine Gondel für einen Verwundeten anhängbar, durch Luke von Sanitäter aus Hubschrauber zu betreuen) und 6 Schulhubschrauber SM-1U mit nach hinten versetztem Platz des Fluglehrers. Zunächst Produktion in Kiew, ab Mitte 1956 Montage und ab 1957 Lizenzproduktion in Polen als SM-1 (smieglowiec 1 – Hubschrauber 1). Die Mi-1M besaß eine Hydraulikanlage, eine größere Kabine, verbesserte Steueranlage, modernisierte Navigationseinrichtung und einen elektrischen Trimmer. Bis zum 30. September 1990 befand sich eine SM-1U an der historischen Vorstartlinie Bautzen.

Mil Mi-2 NATO-Code HOPLITE

Verwendung Mehrzweck- und Schulhubschrauber
Besatzung 2
Erstflug Prototyp 1961
Erstflug Serienmuster 1963
Einsatzzeitraum ab April 1972
Stückzahl 44
Haupteinsatztruppenteile THG-34, HAG-35, HSFA-3, -5, HS-16
Anzahl am 30. September 1990 36

Abmessungen
Tragschraubendurchmesser 14,56 m
Länge 11,94 m (Rumpf)
17,42 m (über alles)
Höhe 3,75 m
Rotorkreisfläche 165,00 m^2

Massen
Leermasse 2365 kg
Startmasse 3550 kg
Masse Außenlast 800 kg
max. Startmasse 3700 kg
Waffenzuladung 200 kg
Kraftstoffvorrat 600 l + Zusatzbehälter 470 l

Antrieb
Art/Typ 2 Gasturbinentriebwerke GTD-350
Startleistung 2 x 294 kW

Flugleistungen
Höchstgeschwindigkeit
250 km/h (in 500 m)
210 km/h (in Seehöhe)
Marschgeschwindigkeit 180 km/h
Überführungsreichweite 580 km
Aktionsradius 250 km
Dienstgipfelhöhe 4000 m
Steigzeit 1000 m in 5,5 min
Steiggeschwindigkeit 4,5 m/s

Bewaffnung
4 MG 7,62 mm PKT paarweise seitlich außen, zusätzlich 1 MG PKT in der Türöffnung; oder 2 Blöcke MARS S-2 mit je 16 ungelenkten Luft-Luft-Raketen S-5 (57 mm) oder 2 Bomben je 100 kg; Munitionsvorrat je MG: 500 Patronen

Frachtraum
Nutzlast 700 kg (oder 7 Personen oder 4 Verwundete auf Tragen)
Größe 2,58 x 1,30 x 1,03/1,47 m

Ausrüstung
für Flüge unter schwierigen Bedingungen tags/nachts; Elektrowinde mit Tragfähigkeit 120 kg; Doppelsteuerung

Bemerkungen
Bewaffnet hieß die Mi-2 Variante 56; Variante 55 wurde die Mi-2 See genannt, für Fotoflüge wurde die Variante 51 eingesetzt: Kameraluken, Astrokuppel in Kabinentür, Navigator/Luftbildtechniker an Bord. Die Mi-2 mit der Bordnummer 381 wurde mit Flak-Fernrohr vorn beim 2. Hubschrauberführer oder im Laderaum mit Artilleriebeobachter für die Landstreitkräfte eingesetzt. Die 386 war für funkelektronische Aufgaben ausgerüstet.

Mil Mi-4 A/S — NATO-Code HOUND

Verwendung Mehrzweckhubschrauber
Besatzung 3
Erstflug Prototyp April 1952
Erstflug Serienmuster 1952
Einsatzzeitraum 1956/57 – 1978
Stückzahl 32
Haupteinsatztruppenteile Fliegerschule Dessau, Brandenburg-Briest, Seefliegerstaffel
Anzahl am 30. September 1990 0

Abmessungen
Tragschraubendurchmesser 21,00 m
Länge 16,79 m (Rumpf)
25,02 m (über alles)
Höhe 4,40 m
Rotorkreisfläche 349,49 m^2

Massen
Leermasse 4900 kg
Startmasse 7150 kg
Masse Außenlast 1300 kg
max. Startmasse 7550 kg
Waffenzuladung 1000 kg
Kraftstoffvorrat 960 l + Zusatzbehälter 500 l

Antrieb
Art/Typ Doppelsternmotor ASch-82 W
Startleistung 1250 kW

Flugleistungen
Höchstgeschwindigkeit
200 km/h (in 500 – 1000 m)
175 km/h (in Seehöhe)
Marschgeschwindigkeit 140 – 155 km/h
Überführungsreichweite 650 km
Aktionsradius 200 – 250 km
Dienstgipfelhöhe 5500 m
Steigzeit 1000 m in 4,3 min, 3000 m in 14,5 min
Steiggeschwindigkeit 6,5 m/s (schräg)

Bewaffnung
1 MG 12,7 mm A-12,7 (TKB 481) mit 200 bis 250 Patronen in Bodenwanne (Schwenkbereich vertikal 0° bis -55°, horizontal $\pm 30^\circ$), bedient vom Bordtechniker; Aufhängevorrichtung für Schützenwaffen in Seitenfenstern

Frachtraum
Nutzlast 1740 kg (oder bis 14 Passagiere oder 8 Verwundete auf Tragen)
Größe 4,15 x 1,78 x 1,80 m

Ausrüstung
Heckladetor mit Auffahrrampe für Fahrzeug bis Jeep-Größe; Elektrowinde mit 40-m-Seil zur Aufnahme 150 kg schwerer Lasten aus Standschwebe; Gleitbahnen zum Verlegen von Minen; Schlauchboot, Netzboje, zusätzliche Funkausrüstung bei SAR-Einsätzen

Bemerkungen
Mit der Bordnummer 563 flog im Zeitraum 1965 bis 1973 eine Salonmaschine Mi-4 S: ohne Bodenwanne, eckige Fenster, Sitzbank, Sessel für 6 bis 7 Personen, Tisch, Garderobe und Bordküche. Die Flugleistungen der etwas schwereren Mi-4 S (7315 kg Startmasse) entsprachen denen der Mi-4 A. Zeitweilig flogen 4 Mi-4 A mit zivilen Kennern bei der DDR-Luftverkehrsgesellschaft (MG ausgebaut, als Mi-4 T bezeichnet, an NVA zurückgegeben).

563

528
17

Mil Mi-4MÄ NATO-Code HOUND B

Verwendung U-Jagd-Hubschrauber
Besatzung 3
Erstflug Prototyp etwa 1962
Erstflug Serienmuster etwa 1963
Einsatzzeitraum März 1965 – April 1977
Stückzahl 4
Haupteinsatztruppenteil MHG-18
Anzahl am 30. September 1990 0

Abmessungen
Tragschrauberdurchmesser 21,00 m
Länge 16,79 m (Rumpf)
25,01 m (über alles)
Höhe 4,40 m
Rotorkreisfläche 349,49 m^2

Massen
Leermasse 5365 kg
Startmasse 7290 kg
Masse Außenlast 0
max. Startmasse 7575 kg
Waffenzuladung 1000 kg
Kraftstoffvorrat 960 l +
Zusatzbehälter 500 l

Antrieb
Art/Typ Doppelsternmotor ASch-82W
Startleistung 1250 kW

Flugleistungen
Höchstgeschwindigkeit
185 km/h (in 500 m)
170 km/h (in Seehöhe)
Marschgeschwindigkeit 140 km/h
Überführungsreichweite 370 km
Aktionsradius 150 km
Dienstgipfelhöhe 4000 m
Steigzeit 4000 m in 7 min
Steiggeschwindigkeit 3,9 m/s

Bewaffnung
4 Bomben je 250 kg oder 6 je 100 kg oder 8 je 50 kg oder entsprechende Anzahl kleinkalibriger Bomben im Laderaum, Außenbord Orientierungsbomben (Grünfärbung Kontaktstelle U-Boot)

Ausrüstung
wie Mi-4A/S, zusätzlich topfförmiges Funkmeßgerät unter dem Bug, darüber Suchscheinwerfer, verkürzte und stärker verglaste Wanne ohne MG unter dem Rumpf für den Steuermann, unter dem Heck befestigtes, abscnkbares Magnetortungsgerät zur U-Boot-Suche

Bemerkungen
Laut Vorschrift Mi-4MÄ (russisch: maritimer Exporthubschrauber), meist aber nur Mi-4M genannt. Andere Stromversorgung und stärkerer Generator, außerdem gegenüber Mi-4A Luke im Heck, um über Seilzug, oder pneumatisch betätigt, aufblasbares Schlauchboot zu Wasser zu lassen (mit kompletter Seenotausrüstung). Besatzung flog immer mit Schwimmweste.

Mil Mi-8T NATO-Code HIP

Verwendung bewaffneter Transporthubschrauber
Besatzung 3
Erstflug Prototyp 17. September 1962
Erstflug Serienmuster 1963
Einsatzzeitraum ab August 1968
Stückzahl 52
Haupteinsatztruppenteil THG-34
Anzahl am 30. September 1990 49

Abmessungen
Tragschraubendurchmesser 21,29 m
Länge 18,31 m (Rumpf)
25,28 m (über alles)
Höhe 5,65 m
Rotorkreisfläche 355,81 m²

Massen
Leermasse 7160 kg
Startmasse 11100 kg
Masse Außenlast 2500 kg
max. Startmasse 12000 kg
Waffenzuladung 660 kg
Kraftstoffvorrat 1870 l +
2 Zusatzbehälter von je 500 l

Antrieb
Art/Typ 2 Gasturbinentriebwerke TW-2-117A
Startleistung 2 x 1104 kW
Marschleistung 2 x 883 kW

Flugleistungen
Höchstgeschwindigkeit 250 km/h (in Seehöhe)
Marschgeschwindigkeit 225 km/h
Überführungsreichweite 930 km
Aktionsradius 350 km
Dienstgipfelhöhe 4500 m
Steiggeschwindigkeit 4,5 m/s

Bewaffnung
4 Behälter mit je 16 ungelenkten Luft-Boden-Raketen S-5 (57 mm); in der Einstiegstür sowie in den drei Fenstern lassen sich das lMG bzw. die MPi der an Bord genommenen Schützen befestigen

Frachtraum
Nutzmasse 4000 kg
Größe 5,16 x 2,14 x 1,80 m

Ausrüstung
für Flüge unter allen Wetterbedingungen tags/nachts; mit Zusatzausrüstung für SAR-Einsatz geeignet; über Heckluke Aufnahme von Fahrzeugen bis Jeep-Größe; Außenlastwinde; Gleitbahnen zum Verlegen von Minen; Autopilot; Freund-Feind-Kennung

Bemerkungen
Zunächst unbewaffnet verwendet, ab 1971 mit Abschußblöcken für S-5; Klappsitze aus Metall für 22 Soldaten; zur Reichweitenerhöhung mit einem, für Überführungen mit zwei Zusatzbehältern ausgerüstet.

noch Mi-8 T.

Mil Mi-8S NATO-Code HIP

Verwendung Salon-/Passagierhubschrauber
Besatzung 3 – 4
Erstflug Prototyp 1962
Erstflug Serienmuster 1963
Einsatzzeitraum ab 1969
Stückzahl 26
Haupteinsatztruppenteile TFG-44, HAG-35
Anzahl am 30. September 1990 11 Mi-8S
13 Mi-8(PS)

Abmessungen
Tragschraubendurchmesser 21,29 m
Länge 18,31 m (Rumpf)
25,28 m (über alles)
Höhe 5,65 m
Rotorkreisfläche 355,81 m²

Massen
Leermasse 7420 kg
Startmasse 10 400 kg
Masse Außenlast 0
max. Startmasse 12 000 kg
Waffenzuladung 0
Kraftstoffvorrat 2615 l

Antrieb
Art/Typ 2 Gasturbinentriebwerke TW-2-117A
Startleistung 2 x 1104 kW
Marschleistung 2 x 883 kW

Flugleistungen
Höchstgeschwindigkeit 250 km/h (in Seehöhe)
Marschgeschwindigkeit 225 km/h
Überführungsreichweite 480 km
Aktionsradius 230 km
Dienstgipfelhöhe 4500 m
Steiggeschwindigkeit 4,5 m/s

Bewaffnung
ohne

Frachtraum
Nutzmasse 4000 kg
Größe 4,84 x 2,14 x 1,82 m

Ausrüstung
Navigations- und Funkausrüstung wie Mi-8T; Fluggastkabine besser isoliert; eingerichtet mit Sesseln, Tisch und Sitzbank (6 – 11) Plätze, Garderobe, Toilette und zweitem Einstieg im Heck (Tür klappt nach oben und unten, mit Treppe)

Bemerkungen
Die Mi-8S des Regierungsgeschwaders wurden nach Erreichen einer bestimmten Anzahl von Flugstunden auf die Standardausstattung umgerüstet und an die Truppe übergeben. In der Statistik werden sie als Mi-8 oder Mi-8(PS) oder (S) geführt. Äußerliches Kennzeichen dieser Hubschrauber: eckige Fenster.

Mil Mi-8TB NATO-Code HIP E

Verwendung Kampfhubschrauber
Besatzung 3
Erstflug Prototyp 1975
Erstflug Serienmuster 1976
Einsatzzeitraum ab Februar 1977
Stückzahl 39
Haupteinsatztruppenteile KHG-3, -5, MFG-18
Anzahl am 30. September 1990 36

Abmessungen
Tragschraubendurchmesser 21,29 m
Länge 18,31 m (Rumpf)
25,28 m (über alles)
Höhe 5,65 m
Rotorkreisfläche 355,81 m^2

Massen
Leermasse 7422 kg
Startmasse 11564 kg
Masse Außenlast 2000 kg
max. Startmasse 12000 kg
Waffenzuladung 1821 kg
Kraftstoffvorrat 1870 l + Zusatzbehälter 915 l

Antrieb
Art/Typ 2 Gasturbinentriebwerke TW-2-117A
Startleistung 2 x 1104 kW
Marschleistung 2 x 883 kW

Flugleistungen
Höchstgeschwindigkeit 245 km/h (in Seehöhe)
Marschgeschwindigkeit 205 – 220 km/h
Überführungsreichweite 775 km
Aktionsradius 200 km
Dienstgipfelhöhe 4500 m
Steiggeschwindigkeit 4,5 m/s

Bewaffnung
1 MG 12,7 mm A-12,7 mit 700 Patronen, 6 Panzerabwehrlenkraketen, 6 Blöcke UB-32A (je 32 ungelenkte Luft-Boden-Raketen S-5, 57 mm) oder 6 Bomben je 250 kg oder 4 Bomben je 250 kg und 2 UB-32A oder 2 Bomben 500 kg oder Kombinationen, auch Brandbehälter

Frachtraum
Nutzmasse 3600 kg
Größe 5,34 x 2,20 x 1,82 m

Ausrüstung
Navigations- und Funkausrüstung wie Mi-8T/S, zusätzlich Zielgeräte für Mechaniker (in Mitte, bedient MG) und 2. Hubschrauberführer/Operateur rechts für Panzerabwehrlenkraketen und Bomben; ungelenkte Raketen werden durch 1. Hubschrauberführer gestartet

Bemerkungen
Möglichkeit der schnellen Umrüstung in Luftlande- oder Transportvariante (22 Soldaten/12 Verwundete auf Tragen + Sanitäter/3000 kg Fracht in Verzurrung/2000 kg Außenlast) oder Variante für vergrößerte Reichweite oder Überführung.

Mil Mi-9 — NATO-Code HIP G

Verwendung Führungshubschrauber
Besatzung 3–6
Erstflug Prototyp etwa 1982/83
Erstflug Serienmuster etwa 1983
Einsatzzeitraum ab Mai 1984
Stückzahl 8
Haupteinsatztruppenteile KHG-3, -5
Anzahl am 30. September 1990 8

Abmessungen
Tragschraubendurchmesser 21,29 m
Länge 18,31 m (Rumpf)
25,28 m (über alles)
Höhe 5,65 m
Rotorkreisfläche 355,81 m^2

Massen
Leermasse 7500 kg
Startmasse 11000 kg
Masse Außenlast 0
max. Startmasse 12000 kg
Waffenzuladung 0
Kraftstoffvorrat 2615 l

Antrieb
Art/Typ 2 Gasturbinentriebwerke TW-2-117A
Startleistung 2 x 1104 kW
Marschleistung 2 x 883 kW

Flugleistungen
Höchstgeschwindigkeit 250 km/h (in Seehöhe)
Marschgeschwindigkeit 215–235 km/h
Überführungsreichweite 480 km
Aktionsradius 200 km
Dienstgipfelhöhe 4500 m
Steiggeschwindigkeit 4,5 m/s

Bewaffnung
ohne

Ausrüstung
Navigations- und Funkausrüstung wie Mi-8T/S; zusätzlich Funkgeräte KW R-886, UKW R-802 und R-111 sowie Richtfunk R-405; Bordnachrichtenzentrale; Vermittlungs- und Chiffriergeräte; fahrbares Triebwerk AI-8 mit Gleichstromgenerator GS-24A zur Stromversorgung am Boden; Antennen

Bemerkungen
Als fliegende Kommandozentrale für Stäbe der Landstreitkräfte ab Division aufwärts vorgesehen. Unterteilung in drei Arbeitsräume: Nachrichtenzentrale, operative Gruppe mit Kartentisch und Übersichtstafeln, Gerätesektion mit Stromaggregat und Bodenantennen. Äußerliche Kennzeichen: zusätzliche Antennen im Heckbereich, runde Fenster, Einstiegstür im Heck. Verwendet im Bestand Hubschrauberstaffeln der Führung und Aufklärung in Cottbus und Basepohl, damit direkt den Stäben der Militärbezirke Leipzig und Neubrandenburg unterstellt: selten eingesetzt.

Mil Mi-24D NATO-Code HIND D

Verwendung Kampfhubschrauber
Besatzung 2 – 3
Erstflug Prototyp etwa 1972
Erstflug Serienmuster 1973
Einsatzzeitraum ab August 1978
Stückzahl 42
Haupteinsatztruppenteile KHG-3, -5
Anzahl am 30. September 1990 39

Abmessungen
Tragschraubendurchmesser 17,30 m
Länge 17,51 m (Rumpf)
19,79 m (über alles)
Höhe 4,44 m
Rotorkreisfläche 235,00 m^2

Massen
Leermasse 8500 kg
Startmasse 11200 kg
Masse Außenlast 2000 kg
max. Startmasse 11500 kg
Waffenzuladung 2400 kg
Kraftstoffvorrat 2130 l + 2 Zusatzbehälter von je 850 l im Laderaum

Antrieb
Art/Typ 2 Gasturbinentriebwerke TW-3-117 III. Serie
Startleistung 2 x 1545 kW
Marschleistung 2 x 1250 kW

Flugleistungen
Höchstgeschwindigkeit
330 km/h (in 1000m)
300 km/h (in Seehöhe)
Marschgeschwindigkeit 260 km/h
Überführungsreichweite 750 km
Aktionsradius 250 km
Dienstgipfelhöhe 4500 m
Steigzeit 1000 m in 1,8 min
Steiggeschwindigkeit 12,5 – 9,6 m/s

Bewaffnung
1 Vierlings-MG JakB-12,7, Kaliber 12,7 mm, Kampfsatz 1470 Patronen, 4 Panzerabwehrlenkraketen und 128 57-mm-Luft-Boden-Raketen oder Bomben oder Brandmittelbehälter (4 Bomben je 250 kg oder 2 je 500 kg)

Frachtraum
Nutzlast 800 kg (maximal 1500 kg in der Kabine oder 8 Soldaten oder 2 Verwundete auf Tragen)
Größe 2,61 x 1,20 x 1,47 m

Ausrüstung
für Flüge unter allen Wetterbedingungen tags/nachts in Bodennähe; Visiereinrichtung; Bordrechner; vorn Operateur, übernimmt im Notfall Steuerung; Waffeneinsatz aus hinterer Kabine möglich; Panzerung; Warnung vor Angriffen; Warninformation vor gefährlichen Flugzuständen

Bemerkungen
Bei Überführungen fliegt der Bordtechniker mit (Platz hinter Hubschrauberführer im Durchgang zum Laderaum). Nachträgliche Ausrüstung mit Infrarot-Störstrahler am Heckauslegeransatz und Düppelwurfanlage am hinteren Teil des Heckauslegers; die Montage von Abgaskühlerkästen ist möglich. Erster sowjetischer Hubschrauber mit Einziehfahrwerk. Simulator PTW-241 in Basepohl.

Mil Mi-24P — NATO-Code HIND P

Verwendung Kampfhubschrauber
Besatzung 2 – 3
Erstflug Prototyp etwa 1980
Erstflug Serienmuster 1981/82
Einsatzzeitraum ab Dezember 1989
Stückzahl 12
Haupteinsatztruppenteil KHG-5
Anzahl am 30. September 1990 12

Abmessungen
Tragschraubendurchmesser 17,30 m
Länge 17,51 m (Rumpf)
19,19 m (über alles)
Höhe 4,44 m
Rotorkreisfläche 235,00 m^2

Massen
Leermasse 8550 kg
Startmasse 11200 kg
Masse Außenlast 2400 kg
max. Startmasse 11800 kg
Waffenzuladung 2400 kg
Kraftstoffvorrat 2130 kg + 4 Zusatzbehälter von je 425 l

Antrieb
Art/Typ 2 Gasturbinentriebwerke TW-3-117 III. Serie
Startleistung 2 x 1545 kW
Marschleistung 2 x 1250 kW

Flugleistungen
Höchstgeschwindigkeit
330 km/h (in 1000 m)
300 km/h (in Seehöhe)
Marschgeschwindigkeit 260 km/h
Überführungsreichweite 1200 km
Aktionsradius 300 – 350 km
Dienstgipfelhöhe 4500 m
Steigzeit 1000 m in 2 min
Steiggeschwindigkeit 12 – 9 m/s

Bewaffnung
Zwillingskanone GSch-30-II (9A-623K) mit 250 oder 126 Granatpatronen 30 mm, 4 Panzerabwehrlenkraketen 9M114 SCHTURM (Mi-24D: 4 PALR 9M17P FALANGA), 4 Container mit ungelenkten Luft-Boden-Raketen (je 32 S-5, 57 mm, oder je 20 S-8, 80 mm), Bomben oder Container mit 3 Vierlings-Waffen (1 x 12,7 mm, 2 x 7,62 mm)

Frachtraum
Nutzlast 800 kg (maximal 1500 kg in der Kabine oder 8 Soldaten oder 2 Verwundete auf Tragen)
Größe 2,61 x 1,20 x 1,47 m

Ausrüstung
wie Mi-24P, jedoch mit Infrarotstrahler L-166 auf dem Rumpf bereits ab Werk (Afghanistan-Erfahrungen); Düppelwerfer ASO-2W beidseits des Rumpfes in Dreifachreihen (Mi-24D: nur Doppelreihen)

Bemerkungen
Versionsbezeichnung P für puschka – Kanone. Exportbezeichnung Mi-24P: Mi-35P (Mi-24D: Mi-35, Werksbezeichnung Mi-240). Warngerät mit Anzeige, von wo und womit der Hubschrauber aufgefaßt wurde. Die P verfügt über größere Störmöglichkeiten als die Mi-24D.

444

415

Mil Mi-14PL — NATO-Code HAZE A

Verwendung U-Jagdhubschrauber
Besatzung 4
Erstflug Prototyp 1973
Erstflug Serienmuster 1976
Einsatzzeitraum ab Oktober 1979
Stückzahl 9
Haupteinsatztruppenteil MHG-18
Anzahl am 30. September 1990 8

Abmessungen
Tragschraubendurchmesser 21,29 m
Länge 18,37 m (Rumpf)
25,32 m (über alles)
Höhe 6,94 m
Rotorkreisfläche 355,92 m^2

Massen
Leermasse 8902 kg
Startmasse 13000 kg
Masse Außenlast 3000 kg
max. Startmasse 14000 kg
Waffenzuladung 2000 kg
Kraftstoffvorrat 3530 l +
Zusatzbehälter 465 l

Antrieb
Art/Typ 2 Gasturbinentriebwerke TW-3-117M
Startleistung 2 x 1636 kW
Marschleistung 2 x 1250 kW

Flugleistungen
Höchstgeschwindigkeit 230 km/h (in Seehöhe)
Marschgeschwindigkeit 165 – 210 km/h
Überführungsreichweite 1100 km
Aktionsradius 400 km
Dienstgipfelhöhe 4000 m
Steigzeit 1000 m in 2,3 min
Steiggeschwindigkeit 7,8 m/s

Bewaffnung
Wasserbomben, UAW-Torpedos im Rumpfschacht in Schlagvariante, nicht in Suchvariante; Zieldatenrechner ermittelt Zeitpunkt des Wasserbombenabwurfs; automatisches Steuerungssystem übernimmt Zielanflug; Suchhubschrauber registriert Ergebnis des Waffeneinsatzes

Ausrüstung
Rumpf mit bootsähnlicher Form, Stützschwimmer am Heck, seitliche Rumpfwülste mit aufblasbaren Gummikörpern zum Stabilisieren der Lage im Wasser; Panorama-Radar, Datenübertragungsanlage, Empfangsanlage für Signale hydroakustischer Bojen, absenkbare hydroakustische Anlage im Heck; Magnetortungsgeräte

Bemerkungen
PL – russische Abkürzung für U-Boot-Abwehr. Start und Landung auf Wasseroberfläche sind möglich. Mittelraum mit Platz und Geräten für den Operateur sowie zur Aufnahme eines Geretteten (Bordwinde: 150 kg) oder kleiner Frachten. Im hinteren Raum ist Platz für den Kraftstoffzusatzbehälter sowie für Ausrüstung und Winden.

Mil Mi-14BT — NATO-Code HAZE B

Verwendung Minenabwehrhubschrauber
Besatzung 4
Erstflug Prototyp 1973
Erstflug Serienmuster 1976
Einsatzzeitraum ab Februar 1986
Stückzahl 6
Haupteinsatztruppenteil MHG-18
Anzahl am 30. September 1990 6

Abmessungen
Tragschraubendurchmesser 21,29 m
Länge 18,37 m (Rumpf)
25,32 m (über alles)
Höhe 6,94 m
Rotorkreisfläche 355,92 m²

Massen
Leermasse 8800 kg
Startmasse 13 000 kg
Masse Außenlast 3000 kg
max. Startmasse 14 000 kg
Waffenzuladung 0
Kraftstoffvorrat 3530 l + Zusatzbehälter 465 l

Antrieb
Art/Typ 2 Gasturbinentriebwerke TW-3-117 M
Startleistung 2 x 1636 kW
Marschleistung 2 x 1250 kW

Flugleistungen
Höchstgeschwindigkeit 230 km/h (in Seehöhe)
Marschgeschwindigkeit 165 – 210 km/h
Überführungsreichweite 1100 km
Aktionsradius 400 km
Dienstgipfelhöhe 4000 m
Steigzeit 1000 m in 2,3 min
Steiggeschwindigkeit 7,8 m/s

Bewaffnung
Im MHG-18 ohne

Ausrüstung
wie bei Mi-14 PL für Flüge unter allen Wetterbedingungen tags/nachts; Fenster und große Luke im Heck, um vom Minenabwehrschiff in See das Räumgerät übernehmen zu können (dafür Stahlseil für 3000 kg Last); über Sprechgerät dirigiert der dann im Heck befindliche Operateur den Hubschrauberführer

Bemerkungen
BT – russische Abkürzung für Zugmittel für Minenräumgerät. Äußerliche Unterschiede zur Mi-14 PL: zusätzliche Heckfenster, fehlendes Magnetortungsgerät am Heck, längliche Verkleidung an rechter oberer Rumpfseite (Leitungen zum Beheizen und Belüften der Kabine, Bombenluke, Schlauchbootcontainer, Seenotrettungsanzüge der Besatzung) sowie äußere Hydraulikleitung unter rechter Fensterreihe, Suchscheinwerfer am Heckausleger. 1990: Umrüstung einer Mi-14 BT für SAR-Einsätze.

»Dwina« 11D/11DAM (W-750) NATO-Code SA-2B GUIDELINE 1

Verwendung gegen Luftziele in mittleren und großen, modifiziert für geringe Höhen und mittlere Entfernungen
Einsatzzeitraum ab 1960
Art zweistufig, Start: Feststoff-, Marsch: Flüssigkeitstriebwerke
Länge 1070 cm
Durchmesser 50/65 cm
Spannweite 26,56 cm
Durchmesser Marschtriebwerk 60 cm
Startmasse 2283 kg
Masse Gefechtskopf 190 kg
Masse Starttriebwerk 1030 kg (600 kg Pulverladung)
Vernichtungsbereich 100 – 25000 m
Startrampe einfach
Marschgeschwindigkeit Rakete 650 m/s
Auffaßentfernung 150 km (RLS) 200 km (P-12 oberer Bereich)
Geschwindigkeit des Zieles 750 m/s im Anflug
Höhe Ziel minimal 1000 m (11D) 100 m (11DAM)
Höhe Ziel maximal 25000 m (11D/11DM)
Vernichtungszone minimal 5 km
Vernichtungszone maximal 34 km

Hauptbestandteile des Komplexes
Raketenleitstation (RLS) mit Leitkabine, Rechnerkabine, Sende-/Empfangskabine
mobile Stromversorgungsanlage
6 Startrampen mit je einem Lenkflugkörper
Lenkflugkörper
Radarerfassungsstation P-12

Bemerkungen
erste Ausführung Rakete 11D, modifiziert zur Version 11DAM, um in geringen Höhen wirksamer zu sein, äußerlich dem Nachfolgemodell »Wolchow« sehr ähnlich, zu erkennen am verstellbaren Kegel in der Schubdüse; Rampe von »Dwina« und »Wolchow« mit Hilfe der beiden ansetzbaren Achsen mobil; Transportladefahrzeug für beide Versionen ZIL-157 oder ZIL-131 mit Sattelauflieger PR-11B

»Wolchow« 20D (W-755) NATO-Code SA-2D/F GUIDELINE 3/5

Verwendung gegen Luftziele in geringen und mittleren Entfernungen in allen Höhenbereichen
Einsatzzeitraum 1964 – 1990
Art zweistufig, Start: Feststoff-, Marsch: Flüssigkeitstriebwerk
Länge 1080 cm
Durchmesser 50/65 cm
Spannweite 256,6 cm
Durchmesser Marschtriebwerk 60 cm
Startmasse 2400 kg
Masse Gefechtskopf 200 kg
Masse Starttriebwerk 1000 kg (600 kg Pulverladung)
Vernichtungsbereich 100 – 20000 m
Startrampe einfach
Marschgeschwindigkeit Rakete 750 m/s im Anflug
Auffaßentfernung 150 km (RLS) 270/400 km (FMK)
Geschwindigkeit des Zieles 1000 m/s (im Anflug) 420 m/s (im Abflug)
Höhe Ziel minimal 0,1 km
Höhe Ziel maximal 35 km
Vernichtungszone minimal 7 km
Vernichtungszone maximal 35 km (bei Zielhöhe 15 – 30 km)

Hauptbestandteile des Komplexes
Raketenleitstation (RLS) mit Leitkabine (Gefechtsstand) UW, Rechnerkabine AW, Sende-/Empfangskabine PW
Stromversorgungsanlage
6 Startrampen mit je einem Lenkflugkörper
Lenkflugkörper
Funkmeßkomplex (FMK) mit Radarerfassungsstation P-18 und Funkmeßhöhenfinder PRW-13

Bemerkungen
kein verstellbarer Kegel in Schubdüse; Tankleitung außen; mit anderem Gefechtskopf und modifizierter Zündung für die Bekämpfung von extrem tieffliegenden Zielen mit Rakete 5Ja23 (W-759); äußerlich wenig geändert; Rakete 20D in mehreren Modifikationen: OP, DSU; für alle Arten Transportladefahrzeug ZIL-157 (oder ZIL-131 mit Sattelauflieger PR-11B)

»Newa« 5W27 (W-601P) NATO-Code SA-3C GOA

Verwendung gegen Luftziele in geringen und extrem geringen Höhen, in Ausnahmefällen zur Bekämpfung von Erd- und Seezielen bestimmt
Einsatzzeitraum ab 1970, ab 1972 Vierling
Art zweistufig, Start: Feststoff-, Marsch: ebenfalls Feststofftriebwerk
Länge 5948 mm
Durchmesser 450 / 600 mm
Spannweite 1700 mm
Marschtriebwerk 159 kg Pulverladung
Startmasse 956 kg (Rakete ungeladen 516,5 kg)
Masse Gefechtskopf 72 kg
Masse Starttriebwerk 280 kg Pulverladung
Vernichtungsbereich bis 18000 m
Startrampe Zwilling (alte Ausführung) Vierling (neue Ausführung, in NVA vorrangig)
Marschgeschwindigkeit Rakete 800 m/s im Anflug
Auffaßentfernung 80 km (RLS) 140/250 km (RES)
Geschwindigkeit des Zieles 700 m/s (im Anflug) 300 m/s (im Abflug)
Höhe Ziel minimal 0,02 km
Höhe Ziel maximal 18 km
Vernichtungszone minimal 3,5 km
Vernichtungszone maximal 25 km

Hauptbestandteile des Komplexes
Raketenleitstation (RLS) mit Leit- und Rechnerkabine (UNK), Sende-/Empfangsanlage (UNK)
Stromversorgungsanlage
4 Startrampen mit je 4 Lenkflugkörpern
Radarerfassungsstationen (RES) P-15/P-18

Bemerkungen
Rakete 5W27 mit Modifikationen; 2 Abteilungen mit 8 Zwillingsrampen 5P71, 7 Abteilungen mit je 4 Rampen Vierling 5P73. Transportladefahrzeug ZIL-131 und Sattelauflieger PR-14A mit 2 Raketen

»Wega« S-200WÄ NATO-Code SA-5 GAMMON

Verwendung gegen wichtige Luftziele (AWACS, Störträger, Raketenträger, große Verbände) in großen Höhen- und Geschwindigkeitsbereichen
Einsatzzeitraum ab Mitte 1985
Art zweistufig, Start: 4 Feststoff-Booster, Marsch: Flüssigkeitstriebwerk
Länge 1076,4 cm
Durchmesser 75,2 cm
Spannweiten 252/510 cm
Durchmesser Marschtriebwerk 1043 cm
Startmasse 7018 kg (Brennstoff 586 kg, Oxydator 1680 kg, Masse 2. Stufe 3910 kg)
Masse Gefechtskopf 97 kg (37000 Kugeln von 2 und 3,5 g)
Masse Starttriebwerk 3100 kg
Vernichtungsbereich 0,3 – 280 km
Startrampe einfach, automatische Lademaschinen, 2 je Bunker mit Schienenzuführung, nach Start Nachladen durch zweite Lademaschine
Auffaßentfernung 450 km (FRA)
350 km (GSN)
Radialgeschwindigkeitsbereich 150 – 1200 m/s
Marschgeschwindigkeit maximal 1400 m/s
Höhe Ziel minimal 0,3 km
Höhe Ziel maximal 35 km
Vernichtungszone minimal 17 km (Zielhöhe 1 km)
Vernichtungszone maximal 240 km (Zielhöhe 12 – 20 km)

Hauptbestandteile des Komplexes
Zielverteilungskabine (Gefechtsstand) K-9
Funkmeßkomplex (Radarerfassungsstationen PRW-17, P-14 »Oberona«)
2 Kanäle (Fla-Raketenabteilung – FRA, 1 Kanal – 1 FRA)
Zielaufhellstation K-1
Apparatekabine (Gefechtsstand FRA) K-2
6 Startrampen mit je 2 Lademaschinen – Lenkflugkörper mit Kopf der Selbstlenkung (GSN)

Bemerkungen
Brenndauer Starttriebwerk: 3 – -5,1 s; Marschtriebwerk 51 – 150 s; Transportladefahrzeug: Sattelauflieger KrAZ-260

»Angara« S-300 PMU (60R6) NATO-Code SA-10b GRUMBLE

Verwendung gegen Luftziele vom Tiefflugbereich bis zu 30 km Höhe, besonders Marschflugkörper (Cruise Misseles), aber auch taktische ballistische Boden-Boden-Flugkörper

Einsatzzeitraum 1989 bis Mitte 1990, dann als sogenannte sensitive Technik Rückführung in die UdSSR

Art zweistufig auf hochmobiler Rampe, Start: Festkörperstarttriebwerke senkrecht bis 30 m Höhe aus wartungsfreiem Container (diente auch zur Lagerung), dann Kurseinnahme Marsch: Flüssigkeitstriebwerk

Länge 7,4 m

Durchmesser 0,349 m

Spannweite 1,01 m (nach Verlassen des Containers)

Startmasse 1231, 69 kg

Masse Gefechtskopf 106 kg

Vernichtungsbereich 7 – 75 km

Vernichtungswahrscheinlichkeit 0,7 – 0,9

Marschgeschwindigkeit maximal 4500 km/h

Höhe minimal 25 m

Höhe maximal 25 km

Startrampe 8-Rad-Lkw MAZ-7910 mit 4 Abschußbehältern

Hauptbestandteile des Komplexes

Startkomplex PK83P6 mit 4 Hauptstartrampen 5P85SU und je 2 Nebenrampen 5P85DU (12 Startfahrzeuge)

1 Führungskomplex zur Feuerleitung mit Phased-Array-Radar (NATO-Code FLAP LID; Radarkeule wird elektronisch nach Seite und Höhe geschwenkt, nicht mehr durch Antennenbewegung; schnellere Raumabtastung, über Feuerleitcomputer sehr viele Ziele zu speichern und zu bearbeiten). Im hügeligen Gelände läßt sich die Radarantenne auf einen vom Sattelauflieger aufrichtbaren 24-m-Mast setzen.

Diverse Fahrzeuge: Wegstreckenaufklärung, Montagekräne, Werkstattwagen, Prüf- und Meßmittel, separate Rechenkabine als Double für Leitkabine, Stromversorgungswagen, Umformerkabinen.

Bedienungen: Startrampen 3, Leitkabine 4 Mann, Gesamtstärke Abteilung 120 – 150 Mann.

Hauptstartrampen mit Rechnerapparatur für Raketen, Nebenrampen ohne Rechner.

Zeit bis Start aus Marschlage: Hauptrampen 5 min, Nebenrampen 30 min; Zeit zum Herstellen der Marschlage: 5 bzw. 21 min.

Abmessungen Startrampen

5P85SU	Masse mit 4 Containern	kg	41880
	ohne	kg	32060
	Länge	mm	13843
	Breite	mm	3150
	Höhe	mm	7812
5P85DU	Masse mit 4 Containern	kg	39940
	ohne	kg	30100
	Länge	mm	13843
	Breite	mm	3150
	Höhe	mm	7812
Marschlage (beide)			
	Länge	mm	13117
	Breite	mm	3150
	Höhe	mm	3800

Bemerkungen

Mehrkanalsystem zur gleichzeitigen automatischen Bekämpfung von 6 Zielen, bei Handbegleitung gleichzeitig 3 Ziele.
Lenkung der Raketen durch Bordfunkpeiler oder Funkkommando, passives Regime möglich.
Geplant war ursprünglich die Zuführung eines weiteren Komplexes mit 4 Haupt- und 8 Nebenstartrampen ab 1990.

Flugzeug- und Hubschrauberbestand am 30. September 1990

Legende:

TT	Truppenteil, zu dem das Luftfahrzeug gehörte
Fztyp	Luftfahrzeugtyp
TaktN NVA	taktische Nummer der NVA = Bordnummer des Luftfahrzeuges, die bis auf ganz geringe Ausnahmen nicht geändert worden ist
TaktKz Bw	taktisches Kennzeichen der Bundeswehr; an allen Luftfahrzeugen angebracht, Eiserne Kreuze aber nur an denen, die mindestens für einen Flug zugelassen wurden
WN	Werknummer
NBeg	Nutzungsbeginn in Monat und Jahr, Beispiel: 0468 = April 1968
ZSoll	Sollflugzeit in Stunden
RZeit	Restflugzeit in Stunden bis zur nächsten Werkinstandsetzung
+)	Ist-Betriebszeit

TT	Fztyp	TaktN NVA	TaktKz Bw	WN	NBeg	ZSoll	RZeit
JG-1	MiG-21 SPSK	429	2201	6703	0468	1759	182
JG-1	MiG-21 SPSK	441	2202	6709	0468	1844	55
JG-1	MiG-21 SPSK	466	2203	7003	0468	1863	148
JG-1	MiG-21 SPSK	484	2204	7210	0468	1762	27
JG-1	MiG-21 SPSK	489	2205	7213	0568	1978	218
JG-1	MiG-21 SPSK	560	2206	7303	0668	1903	180
JG-1	MiG-21 SPSK	572	2207	7305	0668	1986	302
JG-1	MiG-21 MF	427	2303	7603	0773	2001	709
JG-1	MiG-21 MF	430	2304	7604	0773	2045	688
JG-1	MiG-21 MF	437	2305	7605	0773	2017	539
JG-1	MiG-21 MF	448	2306	7607	0773	1328	40
JG-1	MiG-21 MF	460	2307	7608	0773	2027	667
JG-1	MiG-21 MF	467	2308	7610	0773	1988	600
JG-1	MiG-21 MF	470	2309	7609	0773	1342	41
JG-1	MiG-21 MF	473	2310	7612	0773	1272	1
JG-1	MiG-21 MF	477	2311	7613	0773	1317	160
JG-1	MiG-21 MF	478	2312	7614	0773	1308	70
JG-1	MiG-21 MF	490	2313	7615	0773	2017	717
JG-1	MiG-21 MF	509	2314	8609	0174	1320	23
JG-1	MiG-21 MF	510	2315	8615	0174	2086	735
JG-1	MiG-21 MF	511	2316	8611	0174	1320	109
JG-1	MiG-21 MF	513	2317	8613	0174	2046	750
JG-1	MiG-21 MF	514	2318	8614	0174	1335	5
JG-1	MiG-21 MF	516	2319	8610	0174	1304	28
JG-1	MiG-21 MF	518	2320	8608	0174	1341	60
JG-1	MiG-21 MF	535	2321	9009	0474	1311	119
JG-1	MiG-21 MF	548	2322	8612	0274	1333	9
JG-1	MiG-21 MF	649	2323	5306	0472	1640	149
JG-1	MiG-21 MF	650	2324	5307	0572	1842	280
JG-1	MiG-21 MF	651	2325	5308	0472	1830	322
JG-1	MiG-21 MF	652	2326	5310	0472	1897	405
JG-1	MiG-21 MF	657	2327	5313	0572	1950	309
JG-1	MiG-21 MF	659	2328	5315	0572	1892	305
JG-1	MiG-21 MF	660	2329	5401	0572	1328	1
JG-1	MiG-21 MF	662	2330	5402	0572	2085	691
JG-1	MiG-21 MF	664	2331	5403	0572	1347	13
JG-1	MiG-21 MF	665	2332	5404	0572	1900	479
JG-1	MiG-21 MF	667	2333	6205	1072	1973	465
JG-1	MiG-21 MF	675	2334	6209	1072	1995	550
JG-1	MiG-21 MF	680	2335	6210	1072	1326	33
JG-1	MiG-21 MF	683	2336	6213	1172	1900	358
JG-1	MiG-21 MF	685	2337	6214	1172	1928	428
JG-1	MiG-21 UM	167	2350	02695174	0673	2204	569
JG-1	MiG-21 UM	168	2351	05695174	0673	2227	776
JG-1	MiG-21 UM	169	2352	03695174	0773	2174	629
JG-1	MiG-21 UM	210	2353	03695165	0772	2138	795
JG-1	MiG-21 UM	232	2354	516915001	0574	1445	1
JG-1	MiG-21 UM	257	2355	03695156	0771	2213	432
JG-1	MiG-21 UM	259	2356	04695156	0771	2268	353
JG-1	MiG-21 UM	262	2357	05695156	0771	2291	743
JG-1	MiG-21 UM	264	2358	06695156	0871	2186	493

TT	Fztyp	TaktN NVA	TaktKz Bw	WN	NBeg	ZSoll	RZeit
JG-2	MiG-21 SPSK	404	2208	6702	0468	1793	162
JG-2	MiG-21 SPSK	479	2209	7009	0468	1938	282
JG-2	MiG-21 SPSK	481	2210	7010	0468	1847	213
JG-2	MiG-21 SPSK	486	2211	7211	0468	2000	376
JG-2	MiG-21 SPSK	492	2212	7214	0568	1961	337
JG-2	MiG-21 SPSK	565	2213	7304	0668	1909	334
JG-2	MiG-21 SPSK	967	2214	6414	0368	1949	207
JG-2	MiG-21 SPSK	980	2215	6506	0268	1830	228
JG-2	MiG-21 SPSK	982	2216	6705	0368	1984	395
JG-2	MiG-21 SPSK	983	2217	6713	0368	1918	378
JG-2	MiG-21 SPSK	988	2218	6803	0368	1839	384
JG-2	MiG-21 SPSK	989	2219	6804	0368	1840	310
JG-2	MiG-21 M	410	2246	2104	0370	1871	154
JG-2	MiG-21 M	419	2247	2111	0370	1968	685
JG-2	MiG-21 M	428	2248	3204	1070	1860	279
JG-2	MiG-21 M	431	2249	3205	1070	1506	71
JG-2	MiG-21 M	432	2250	3206	1070	1952	534
JG-2	MiG-21 M	435	2251	3207	1070	1945	258
JG-2	MiG-21 M	438	2252	3209	1070	1888	244
JG-2	MiG-21 M	445	2253	3210	1070	1420	27
JG-2	MiG-21 M	461	2254	3212	1070	1989	254
JG-2	MiG-21 M	465	2255	3211	1070	2072	570
JG-2	MiG-21 M	468	2256	3214	1070	2141	721
JG-2	MiG-21 M	483	2257	3215	1070	1968	255
JG-2	MiG-21 M	491	2258	3301	1070	2105	715
JG-2	MiG-21 M	493	2259	3202	1170	2133	742
JG-2	MiG-21 M	497	2260	3303	1170	2135	708
JG-2	MiG-21 M	499	2261	3305	1170	1358	164
JG-2	MiG-21 M	505	2262	3306	1170	1063	16
JG-2	MiG-21 M	508	2263	0307	0869	1985	555
JG-2	MiG-21 M	515	2264	0308	0769	1722	98
JG-2	MiG-21 M	526	2265	0401	0769	1811	192
JG-2	MiG-21 M	527	2266	3310	1170	1746	240
JG-2	MiG-21 M	541	2267	0404	0869	2148	632
JG-2	MiG-21 M	542	2268	3311	1170	2100	549
JG-2	MiG-21 M	549	2269	0405	0869	2003	638
JG-2	MiG-21 M	561	2270	0501	0769	1398	2
JG-2	MiG-21 M	566	2271	3313	1270	2020	356
JG-2	MiG-21 M	570	2272	0503	0869	1621	195
JG-2	MiG-21 M	573	2273	3314	1270	2094	628
JG-2	MiG-21 M	575	2274	0504	0869	1785	425
JG-2	MiG-21 M	578	2275	0506	0869	1884	237
JG-2	MiG-21 M	580	2276	3315	1270	2039	425
JG-2	MiG-21 UM	211	2370	06695165	0772	2112	349
JG-2	MiG-21 UM	226	2371	516915071	0674	2137	414
JG-2	MiG-21 UM	227	2372	516915076	0674	2290	838
JG-2	MiG-21 UM	234	2373	516915021	0574	1449	76
JG-2	MiG-21 UM	252	2374	09695155	0771	1969	158
JG-2	MiG-21 UM	253	2375	10695155	0771	2215	419
JG-2	MiG-21 UM	254	2376	01695156	0671	2268	623
JG-2	MiG-21 UM	256	2377	02695156	0671	1698	63

TT	Fztyp	TaktN NVA	TaktKz Bw	WN	NBeg	ZSoll	RZeit
JG-8	MiG-21 UM	228	2362	516921051	1074	1488	109
JG-8	MiG-21 UM	243	2363	516995031	0378	1416	87
JG-8	MiG-21 UM	245	2364	516996036	0378	1465	178
JG-8	MiG-21 UM	249	2365	516995041	0378	1445	193
JG-8	MiG-21 UM	267	2366	516931001	0475	1366	7
JG-8	MiG-21 UM	268	2367	516931041	0475	1425	50
JG-8	MiG-21 UM	269	2368	516931046	0475	1484	138
JG-8	MiG-21 UM	270	2369	516931051	0475	2253	776
JG-8	MiG-21 bis	792	2413	75051035	0977	1699	536
JG-8	MiG-21 bis	794	2414	75051108	0977	1699	553
JG-8	MiG-21 bis	797	2415	75051121	0977	1700	560
JG-8	MiG-21 bis	835	2416	75051345	0977	1698	577
JG-8	MiG-21 bis	837	2417	75051347	0977	1697	597
JG-8	MiG-21 bis	838	2418	75051378	0977	1697	571
JG-8	MiG-21 bis	840	2419	75051384	0977	1699	552
JG-8	MiG-21 bis	846	2420	75051402	0977	1699	691
JG-8	MiG-21 bis	848	2421	75051407	0977	1699	724
JG-8	MiG-21 bis	849	2422	75051426	0977	1700	614
JG-8	MiG-21 bis	850	2423	75058003	0578	1698	674
JG-8	MiG-21 bis	853	2424	75058015	0578	1697	695
JG-8	MiG-21 bis	856	2425	75058087	0578	1697	730
JG-8	MiG-21 bis	871	2426	75033148	1075	1487	140
JG-8	MiG-21 bis	872	2427	75033151	1075	1406	107
JG-8	MiG-21 bis	873	2428	75033169	1075	1694	265
JG-8	MiG-21 bis	874	2429	75033205	1075	2197	850
JG-8	MiG-21 bis	875	2430	75033211	1075	1680	289
JG-8	MiG-21 bis	876	2431	75033213	1075	1582	252
JG-8	MiG-21 bis	879	2432	75033219	1075	1587	310
JG-8	MiG-21 bis	881	2433	75033305	1075	1465	132
JG-8	MiG-21 bis	882	2434	75033397	1075	1696	331
JG-8	MiG-21 bis	886	2435	75033419	1075	1683	353
JG-8	MiG-21 bis	887	2436	75035190	0776	1693	541
JG-8	MiG-21 bis	892	2437	75033445	1075	1699	364
JG-8	MiG-21 bis	893	2438	75033507	1075	1697	417
JG-8	MiG-21 bis	895	2439	75033515	1075	1687	286
JG-8	MiG-21 bis	899	2440	75033522	1075	1256	135
JG-8	MiG-21 bis	900	2441	75035201	0776	1698	611
JG-8	MiG-21 bis	904	2442	75035213	0776	1697	422
JG-8	MiG-21 bis	916	2443	75035284	0776	1631	478
JG-8	MiG-21 bis	917	2444	75035289	0776	1653	510
JG-8	MiG-21 bis	920	2445	75035291	0776	1699	451
JG-8	MiG-21 bis	933	2446	75035304	0776	1694	337
JG-8	MiG-21 bis	936	2447	75035374	0776	1693	373
JG-8	MiG-21 bis	946	2448	75035399	0776	1698	390
JG-8	MiG-21 bis	951	2449	75035407	0776	1698	347
JG-8	MiG-21 bis	954	2450	75035422	0776	1475	150
JG-8	MiG-21 bis	956	2451	25035445	0776	1696	500
JG-8	MiG-21 bis	978	2452	75035502	0776	1699	411
JG-8	MiG-21 bis	990	2453	75035841	0776	1630	520
AFS-87	MiG-21 M	413	2290	2106	0370	1851	269
AFS-87	MiG-21 M	531	2291	0402	0769	1810	107
AFS-87	MiG-21 M	583	2292	0510	0869	1882	370
AFS-87	MiG-21 M	587	2293	0512	0869	1860	276
AFS-87	MiG-21 M	594	2294	0602	0869	1643	37
AFS-87	MiG-21 M	595	2295	0801	0869	1840	189
AFS-87	MiG-21 M	597	2296	0705	0869	1851	207
AFS-87	MiG-21 M	603	2297	0707	0869	1339	16
AFS-87	MiG-21 M	609	2298	0711	0869	1997	602
AFS-87	MiG-21 M	614	2299	0712	0869	1984	611
AFS-87	MiG-21 M	616	2301	0713	0869	1886	265
AFS-87	MiG-21 M	621	2302	0715	0869	1265	11
AFS-87	MiG-21 UM	203	2384	01695163	0572	2244	538
AFS-87	MiG-21 UM	213	2385	07695168	0273	2314	759

TT	Fztyp	TaktN NVA	TaktKz Bw	WN	NBeg	ZSoll	RZeit
FAG-15	MiG-21 SPSK	463	2220	6808	0468	2468	713
FAG-15	MiG-21 SPSK	545	2221	7215	0568	2232	611
FAG-15	MiG-21 SPS	703	2222	4006	0966	2110	318
FAG-15	MiG-21 SPS	717	2223	4209	0966	1770	310
FAG-15	MiG-21 SPS	729	2224	4213	0966	2121	323
FAG-15	MiG-21 SPS	738	2225	4301	0966	1855	245
FAG-15	MiG-21 SPS	740	2226	4302	0966	2140	418
FAG-15	MiG-21 SPS	742	2227	4303	0966	2156	311
FAG-15	MiG-21 SPS	760	2228	4309	0966	2459	712
FAG-15	MiG-21 SPS	771	2229	4510	1266	2040	545
FAG-15	MiG-21 SPS	780	2230	4310	1266	2115	338
FAG-15	MiG-21 SPS	783	2231	4504	1266	2119	436
FAG-15	MiG-21 SPS	833	2232	4506	1266	2305	702
FAG-15	MiG-21 SPS	861	2233	5202	0367	2351	600
FAG-15	MiG-21 SPS	869	2234	5204	0267	2339	652
FAG-15	MiG-21 SPS	878	2235	5206	0267	2197	356
FAG-15	MiG-21 SPS	889	2236	5209	0267	2281	624
FAG-15	MiG-21 SPS	891	2237	5210	0267	2287	629
FAG-15	MiG-21 SPS	897	2238	5509	0567	1817	229
FAG-15	MiG-21 SPS	898	2239	5510	0567	1923	232
FAG-15	MiG-21 SPS	919	2240	5511	0567	2053	288
FAG-15	MiG-21 SPS	937	2241	5602	0667	2126	420
FAG-15	MiG-21 SPS	940	2242	5604	0667	2091	267
FAG-15	MiG-21 SPS	948	2243	5606	0667	1808	250
FAG-15	MiG-21 SPS	953	2244	6408	0367	1912	261
FAG-15	MiG-21 SPS	963	2245	6410	0367	1852	226
FAG-15	MiG-21 UM	204	2378	02695163	0572	2268	538
FAG-15	MiG-21 UM	205	2379	03695163	0572	2241	387
FAG-15	MiG-21 UM	206	2380	04695163	0572	2223	565
FAG-15	MiG-21 U	237	2386	1119	0465	2404	424
FAG-15	MiG-21 U	244	2387	1017	0765	2295	447
FAG-15	MiG-21 U	251	2388	1016	0665	1934	373
FAG-15	MiG-21 U	258	2389	1118	0665	2460	681
FAG-15	MiG-21 U	265	2390	2617	0766	2678	545
FAG-15	MiG-21 U	272	2391	2619	0766	2423	430
FAG-15	MiG-21 U	275	2392	3219	0966	2308	278
FAG-15	MiG-21 U	276	2393	3220	0966	2460	432
FAG-15	MiG-21 U	281	2394	3820	0267	2682	624
FAG-15	MiG-21 U	289	2395	4620	0567	2568	516
FAG-15	MiG-21 U	292	2396	4719	0667	2538	718
FAG-15	MiG-21 U	295	2397	4817	0667	2406	340
FAG-15	MiG-21 U	296	2398	4818	0767	2685	605
FAG-15	MiG-21 US	215	2399	01685134	1268	2552	309
FAG-15	MiG-21 US	217	2401	17685145	0570	1814	17
FAG-15	MiG-21 US	218	2402	08685145	0570	2400	383
FAG-15	MiG-21 US	219	2403	09685145	0570	2424	251
FAG-15	MiG-21 US	221	2404	07685147	0870	2642	649
FAG-15	MiG-21 US	225	2405	02685134	1268	1756	71
FAG-15	MiG-21 US	230	2406	04685134	0369	1832	1
FAG-15	MiG-21 US	236	2407	05685134	0369	2444	412
FAG-15	MiG-21 US	238	2408	02685139	0669	1769	108
FAG-15	MiG-21 US	242	2409	04685139	0669	1794	154
FAG-15	MiG-21 US	246	2410	05685139	0669	1732	393
FAG-15	MiG-21 US	248	2411	06685139	0669	2395	454
FAG-15	MiG-21 US	250	2412	01685148	0870	1821	201
JG-3	MiG-21 MF	658	2338	5314	0572	2037	521
JG-3	MiG-21 MF	681	2339	6211	1072	2066	724
JG-3	MiG-21 MF	687	2340	6215	1073	1980	648
JG-3	MiG-21 MF	767	2341	96001012	0575	1325	191
JG-3	MiG-21 MF	772	2342	96001039	0575	1284	275
JG-3	MiG-21 MF	774	2343	96001091	0575	1393	327
JG-3	MiG-21 MF	775	2344	96002003	0575	1321	83
JG-3	MiG-21 MF	776	2345	96002009	0575	1297	184

TT	Fztyp	TaktN NVA	TaktKz Bw	WN	NBeg	ZSoll	RZeit
JG-3	MiG-21 MF	779	2346	96002045	0575	1308	162
JG-3	MiG-21 MF	781	2347	96002037	0575	1343	30
JG-3	MiG-21 MF	782	2348	96002112	0575	1338	169
JG-3	MiG-21 MF	784	2349	96002170	0575	1278	229
JG-3	MiG-21 UM	212	2359	05695168	1172	2104	273
JG-3	MiG-21 UM	229	2360	516921056	1074	1458	4
JG-3	MiG-21 UM	233	2361	516915006	0574	2295	838
AFS-47	MiG-21 M	425	2277	2308	0570	1859	270
AFS-47	MiG-21 M	517	2278	0309	0769	1750	23
AFS-47	MiG-21 M	552	2279	0406	0769	1780	172
AFS-47	MiG-21 M	553	2280	0407	0769	1819	68
AFS-47	MiG-21 M	559	2281	0409	0869	1857	526
AFS-47	MiG-21 M	562	2282	0502	0769	1910	165
AFS-47	MiG-21 M	571	2283	0505	0869	1878	155
AFS-47	MiG-21 M	579	2284	0507	0869	1895	256
AFS-47	MiG-21 M	581	2285	0508	0869	1865	236
AFS-47	MiG-21 M	588	2286	0513	0869	1671	8
AFS-47	MiG-21 M	589	2287	0514	0869	1860	275
AFS-47	MiG-21 M	602	2288	0706	0869	1278	29
AFS-47	MiG-21 M	611	2289	1111	0869	1857	266
AFS-47	MiG-21 UM	207	2381	10695162	0772	2200	643
AFS-47	MiG-21 UM	231	2382	516915011	0574	1494	1
AFS-47	MiG-21 UM	266	2383	07695156	0871	2220	391
JBG-37	MiG-23 BN	689	2038	0393211085	0779	1800	614
JBG-37	MiG-23 BN	690	2039	0393211087	0779	1750	396
JBG-37	MiG-23 BN	691	2040	0393211088	0779	1800	519
JBG-37	MiG-23 BN	692	2041	0393214101	0779	1800	572
JBG-37	MiG-23 BN	694	2042	0393214210	0280	1200	51
JBG-37	MiG-23 BN	695	2043	0393214211	0180	1800	654
JBG-37	MiG-23 BN	696	2044	0393214212	0180	1800	583
JBG-37	MiG-23 BN	697	2045	0393214213	0180	1800	583
JBG-37	MiG-23 BN	698	2046	0393214214	0380	1800	571
JBG-37	MiG-23 BN	701	2047	0393214217	0380	1200	17
JBG-37	MiG-23 BN	702	2048	0393214218	0480	1800	651
JBG-37	MiG-23 BN	705	2049	2963222830	0384	1200	259
JBG-37	MiG-23 BN	707	2050	0393214220	0480	1200	20
JBG-37	MiG-23 BN	710	2051	0393214225	0480	1800	637
JBG-37	MiG-23 BN	712	2052	0393215600	0480	1800	640
JBG-37	MiG-23 BN	715	2053	0393215721	0681	1200	129
JBG-37	MiG-23 BN	718	2054	0393215729	0381	1200	128
JBG-37	MiG-23 BN	720	2055	0393215732	0381	1200	107
JBG-37	MiG-23 UB	102	2061	A 1037826	0678	1676	187
JBG-37	MiG-23 UB	104	2062	A 1037901	0479	1732	99
JBG-37	MiG-23 UB	105	2063	A 1037902	0479	1800	239
JG-9	MiG-23 MF	568	2001	0390213095	0778	1770	713
JG-9	MiG-23 MF	577	2002	0390213299	0878	1798	761
JG-9	MiG-23 MF	582	2003	0390213097	0778	1682	503
JG-9	MiG-23 MF	584	2004	0390213098	0778	1694	744
JG-9	MiG-23 MF	585	2005	0390213100	0778	1675	520
JG-9	MiG-23 MF	586	2006	0390213096	0778	1715	667
JG-9	MiG-23 MF	591	2007	0390213300	0878	1663	593
JG-9	MiG-23 MF	592	2008	0390213351	0878	1697	742
JG-9	MiG-23 MF	593	2009	0390213352	0878	1711	572
JG-9	MiG-23 ML	329	2010	0390324623	0283	1200	423
JG-9	MiG-23 ML	330	2011	0390324619	1282	1200	403
JG-9	MiG-23 ML	331	2012	0390324621	1282	1200	410
JG-9	MiG-23 ML	333	2013	0390324624	0383	1200	452
JG-9	MiG-23 ML	336	2014	0390324627	0383	1200	498
JG-9	MiG-23 ML	338	2015	0390324630	0383	1200	449
JG-9	MiG-23 ML	339	2016	0390324635	0283	1200	563
JG-9	MiG-23 ML	340	2017	0390324636	0383	1200	412
JG-9	MiG-23 ML	341	2018	0390324637	0383	1200	378
JG-9	MiG-23 ML	343	2019	0390324617	0283	1200	452

TT	Fztyp	TaktN NVA	TaktKz Bw	WN	NBeg	ZSoll	RZeit
JG-9	MiG-23 ML	345	2020	0390324618	0283	1200	464
JG-9	MiG-23 ML	349	2021	0390324638	0383	1200	451
JG-9	MiG-23 ML	350	2022	0390324639	0283	1200	354
JG-9	MiG-23 ML	353	2023	0390324640	0383	1200	457
JG-9	MiG-23 ML	471	2024	0390324250	0782	1200	412
JG-9	MiG-23 ML	475	2025	0390324254	0782	1200	362
JG-9	MiG-23 ML	488	2026	0390324255	0782	1200	424
JG-9	MiG-23 ML	550	2027	0390324018	0782	1200	368
JG-9	MiG-23 ML	551	2028	0390324019	0682	1800	750
JG-9	MiG-23 ML	554	2029	0390324027	0782	1200	509
JG-9	MiG-23 ML	558	2030	0390324028	0682	1729	850
JG-9	MiG-23 ML	563	2031	0390324031	0682	1800	706
JG-9	MiG-23 ML	567	2032	0390324033	0682	1729	850
JG-9	MiG-23 ML	569	2033	0390324038	0782	1200	494
JG-9	MiG-23 ML	576	2034	0390324040	0682	1712	850
JG-9	MiG-23 ML	601	2035	0390324050	1282	1200	412
JG-9	MiG-23 ML	606	2036	0390324051	0782	1200	503
JG-9	MiG-23 ML	610	2037	0390324249	0782	1200	395
JG-9	MiG-23 UB	100	2056	A 1038504	0985	1000	247
JG-9	MiG-23 UB	103	2057	A 1038506	0985	1000	381
JG-9	MiG-23 UB	106	2058	A 1038034	1080	1776	365
JG-9	MiG-23 UB	107	2059	A 1038221	0682	1800	591
JG-9	MiG-23 UB	109	2060	A 1038280	0183	1800	634
FAG-25	L-39	139	2801	ZD-731001	1077	2801	525
FAG-25	L-39	140	2802	ZD-731002	1077	2896	715
FAG-25	L-39	141	2803	ZD-731003	1077	2710	448
FAG-25	L-39	142	2804	ZD-731004	1077	2754	599
FAG-25	L-39	143	2805	ZD-731005	1177	2964	1091
FAG-25	L-39	144	2806	ZD-731006	1177	2745	300
FAG-25	L-39	145	2807	ZD-731008	1177	2882	1198
FAG-25	L-39	147	2808	ZD-731010	1177	2826	625
FAG-25	L-39	149	2809	ZD-731012	1177	2712	410
FAG-25	L-39	150	2810	ZD-731013	1177	2780	614
FAG-25	L-39	151	2811	ZD-731014	1177	2762	332
FAG-25	L-39	152	2812	ZD-731015	1177	2799	511
FAG-25	L-39	153	2813	ZD-731016	1177	2923	1071
FAG-25	L-39	154	2814	ZD-731017	1177	2813	714
FAG-25	L-39	155	2815	ZD-731018	1177	2922	1313
FAG-25	L-39	157	2816	ZD-731020	1177	2995	838
FAG-25	L-39	158	2817	ZD-731021	1177	2858	898
FAG-25	L-39	159	2818	ZD-731022	1177	2944	707
FAG-25	L-39	160	2819	ZD-731011	1177	2996	1011
FAG-25	L-39	161	2820	ZD-731009	1177	2779	440
FAG-25	L-39	162	2821	ZD-831125	0478	2928	960
FAG-25	L-39	164	2822	ZD-831114	0378	2828	1122
FAG-25	L-39	165	2823	ZD-831115	0378	2887	1188
FAG-25	L-39	166	2824	ZD-831116	0378	2892	1017
FAG-25	L-39	173	2825	ZD-831118	0478	2931	1110
FAG-25	L-39	174	2826	ZD-831119	0378	2932	941
FAG-25	L-39	175	2827	ZD-232301	0782	1500	127
FAG-25	L-39	177	2828	ZD-831120	0378	2974	1280
FAG-25	L-39	178	2829	ZD-232302	0782	1500	80
FAG-25	L-39	180	2830	ZD-232303	0782	1500	102
FAG-25	L-39	182	2831	ZD-232304	0782	1500	204
ZDK-33	L-39	187	2850	ZD-831121	0478	1635+	
FAG-25	L-39	188	2832	ZD-831122	0478	2959	1314
FAG-25	L-39	189	2833	ZD-831123	0478	2963	1123
FAG-25	L-39	191	2834	ZD-831124	0478	2891	801
FAG-25	L-39	192	2835	ZD-831132	0478	2972	1331
FAG-25	L-39	194	2836	ZD-831126	0478	2915	1276
FAG-25	L-39	195	2837	ZD-831127	0478	2990	1230
FAG-25	L-39	196	2838	ZD-831128	0478	2820	1355
FAG-25	L-39	197	2839	ZD-831129	0478	2987	1115

TT	Fztyp	TaktN NVA	TaktKz Bw	WN	NBeg	ZSoll	RZeit
FAG-25	L-39	198	2840	ZD-831130	0478	2972	1250
FAG-25	L-39	199	2841	ZD-831131	0578	2859	1430
ZDK-33	L-39	200	2851	ZD-831133	0578	1144+	
FAG-25	L-39	214	2842	ZD-831134	0578	2825	1395
FAG-25	L-39	216	2843	ZD-831135	0578	2830	1381
ZDK-33	l-39	222	2852	ZD-831136	0478	1303+	
FAG-25	L-39	271	2844	ZD-831137	0578	2959	1337
FAG-25	L-39	273	2845	ZD-831138	0578	2811	1403
FAG-25	L-39	277	2846	ZD-831139	0578	2732	1404
FAG-25	L-39	279	2847	ZD-831140	0578	2938	1334
ZDK-33	L-39V	170	2848	V-630705	0681	1018+	
ZDK-33	L-39V	171	2849	V-630715	0580	1129	
TG-44	Tu-154M	114	1101	799/SFA	0489		
TG-44	Tu-154M	121	1102	813/SFB	0989		
TG-44	Tu-134A	176	1110	SDR-63967	0582		
TG-44	Tu-134A	184	1111	SDS-63952	0382		
TG-44	Tu-134A	193	1112	SDU-66135	0983		
TG-44	Il-62M	108	1120	SEV-3749224	1187		
TG-44	Il-62M	120	1121	SEN-3242432	0982		
TG-44	Il-62M	136	1122	SEP-4445827	1084		
JG-3	MiG-29	604	2901	2960525106	0488	800	584
JG-3	MiG-29	607	2902	2960525108	0488	800	420
JG-3	MiG-29	615	2903	2960525110	0388	800	573
JG-3	MiG-29	628	2904	2960525111	0388	800	575
JG-3	MiG-29	635	2905	2960525113	0688	800	559
JG-3	MiG-29	661	2906	2960525114	0488	800	529
JG-3	MiG-29	668	2907	2960525115	0488	800	520
JG-3	MiG-29	669	2908	2960525118	0488	800	586
JG-3	MiG-29	670	2909	2960525121	0488	800	556
JG-3	MiG-29	676	2910	2960525124	0488	800	506
JG-3	MiG-29	677	2911	2960525188	0888	800	588
JG-3	MiG-29	679	2912	2960525132	0588	800	560
JG-3	MiG-29	684	2914	2960525800	1188	800	587
JG-3	MiG-29	693	2915	2960526300	1188	800	586
JG-3	MiG-29	699	2916	2960526301	0189	800	606
JG-3	MiG-29	745	2917	2960526302	0189	800	596
JG-3	MiG-29	777	2918	2960526310	0189	800	616
JG-3	MiG-29	778	2919	2960526314	0589	800	643
JG-3	MiG-29	785	2920	2960526315	0189	800	590
JG-3	MiG-29	786	2921	2960526319	0189	800	610
JG-3	MiG-29U	148	2922	50903006448	0488	800	470
JG-3	MiG-29U	179	2923	50903006526	0488	800	482
JG-3	MiG-29U	181	2924	50903006604	0488	800	482
JG-3	MiG-29U	185	2925	50903011408	0189	800	580
VS-14	L-410UVP (S)	317	5309	800524	1280	6109	3747
VS-14	L-410UVP (S)	318	5310	800525	1280	6233	3654
VS-14	L-410UVP (S)	319	5311	800526	1280	6407	3042
VS-14	L-410UVP (S)	320	5312	800527	1280	6163	3358
TAS-45	L-410UVP (T)	313	5301	810726	1281	5611	3653
TAS-45	L-410UVP (T)	316	5302	810727	1281	5444	3442
TAS-45	L-410UVP (T)	321	5303	820737	0282	6095	3830
TAS-45	L-410UVP (T)	323	5304	820738	0282	6087	4000
TAS-45	L-410UVP (T)	324	5305	820739	0282	5989	3989
TAS-45	L-410UVP (T)	325	5306	831135	1283	4000	2323
TAS-45	L-410UVP (T)	326	5307	831136	1283	4000	2421
TAS-45	L-410UVP (T)	327	5308	831137	1283	4000	2561
TS-24	An-26T	359	5211	14307 SBK	1085	5000	3111
TS-24	An-26T	364	5206	10605 SBC	0181	9747	4738
TS-24	An-26T	367	5207	10607 SBA	0181	9040	4827
TS-24	An-26T	368	5208	10706 SBB	0181	5000	1318
TS-24	An-26T	369	5209	11402 SBL	0881	5000	1974
TS-24	An-26T	371	5201	10404 SBE	1180	9305	4225
TS-24	An-26T	372	5202	10405 SBG	1180	9140	4428

TT	Fztyp	TaktN NVA	TaktKz Bw	WN	NBeg	ZSoll	RZeit
TS-24	An-26T	373	5210	14208 SBM	0885	5000	2998
TS-24	An-26T	374	5203	40407 SBF	1280	9176	4885
TS-24	An-26T	375	5204	10409 SBW	1280	5000	1001
TS-24	An-26T	376	5205	10509 SBD	1280	5000	792
TS-24	An-26T	384	5212	14308 SBH	1185	5000	3146
JBG-77	Su-22M4	360	2501	25307	1284	800	68
JBG-77	Su-22M4	362	2502	25509	1284	800	189
JBG-77	Su-22M4	363	2503	25510	1284	850	22
JBG-77	Su-22M4	365	2504	25511	1284	800	230
JBG-77	Su-22M4	366	2505	25512	1284	850	48
JBG-77	Su-22M4	370	2506	25713	0285	800	220
JBG-77	Su-22M4	546	2507	25714	0285	800	79
JBG-77	Su-22M4	574	2508	25715	0285	800	109
JBG-77	Su-22M4	600	2509	25916	0285	800	224
JBG-77	Su-22M4	605	2510	25017	0285	800	110
JBG-77	Su-22M4	613	2511	25018	0285	800	272
JBG-77	Su-22M4	636	2512	25019	0285	800	271
JBG-77	Su-22M4	641	2513	25020	0485	800	264
JBG-77	Su-22M4	644	2514	26001	0285	800	309
JBG-77	Su-22M4	645	2515	26102	0285	800	136
JBG-77	Su-22M4	678	2516	26103	0485	800	305
JBG-77	Su-22M4	682	2517	26204	0385	800	87
JBG-77	Su-22M4	686	2518	26205	0385	800	260
JBG-77	Su-22M4	700	2519	26206	0385	800	261
JBG-77	Su-22M4	704	2520	26307	0385	800	148
JBG-77	Su-22M4	711	2521	26408	0385	800	85
JBG-77	Su-22M4	721	2522	26409	0385	800	284
JBG-77	Su-22M4	723	2523	26510	0385	800	284
JBG-77	Su-22UM3K	113	2547	17532369809	1286	800	382
JBG-77	Su-22UM3K	119	2548	17532367002	1284	800	55
JBG-77	Su-22UM3K	127	2549	17532367003	1284	800	92
JBG-77	Su-22UM3K	146	2550	17532371002	0587	800	396
MFG-28	Su-22M4	378	2524	30913	1186	800	455
MFG-28	Su-22M4	380	2525	30914	1186	800	421
MFG-28	Su-22M4	537	2526	30915	1186	800	468
MFG-28	Su-22M4	590	2527	30916	1186	800	413
MFG-28	Su-22M4	598	2528	30917	1186	800	412
MFG-28	Su-22M4	629	2529	30918	1186	800	428
MFG-28	Su-22M4	674	2530	30920	1186	800	435
MFG-28	Su-22M4	706	2531	31001	1286	800	441
MFG-28	Su-22M4	716	2532	31002	1186	800	458
MFG-28	Su-22M4	724	2533	31203	1186	800	387
MFG-28	Su-22M4	725	2534	26511	0485	800	192
MFG-28	Su-22M4	727	2535	56512	0485	800	105
MFG-28	Su-22M4	728	2536	31204	1186	800	392
MFG-28	Su-22M4	730	2537	26613	0485	800	319
MFG-28	Su-22M4	734	2538	31205	0986	800	364
MFG-28	Su-22M4	737	2539	26614	0485	800	229
MFG-28	Su-22M4	741	2540	26715	0485	800	56
MFG-28	Su-22M4	743	2541	26716	0485	800	126
MFG-28	Su-22M4	757	2542	26817	0485	800	224
MFG-28	Su-22M4	769	2543	26818	0485	800	257
MFG-28	Su-22M4	798	2544	31406	0986	800	400
MFG-28	Su-22M4	820	2545	31407	1286	800	429
MFG-28	Su-22M4	824	2546	31508	1186	800	434
MFG-28	Su-22UM3K	111	2551	17532366510	1284	800	108
MFG-28	Su-22UM3K	112	2552	17532367001	1284	800	111
MFG-28	Su-22UM3K	137	2553	17532370810	0387	800	283
MFG-28	Su-22UM3K	138	2554	17532371001	0587	800	279
HAG-35	Mi-2	301	9450	563401044	0474	4837	947
HAG-35	Mi-2	303	9451	563403034	0474	4884	915
HAG-35	Mi-2	305	9452	563405044	0474	4874	923
HAG-35	Mi-2	306	9453	563820114	1274	3992	393

TT	Fztyp	TaktN NVA	TaktKz Bw	WN	NBeg	ZSoll	RZeit
HAG-35	Mi-2	308	9454	563822114	1274	3958	663
HAG-35	Mi-2	309	9455	563823114	1274	3972	469
HAG-35	Mi-2	310	9456	563824114	1274	3986	727
HAG-35	Mi-2	348	9457	564411105	1075	3988	680
HAG-35	Mi-2	352	9458	564413105	1075	3995	758
HAG-35	Mi-2	382	9459	562632122	1272	3902	182
HAG-35	Mi-2	383	9460	562633122	1272	3888	8
HAG-35	Mi-2	385	9461	562635122	1272	3904	344
HAG-35	Mi-2	392	9462	563147103	1173	3989	739
HAG-35	Mi-2	393	9463	563148103	1173	4915	887
HAG-35	Mi-2 F	423	9464	562818043	0673	3831	552
HAG-35	Mi-2 F	503	9465	562944063	0773	3979	375
HAG-35	Mi-2 F	506	9466	562946063	0773	4813	975
KHG-3	Mi-2 F	328	9480	514415125	0376	2913	194
KHG-3	Mi-2	377	9481	562247032	0472	3906	883
KHG-3	Mi-2	381	9482	562250032	0472	3886	700
KHG-3	Mi-2 See	386	9483	552649126	0173	2986	188
KHG-5	Mi-2 F	335	9470	514416125	0376	2946	254
KHG-5	Mi-2	347	9471	564410105	1075	2998	403
KHG-5	Mi-2	379	9472	562248032	0472	3829	771
KHG-5	Mi-2 See	388	9473	552701122	0173	2784	46
THG-34	Mi-8	970	9319	10552	0376	2987	382
THG-34	Mi-8	973	9320	10522	0773	3614	546
HAG-35	Mi-8	960	9336	10548	0376	3886	1000
HAG-35	Mi-8	961	9337	10549	0376	3745	652
HAG-35	Mi-8	962	9338	10550	0376	3891	394
HAG-35	Mi-8	966	9339	10551	0376	3844	480
HAG-35	Mi-8	974	9340	10523	0773	4318	985
HAG-35	Mi-8	975	9341	10524	0773	4697	785
HAG-35	Mi-8	976	9342	10532	1274	4439	759
HAG-35	Mi-8	977	9343	10533	1174	4448	874
HAG-35	Mi-8	990	9344	10585	0178	3585	846
HAG-35	Mi-8	993	9345	10586	0178	4070	1160
HAG-35	Mi-8	998	9346	10584	0178	3619	1036
KHG-3	Mi-8	739	9360	10599	0581	3000	946
KHG-5	Mi-8	732	9380	10597	0581	2684	1017
TG-44	Mi-8 S	735	9355	10598	0581	2652	1123
TG-44	Mi-8 S	911	9350	10733	1286	1500	739
TG-44	Mi-8 S	914	9351	105104	1286	1500	912
TG-44	Mi-8 S	915	9354	105106	1186	1500	898
TG-44	Mi-8 S	945	9352	105107	1286	1500	627
TG-44	Mi-8 S	950	9353	105108	0487	1500	991
MHG-18	Mi-8 S	773	9401	105100	0581	3000	1017
HS-16	Mi-8 S	397	0	0826	1268	4115	342
HS-16	Mi-8 S	971	0	10520	0773	3623	541
THG-34	Mi-8 T	398	9301	031233	0769	4307	507
THG-34	Mi-8 T	399	9302	021333	0869	4731	909
THG-34	Mi-8 T	400	9393	10511	0770	4694	661
THG-34	Mi-8 T	626	9304	10512	0571	4570	872
THG-34	Mi-8 T	631	9305	10515	0571	3569	209
THG-34	Mi-8 T	634	9306	10518	0571	3670	14
THG-34	Mi-8 T	921	9307	10537	0475	3969	1000
THG-34	Mi-8 T	922	9308	10538	0475	2988	148
THG-34	Mi-8 T	923	9309	10539	0475	3969	1000
THG-34	Mi-8 T	924	9310	10540	0675	3960	1000
THG-34	Mi-8 T	925	9311	10542	1175	2986	312
THG-34	Mi-8 T	926	9312	10541	1175	2880	-15
THG-34	Mi-8 T	927	9314	10543	1175	2997	333
THG-34	Mi-8 T	928	9315	10544	1175	2974	166
THG-34	Mi-8 T	930	9316	10545	1175	2984	96
THG-34	Mi-8 T	931	9317	10546	1175	3957	895
THG-34	Mi-8 T	932	9318	10547	1175	2997	87
HAG-35	Mi-8 T	389	9330	10510	0770	4670	178

TT	Fztyp	TaktN NVA	TaktKz Bw	WN	NBeg	ZSoll	RZeit
HAG-35	Mi-8 T	630	9331	10514	0571	5710	999
HAG-35	Mi-8 T	632	9332	10516	0571	4676	167
HAG-35	Mi-8 T	633	9333	10517	0571	4565	525
HAG-35	Mi-8 T	902	9334	10530	0774	3933	132
HAG-35	Mi-8 T	903	9335	10531	0774	3873	48
MHG-18	Mi-8 T	906	9402	10535	0774	2849	57
MHG-18	Mi-8 T	907	9403	10536	0774	2940	106
HS-16	Mi-8 T	391	0	105101	0782	2490	970
KHG-3	Mi-8 TB	124	9361	10553	1076	2974	698
KHG-3	Mi-8 TB	125	9362	10554	1076	2983	662
KHG-3	Mi-8 TB	126	9363	10555	1076	1988	1000
KHG-3	Mi-8 TB	128	9364	10556	1076	2925	744
KHG-3	Mi-8 TB	129	9365	10557	1076	2995	892
KHG-3	Mi-8 TB	130	9366	10558	1076	2995	886
KHG-3	Mi-8 TB	131	9367	10559	1076	2938	583
KHG-3	Mi-8 TB	132	9368	10560	1076	2987	769
KHG-3	Mi-8 TB	134	9369	10562	1076	2949	599
KHG-3	Mi-8 TB	751	9370	10577	0477	2646	57
KHG-3	Mi-8 TB	755	9371	10579	0477	3987	1500
KHG-3	Mi-8 TB	933	9372	10587	0378	2968	144
KHG-3	Mi-8 TB	935	9373	10589	0378	2813	115
KHG-3	Mi-8 TB	936	9374	10590	0378	2946	234
KHG-3	Mi-8 TB	938	9375	10592	0279	2945	315
KHG-3	Mi-8 TB	940	9376	10594	0279	2814	504
KHG-5	Mi-8 TB	133	9381	10561	0277	2978	708
KHG-5	Mi-8 TB	135	9382	10563	0277	2992	772
KHG-5	Mi-8 TB	750	9383	10576	0477	2971	885
KHG-5	Mi-8 TB	752	9384	10578	0477	2963	923
KHG-5	Mi-8 TB	763	9305	10580	0577	2626	20
KHG-5	Mi-8 TB	764	9386	10581	0577	3953	1436
KHG-5	Mi-8 TB	768	9387	10582	0577	2620	20
KHG-5	Mi-8 TB	937	9389	10591	0279	2935	488
KHG-5	Mi-8 TB	939	9390	10593	0279	2921	404
KHG-5	Mi-8 TB	934	9388	10588	0378	3954	1430
MHG-18	Mi-8 TB	807	9404	10564	1076	2750	411
MHG-18	Mi-8 TB	808	9405	10565	1076	2760	431
MHG-18	Mi-8 TB	810	9406	10566	1076	2751	477
MHG-18	Mi-8 TB	812	9407	10567	1076	2777	648
MHG-18	Mi-8 TB	814	9408	10568	1076	2806	607
MHG-18	Mi-8 TB	818	9409	10569	1076	2792	620
MHG-18	Mi-8 TB	827	9410	10572	0377	2857	793
MHG-18	Mi-8 TB	830	9411	10573	0377	2782	796
MHG-18	Mi-8 TB	831	9412	10574	0477	2798	861
MHG-18	Mi-8 TB	834	9414	10575	0477	2760	883
KHG-3	Mi-9	402	9395	340002	0584	1211+	
KHG-3	Mi-9	405	9396	340003	0584	1497+	
KHG-3	Mi-9	407	9397	340004	0584	1251+	
KHG-3	Mi-9	482	9398	340001	0584	1463+	
KHG-5	Mi-9	409	9391	340005	1183	1411+	
KHG-5	Mi-9	411	9392	340006	1283	1417+	
KHG-5	Mi-9	416	9393	340007	1283	1220+	
KHG-5	Mi-9	426	9394	340008	1283	1053+	
MFG-18	Mi-14 PL	617	95-01	B 4001	1179		
MFG-18	Mi-14 PL	618	95-02	B 4002	1179		
MFG-18	Mi-14 PL	619	95-03	B 4003	1179		
MFG-18	Mi-14 PL	620	95-04	B 4004	1280		
MFG-18	Mi-14 PL	625	95-05	B 4005	1280		
MFG-18	Mi-14 PL	637	95-06	B 4006	1280		
MFG-18	Mi-14 PL	640	95-07	B 4008	1280		
MFG-18	Mi-14 PL	643	95-08	B 4009	1280		
MFG-18	Mi-14 BT	646	95-09	B 4010	1285		
MFG-18	Mi-14 BT	647	95-10	B 4011	1285		
MFG-18	Mi-14 BT	648	95-11	B 4012	1285		

TT	Fztyp	TaktN NVA	TaktKz Bw	WN	NBeg	ZSoll	RZeit
MFG-18	Mi-14BT	653	95-12	B 4013	1285		
MFG-18	Mi-14BT	654	95-14	B 4014	1285		
MFG-18	Mi-14BT	655	95-15	B 4015	1285		
KHG-5	Mi-24D	495	9631	110167	0581	1396+	
KHG-5	Mi-24D	496	9632	110168	0381	1350+	
KHG-5	Mi-24D	528	9633	340273	0483	1264+	
KHG-5	Mi-24D	529	9634	340271	0383	1701+	
KHG-5	Mi-24D	530	9635	340274	0483	1680+	
KHG-5	Mi-24D	532	9636	340275	0483	1551+	
KHG-5	Mi-24D	533	9637	340276	0483	1298+	
KHG-5	Mi-24D	544	9638	340277	0483	1318+	
KHG-5	Mi-24D	547	9639	340278	0483	1397+	
KHG-5	Mi-24P	357	9640	340330	1289	138+	
KHG-5	Mi-24P	358	9641	340331	1289	222+	
KHG-5	Mi-24P	361	9642	340332	1289	116+	
KHG-5	Mi-24P	387	9643	340333	1289	187+	
KHG-5	Mi-24P	415	9644	340334	1289	186+	
KHG-5	Mi-24P	422	9645	340335	1289	147+	
KHG-5	Mi-24P	439	9646	340336	1289	85+	
KHG-5	Mi-24P	442	9647	340337	1289	278+	
KHG-5	Mi-24P	444	9648	340338	1289	86+	
KHG-5	Mi-24P	464	9649	340339	1289	198+	
KHG-5	Mi-24P	480	9650	340340	1289	183+	
KHG-5	Mi-24P	512	9651	340341	1289	83+	
KHG-3	Mi-24D	390	9601	110156	0581	1727+	
KHG-3	Mi-24D	396	9602	110157	0581	1549+	
KHG-3	Mi-24D	414	9603	B 4069	0779	2154+	

TT	Fztyp	TaktN NVA	TaktKz Bw	WN	NBeg	ZSoll	RZeit
KHG-3	Mi-24D	424	9604	110160	0681	1594+	
KHG-3	Mi-24D	433	9605	110161	0681	1630+	
KHG-3	Mi-24D	446	9606	110163	0681	1955+	
KHG-3	Mi-24D	487	9607	110165	0781	1402+	
KHG-3	Mi-24D	498	9608	110170	0781	1687+	
KHG-3	Mi-24D	520	9609	110169	0881	1815+	
KHG-3	Mi-24D	522	9610	110172	0881	1763+	
KHG-3	Mi-24D	523	9611	110173	0881	1742+	
KHG-3	Mi-24D	524	9612	340269	0583	1450+	
KHG-3	Mi-24D	525	9613	340227	0583	1365+	
KHG-3	Mi-24D	534	9614	730209	0682	1501+	
KHG-3	Mi-24D	536	9615	730210	0682	1384+	
KHG-3	Mi-24D	538	9616	730208	0682	1634+	
KHG-3	Mi-24D	539	9617	730211	0682	1402+	
KHG-3	Mi-24D	540	9618	730212	0682	1523+	
KHG-3	Mi-24D	543	9619	730213	0682	1374+	
KHG-5	Mi-24D	403	9620	B 4001	0678	1198+	
KHG-5	Mi-24D	406	9621	B 4002	0678	1958+	
KHG-5	Mi-24D	408	9622	110158	0581	1061+	
KHG-5	Mi-24D	412	9623	B 4004	0678	1982+	
KHG-5	Mi-24D	417	9624	B 4071	0879	1849+	
KHG-5	Mi-24D	418	9625	B 4072	0879	1758+	
KHG-5	Mi-24D	421	9626	110159	0581	1784+	
KHG-5	Mi-24D	434	9627	110162	0481	1652+	
KHG-5	Mi-24D	447	9628	110164	0681	1493+	
KHG-5	Mi-24D	485	9629	340272	0583	1459+	
KHG-5	Mi-24D	494	9630	1100166	0781	1496+	

Aussonderung von Flugzeug- und Hubschraubertechnik ab 1972

Legende:

TT	Truppenteil, der den Luftfahrzeugtyp (FzTyp) zuletzt im Bestand hatte
TaktN	taktische Nummer (Bordnummer) des Luftfahrzeuges in der NVA
WN	Werknummer
NBeg	Beginn der Nutzung mit Monat und Jahr: 0459 = April 1959
Aussond	Datum der Außerdienststellung

AFS-47	Taktische Aufklärungsstaffel 47
AMus.Dres.	Armeemuseum Dresden
Ass.Salis.	Association J. B. Salis – franz. Fliegerklub
BB Brandm.	Brandenburg-Briest, Übungsplatz Brandmittel
BGS Ost	Bundesgrenzschutz Ost
BV	Besonderes Vorkommnis, allgemeine Bezeichnung für Flugunfälle, die zum Verlust des Luftfahrzeuges führten
CD OHS FM	Chemische Dienste Offiziershochschule »Franz Mehring«
CD	Übungsplatz Chemische Dienste/Brandmittelplatz
Concorde	Flug GmbH
DYN	Dynamo-Kette
Eh.Bau.	Ehrenhain Bautzen
Erdsp.	Erdschießplatz
FC	Fliegerclub
Flug-SV	Flugsportverein »Elbe-Eister«, Holzdorf
FWD	Flugzeugwerft Dresden
IF	INTERFLUG mit Kennung
LASK Ausb.	Landstreitkräfte Ausbildungsgelände
LFP	Lehrflugplatz
LSP	Luftschießplatz
MTS	Militärtechnische Schule Bad Düben
MTS, RVT	Militärtechnische Schule, nur Rumpfvorderteil
Mus. Augsb.	Fliegendes Museum Augsburg
Mus.Bau.	Museum Bautzen (Vorstartlinie)
OHS TI	Offiziershochschule zur Ausbildung in der Truppeninstandsetzung
Probel.tra.	verwendet zum Bau des Probelauftrainers in Kamenz
Rautenkr.	Denkmal in Morgenröthe/Rautenkranz
R. Krüger	Reinhard Krüger, Neustadt/Dosse
Sächs. LF	Sächsische Luftfahrt-Service GmbH
S.gepl.	Sockel geplant
Sock.	Sockel (technisches Denkmal)
T-T	Tarntechnik, scheinbares DHS, praktisch Attrappen
Trad.	Traditionsmaschine des Truppenteils
ÜG US-LSK	Übergabe Luftstreitkräfte USA (US Air Force)
VM	Volksmarine
Waldsd.	Nachrichtenregiment Waldsieversdorf
Wärmlitzer	Wärmlitzer Wach- und Schließgesellschaft, Wärmlitz, Landkreis Burg

Aussonderung von Flugzeug- und Hubschraubertechnik ab 1972

TT	FzTyp	TaktN	WN	NBeg	Aussond	Grund
JBG-31	MiG-15UTI	04	922259	0459	30. 12. 80	150*
JBG-31	MiG-15UTI	12	612834	0656	25. 06. 78	Schrott
JBG-31	MiG-15UTI	15	622474	1156	17. 09. 82	Reexport
JBG-31	MiG-15UTI	103	622064	0257	30. 12. 84	Schrott
JBG-31	MiG-15UTI	111	722621	0258	09. 11. 79	MTS LFP, Schrott
JBG-31	MiG-15UTI	112	022529	0260	28. 12. 83	Reexport
JBG-31	MiG-15UTI	114	022528	0260	25. 06. 80	Verkauf
JG-8	MiG-15UTI	127	022532	0360	06. 08. 74	FWD
JBG-31	MiG-15UTI	136	722521	1957	09. 11. 79	MTS LFP, Schrott
JBG-31	MiG-15UTI	137	022534	0360	28. 02. 82	Reexport
JBG-31	MiG-15UTI	138	922330	1959	28. 02. 82	Reexport
JBG-31	MiG-15UTI	146	022526	0260	09. 11. 79	Schrott
JBG-31	MiG-15UTI	148	022527	0260	09. 11. 79	Schrott
JBG-31	MiG-15UTI	163	922257	0459	23. 10. 85	Schrott
JBG-31	MiG-15UTI	166	922268	0459	13. 05. 76	BV
MTS	MiG-17F	08	0630		19. 08. 81	Mus.Bau.
JBG-31	MiG-17F	202	lC 06-02	0657	31. 12. 84	Schrott
JBG-31	MiG-17F	209	lC 07-03	0857	23. 10. 85	Schrott
JBG-31	MiG-17F	210	lC 08-22	1157	30. 12. 80	128*
JBG-31	MiG-17F	211	00619	1261	14. 04. 80	129*
JBG-31	MiG-17F	223	lC 07-09	0857	23. 10. 85	Schrott
JBG-31	MiG-17F	300	lC 06-30	0857	30. 11. 85	AMus.Dres.
JBG-31	MiG-17F	314	lC 06-14	0657	30. 12. 80	130*
JBG-31	MiG-17F	322	lC 06-22	0857	30. 12. 80	131*
JBG-31	MiG-17F	333	lC 06-23	0857	28. 05. 77	BV
JBG-31	MiG-17F	334	lC 06-24	0857	10. 08. 84	Schrott
JBG-31	MiG-17F	346	lC 07-23	1057	30. 11. 85	Schrott
JBG-31	MiG-17F	393	0479	0158	30. 12. 80	132*
JBG-31	MiG-17F	435	lC 04-04	0657	31. 12. 84	Schrott
JBG-31	MiG-17F	439	lC 07-06	0857	23. 10. 85	Schrott
JBG-31	MiG-17F	442	lC 07-08	0857	23. 10. 85	Schrott
JBG-31	MiG-17F	444	lC 06-08	0757	25. 06. 80	Verkauf
JBG-31	MiG-17F	480	lC 06-07	0757	23. 10. 85	Schrott
JBG-31	MiG-17F	513	lC 09-13	0258	31. 12. 84	Schrott
JBG-31	MiG-17F	519	lC 06-19	0757	31. 12. 80	133*
JBG-31	MiG-17F	528	lC 06-28	0857	14. 04. 80	134*
JBG-31	MiG-17F	537	lC 09-17	0258	31. 12. 84	Schrott
JBG-31	MiG-17F	569	lC 09-19	0258	14. 04. 80	135*
JBG-31	MiG-17F	600	lC 07-27	1057	25. 06. 80	Verkauf
JBG-31	MiG-17F	656	08-51	1157	23. 05. 78	BV
JBG-31	MiG-17F	668	lC 08-07	1057	31. 12. 84	Schrott
JBG-31	MiG-17F	700	lC 07-17	1057	25. 06. 80	Verkauf
JBG-31	MiG-17F	757	lC 08-24	1157	30. 12. 80	136*
JBG-31	MiG-17F	769	lC 07-14	1057	23. 10. 85	Schrott
JBG-31	MiG-17F	777	lC 08-25	1157	20. 01. 84	Schrott
JBG-31	MiG-17F	785	0436	0754	31. 12. 84	Schrott
JBG-31	MiG-17F	806	lC 08-15	1157	23. 10. 85	Schrott
JBG-31	MiG-17F	842	lC 09-22	0258	23. 10. 85	Schrott
JBG-31	MiG-17F	866	lC 09-26	0258	11. 04. 78	BV
JBG-31	MiG-17F	867	lC 09-27	0258	23. 10. 85	Schrott
JBG-31	MiG-17F	886	lC 06-16	0757	14. 04. 80	137*
JBG-31	MiG-17F	905	lC 08-29	0757	23. 10. 85	Schrott
JBG-31	MiG-17F	910	7134	0757	30. 12. 80	138*
JBG-31	MiG-17F	911	lC 08-16	1157	30. 12. 80	139*
JBG-31	MiG-17F	914	lC 08-04	0158	31. 12. 84	Schrott
JBG-31	MiG-17F	915	0426	1958	31. 12. 84	Schrott
JBG-31	MiG-17F	945	lC 09-09	0158	31. 12. 84	Schrott
JBG-31	MiG-17F	955	lC 09-14	0158	31. 12. 84	Schrott
JBG-31	MiG-17F	991	lC 08-30	0158	23. 10. 85	Schrott
FAG-15	MiG-21F13	604	1008	1063	30. 11. 78	T-T JG-9
AFS-47	MiG-21F13	605	1009	1063	18. 12. 80	Schrott

TT	FzTyp	TaktN	WN	NBeg	Aussond	Grund
AFS-47	MiG-21F13	608	1002	1063	30. 12. 80	MTS, RVT
AFS-47	MiG-21F13	612	0913	1063	23. 10. 85	Schrott
FAG-15	MiG-21F13	619	1004	1063	03. 11. 82	Trad. JG-3
AFS-47	MiG-21F13	622	0902	1063	23. 10. 85	T-T JG-1AFS
AFS-47	MiG-21F13	623	1916	0862	23. 10. 85	Schrott
AFS-47	MiG-21F13	624	0905	0862	23. 10. 85	Schrott
FAG-15	MiG-21F13	628	1602	0664	30. 11. 78	Schrott
AFS-47	MiG-21F13	629	741917	0862	15. 11. 83	Verkauf FWD
FAG-15	MiG-21F13	635	1524	0664	30. 11. 78	Schrott
AFS-47	MiG-21F13	639	741922	0862	23. 10. 85	MTS, RVT
AFS-47	MiG-21F13	641	741618	0564	30. 12. 80	CD
AFS-47	MiG-21F13	642	741923	0862	23. 10. 85	T-T JG-8
FAG-15	MiG-21F13	644	741617	0664	30. 11. 78	Schrott
AFS-47	MiG-21F13	645	741924	0662	30. 12. 80	Mus.Bau.
FAG-15	MiG-21F13	661	742001	0862	30. 11. 78	T-T JG-8
FAG-15	MiG-21F13	663	741525	0664	30. 11. 78	Schrott
FAG-15	MiG-21F13	669	741601	0664	30. 11. 78	T-T JG-9
FAG-15	MiG-21F13	672	0912	1063	25. 05. 78	BV
FAG-15	MiG-21F13	676	0910	1063	29. 09. 78	T-T JG-1
FAG-15	MiG-21F13	677	1619	0564	30. 11. 78	T-T JG-9
FAG-15	MiG-21F13	679	0901	1063	30. 11. 78	T-T JG-8
FAG-15	MiG-21F13	684	1005	1063	30. 11. 78	Schrott
AFS-47	MiG-21F13	688	1006	1063	23. 10. 85	T-T JG-3
FAG-15	MiG-21F13	693	0815	1063	30. 11. 78	T-T JG-9
FAG-15	MiG-21F13	696	742003	1062	10. 12. 76	BV
FAG-15	MiG-21F13	701	741706	1961	15. 06. 79	Schrott
AFS-47	MiG-21F13	708	1611	0664	23. 10. 85	T-T JG-1
FAG-15	MiG-21F13	712	1010	1063	30. 11. 78	Schrott
AFS-47	MiG-21F13	713	0914	1063	23. 10. 85	T-T JG-3
AFS-47	MiG-21F13	714	1610	0564	23. 10. 85	Schrott
FAG-15	MiG-21F13	716	0911	1063	30. 11. 78	T-T JG-8
FAG-15	MiG-21F13	724	742013	1062	30. 11. 78	Schrott
AFS-47	MiG-21F13	726	1606	0764	23. 10. 85	T-T JG-3
FAG-15	MiG-21F13	728	0915	1063	30. 11. 78	Schrott
FAG-15	MiG-21F13	734	0907	1063	30. 11. 78	Schrott
AFS-47	MiG-21F13	736	1607	0764	23. 10. 85	T-T JG-3
AFS-47	MiG-21F13	737	1608	0764	30. 04. 80	Rautenkr.
FAG-15	MiG-21F13	741	1612	0764	30. 11. 78	T-T JG-1
AFS-47	MiG-21F13	744	742006	0962	23. 10. 85	Schrott
FAG-15	MiG-21F13	745	741921	0162	30. 11. 78	T-T JG-8
FAG-15	MiG-21F13	747	1614	0864	30. 11. 78	Schrott
AFS-47	MiG-21F13	749	1616	0564	23. 10. 85	MTS RD
AFS-47	MiG-21F13	759	1609	0564	12. 10. 77	BV
JG-2	MiG-21PFM	809	0513	1164	29. 08. 86	BV
OHS	MiG-21PFM	812	0514	1164	29. 08. 86	OHS LFP
JG-2	MiG-21PFM	816	0602	1164	30. 11. 88	FWD
JG-2	MiG-21PFM	821	0604	1164	23. 10. 86	Schrott
JG-2	MiG-21PFM	823	0605	1164	08. 12. 87	Erdsp. JG-2
JG-2	MiG-21PFM	825	0606	1164	08. 12. 87	Sock. JG-2
JG-2	MiG-21PFM	828	0609	1164	30. 11. 88	FWD
JG-2	MiG-21PFM	832	1001	0465	26. 10. 85	Schrott
JG-2	MiG-21PFM	840	1004	0465	15. 04. 73	MTS LFP
JG-2	MiG-21PFM	843	1005	0465	30. 11. 88	JG-2
JG-2	MiG-21PFM	846	1006	0465	05. 07. 72	MTS LFP
JG-2	MiG-21PFM	848	1007	0465	02. 10. 76	BV
JG-2	MiG-21PFM	851	1008	0465	30. 08. 88	FWD
JG-2	MiG-21PFM	854	1009	0465	30. 11. 87	CD
JG-2	MiG-21PFM	858	1010	0465	30. 11. 88	FWD
JG-2	MiG-21PFM	862	0811	0465	23. 10. 86	Schrott
JG-2	MiG-21PFM	864	0913	0465	30. 11. 87	CD
JG-2	MiG-21PFM	868	1103	0465	30. 11. 87	AMus.Dres.

TT	FzTyp	TaktN	WN	NBeg	Aussond	Grund
JG-2	MiG-21PFM	870	0914	0465	30. 11. 88	FWD
JG-2	MiG-21PFM	877	1012	0465	30. 11. 87	JG-1 Trad.
JG-2	MiG-21PFM	883	1105	0465	30. 11. 88	FWD
JG-2	MiG-21PFM	885	1106	0465	30. 11. 88	JG-2
JG-2	MiG-21PFM	890	1107	0465	30. 11. 88	JG-2
JG-2	MiG-21PFM	896	1110	0465	30. 11. 88	JG-2 Sockel
JG-1	MiG-21SPS	849			15. 01. 74	BV
JG-2	MiG-21PFM	901	1112	0465	30. 11. 87	CD
JG-2	MiG-21PFM	908	1113	0465	30. 11. 88	JG-2
JG-2	MiG-21PFM	918	1115	0465	30. 11. 87	Schrott
JG-2	MiG-21PFM	934	1205	0364	23. 10. 86	Schrott
JG-2	MiG-21PFM	939	1208	0364	06. 05. 88	BV
JG-2	MiG-21PFM	942	1209	0364	30. 11. 87	AMus.Dres.
JG-2	MiG-21PFM	944	1210	0364	01. 08. 87	BV
JG-2	MiG-21PFM	947	1211	0364	30. 11. 88	JG-2
JG-2	MiG-21PFM	950	1402	0565	05. 07. 72	OHS, LFP
OHS	MiG-21SPS	698	4503	1166	09. 01. 69	Schrott
JG-1	MiG-21SPS	704	4007	0966	08. 01. 81	BV
JG-7	MiG-21SPS	709	4009	0966	03. 10. 89	Schrott
JG-7	MiG-21SPS	711	4208	1266	13. 09. 89	BV
JG-7	MiG-21SPS	722	4211	0966	18. 09. 89	Schrott
JG-1	MiG-21SPS	725	4212	0966	01. 12. 76	MTS LFP
FAG-15	MiG-21SPS	730	4214	0966	08. 05. 80	BV
JG-7	MiG-21SPS	733	4215	0966	30. 11. 89	Schrott
JG-7	MiG-21SPS	750	4304	0966	13. 10. 89	Schrott
JG-7	MiG-21SPS	751	4305	0966	03. 10. 89	Schrott
JG-7	MiG-21SPS	756	4307	0966	03. 10. 89	CDWaldsd.
JG-7	MiG-21SPS	758	4308	1266	18. 09. 89	Schrott
JG-7	MiG-21SPS	762	4606	1266	13. 09. 89	Schrott
JG-7	MiG-21SPS	763	4313	0966	14. 08. 89	CDWaldsd.
JG-7	MiG-21SPS	764	4314	0966	03. 10. 89	Schrott
JG-7	MiG-21SPS	765	4505	1066	30. 11. 89	Schrott
JG-7	MiG-21SPS	768	4607	1266	13. 09. 89	Schrott
JG-7	MiG-21SPS	770	4509	1266	30. 11. 89	MTS Lehrt.
FAG-15	MiG-21SPS	778	4501	1066	30. 12. 83	BV
JG-7	MiG-21SPS	779	4502	1066	01. 04. 69	MTS LFP
JG-7	MiG-21SPS	787	4610	1266	30. 11. 89	Schrott
JG-7	MiG-21SPS	791	4613	1266	03. 10. 89	OHS TI
JG-7	MiG-21SPS	793	4611	0267	30. 11. 89	Schrott
JG-7	MiG-21SPS	795	4614	0267	18. 09. 89	Schrott
JG-7	MiG-21SPS	796	4615	0267	30. 11. 89	Schrott
JG-1	MiG-21SPS	798	4701	0267	01. 09. 81	BV
JG-7	MiG-21SPS	813	4703	0267	03. 10. 89	Schrott
JG-7	MiG-21SPS	819	4704	0267	18. 09. 89	CD Storkow
FAG-15	MiG-21SPS	829	4705	0267	25. 06. 79	Eh.Bau.
JG-7	MiG-21SPS	836	4706	0267	30. 11. 89	Schrott
JG-7	MiG-21SPS	841	5113	0367	14. 08. 89	Schrott
JG-7	MiG-21SPS	847	5114	0367	30. 11. 89	Schrott
JG-7	MiG-21SPS	852	5201	0367	18. 09. 89	Schrott
JG-7	MiG-21SPS	865	5203	0367	18. 09. 89	CD Storkow
JG-1	MiG-21SPS	882	5207	0267	25. 06. 79	MTS LFP
JG-7	MiG-21SPS	884	5208	0267	03. 10. 89	Schrott
JG-7	MiG-21SPS	894	5211	0267	30. 11. 89	Schrott
JG-7	MiG-21SPS	929	5513	0567	13. 10. 89	Schrott
JG-1	MiG-21SPS	933	5515	0667	29. 01. 76	BV
JG-7	MiG-21SPS	938	5603	0667	03. 10. 89	Schrott
JG-7	MiG-21SPS	943	5605	0667	30. 11. 89	Schrott
JG-7	MiG-21SPS	949	5607	0667	30. 11. 89	MTS Lehrt.
JG-7	MiG-21SPS	952	6407	0268	30. 11. 89	Schrott
JG-7	MiG-21SPS	958	6409	0368	13. 09. 89	Schrott
JG-7	MiG-21SPS	964	6411	0268	30. 11. 89	Schrott
JG-7	MiG-21SPS	965	6412	0268	30. 11. 89	Schrott

TT	FzTyp	TaktN	WN	NBeg	Aussond	Grund
FAG-15	MiG-21SPS	935	5601	0667	08. 03. 90	BV
JG-7	MiG-21SPSK	436	6708	0468	30. 11. 89	Schrott
JG-7	MiG-21SPSK	443	6710	0468	30. 11. 89	Schrott
JG-1	MiG-21SPSK	446	6711	0468	23. 03. 78	BV
JG-7	MiG-21SPSK	449	6712	0468	18. 09. 89	OHS TI
JG-7	MiG-21SPSK	462	6807	0468	14. 08. 89	Schrott
JG-1	MiG-21SPSK	469	7004	0468	28. 07. 77	BV
JG-7	MiG-21SPSK	472	7005	0468	30. 11. 89	Probel.tra.
JG-7	MiG-21SPSK	473	7006	0468	21. 09. 71	MTS LFP
JG-7	MiG-21SPSK	474	7007	0468	13. 09. 89	FWD
JG-7	MiG-21SPSK	476	7008	0468	14. 08. 89	Schrott
JG-1	MiG-21SPSK	567	7302	0668	17. 01. 78	BV
JG-1	MiG-21SPSK	674	7301	0668	25. 04. 84	BV
JG-2	MiG-21SPSK	706	4008	0966	01. 09. 80	BV
JG-7	MiG-21SPSK	959	6503	0368	14. 08. 89	OHS Lehrt.
JG-7	MiG-21SPSK	968	6415	0368	14. 08. 89	Schrott
JG-7	MiG-21SPSK	969	6501	0268	30. 11. 89	Mus.Bau.
JG-7	MiG-21SPSK	979	6505	0268	17. 11. 89	FWD
JG-7	MiG-21SPSK	981	6704	0368	13. 09. 89	Schrott
JG-2	MiG-21SPSK	984	6714	0368	01. 09. 80	BV
JG-7	MiG-21SPSK	986	6715	0368	30. 11. 89	1. LVD, Sock.
JG-7	MiG-21SPSK	987	6801	0368	14. 08. 89	MTS Lehrt.
JG-7	MiG-21SPSK	992	6806	0368	13. 09. 89	Schrott
JG-2	MiG-21SPSK	999	6810	0368	27. 04. 82	BV
JG-3	MiG-21M	408	2103	0370	28. 12. 78	BV
JG-7	MiG-21M	417	2109	0370	20. 09. 84	BV
JG-7	MiG-21M	523	0310	0769	22. 08. 78	BV
JG-9	MiG-21M	560	0410	0769	10. 01. 74	OHS LFP
JG-7	MiG-21M	586	0511	0869	01. 10. 76	OHS LFP
JG-7	MiG-21M	590	0515	0869	16. 03. 85	BV
JG-9	MiG-21M	596	0708	0869	27. 06. 73	BV
JG-8	MiG-21MF	447	7606	0773	17. 08. 77	BV
JG-3	MiG-21MF	507	8606	0174	28. 04. 88	BV
JG-9	MiG-21MF	529	9008	0474	15. 09. 80	MTS LFP
JG-3	MiG-21MF	653	5311	0472	26. 04. 77	OHS LFP
JG-3	MiG-21MF	670	6206	1072	15. 12. 84	MTS LFP
JG-3	MiG-21MF	673	6207	1072	09. 12. 81	MTS LFP
JG-8	MiG-21MF	682	6212	1072	06. 09. 72	BV
JG-8	MiG-21MF	686	6301	1172	26. 04. 77	OHS LFP
JG-3	MiG-21MF	766	96001001	0775	21. 04. 88	BV
JG-9	MiG-21MF	773	96001085	0775	29. 03. 76	BV
JG-9	MiG-21MF	777	96002022	0775	19. 09. 80	BV
JG-8	MiG-21bis	844	75051400	1077	19. 02. 90	BV
JG-8	MiG-21bis	859	75058099	0578	21. 11. 86	BV
JG-8	MiG-21bis	941	75053385	0776	16. 08. 79	BV
JG-8	MiG-21bis	950	75053400	0776	09. 03. 83	BV
JG-8	MiG-21bis	957	75053501	0776	20. 02. 87	BV
FAG-15	MiG-21U	239	0917	0465	01. 06. 90	Schrott
JG-2	MiG-21U	241	0918	0465	08. 08. 80	BV
FAG-15	MiG-21U	245	0916	0465	09. 08. 76	BV
FAG-15	MiG-21U	247	1020	0765	01. 06. 90	Schrott
FAG-15	MiG-21U	260	0819	0665	07. 05. 90	CD OHS
FAG-15	MiG-21U	271	2618	0766	12. 05. 76	BV
FAG-15	MiG-21U	274	3218	0966	01. 06. 90	Schrott
FAG-15	MiG-21U	278	3316	0966	18. 11. 88	FWD
FAG-15	MiG-21U	282	3916	0267	01. 06. 90	Schrott
FAG-15	MiG-21U	283	4518	0467	01. 06. 90	Schrott
FAG-15	MiG-21U	288	4617	0467	18. 11. 88	Export
FAG-15	MiG-21U	290	4716	0567	18. 11. 88	Export
FAG-15	MiG-21U	291	4718	0567	18. 11. 88	FWD
FAG-15	MiG-21U	294	4816	0667	07. 05. 90	OHS FM
FAG-15	MiG-21U	297	4819	0767	07. 05. 90	OHS FM
JG-2	MiG-21US	220	06685147	0870	11. 08. 78	BV

TT	FzTyp	TaktN	WN	NBeg	Aussond	Grund
FAG-15	MiG-21US	240	03685139	0669	05. 08. 88	BV
JG-8	MiG-21UM	255	516995046	0378	09. 05. 84	BV
JBG-37	MiG-23UB	101	A 1037825	0678	17. 06. 87	BV
JG-9	MiG-23UB	108	A 1038222	0682	03. 10. 83	BV
JG-9	MiG-23UB	110	A 1038285	0383	21. 05. 86	BV
JG-9	MiG-23MF	564	0390213089	0778	21. 02. 83	OHS LFP
JG-9	MiG-23MF	574	0390213294	0878	07. 07. 80	BV OHS LFP
JG-9	MiG-23MF	596	0390213354	0878	30. 09. 90	BV 1986
JG-9	MiG-23ML	332	0390324625	1282	04. 01. 88	BV
JG-9	MiG-23ML	598	0390324044	0682	09. 03. 83	BV
JG-9	MiG-23ML	599	0390324047	0782	12. 03. 84	BV
JG-9	MiG-23ML	519	0399324014	0682	13. 09. 90	BV
JG-9	MiG-23ML	338	0390324630	0383	27. 03. 91	US-LSK
JG-9	MiG-23ML	339	0390324635	0283	27. 03. 91	US-LSK
JG-9	MiG-23ML	467	0390324019	0682	27. 03. 91	US-LSK
JG-9	MiG-23ML	567	0390324033	0682	27. 03. 91	US-LSK
JG-9	MiG-23ML	606	0390324051	0782	27. 03. 91	US-LSK
JBG-37	MiG-23BN	699	0393214216	0380	29. 07. 82	BV
JBG-37	MiG-23BN	705	0393214219	0380	05. 06. 80	BV
JBG-37	MiG-23BN	719	0393215730	0381	11. 06. 86	BV
JBG-37	MiG-23BN	731	2963222831	0184	04. 12. 85	BV
JBG-77	Su-22M4	361	25308	1284	04. 09. 87	BV
MFG-28	Su-22M4	673	30919	0487	12. 12. 89	BV
MFG-28	Su-22M4	380	30914	1186	27. 03. 91	US-LSK
MFG-28	Su-22M4	724	31203	1186	27. 03. 91	US-LSK
FAG-25	L-39	156	731019	1177	13. 06. 89	BV
JAG-25	L-39	172	831117	0378	04. 07. 88	BV
MTS	MiG-23S	87	220001013	0779	31. 07. 79	LFP
THG-34	Mi-2	312	563825114	1274	18. 12. 80	BV
HAG-35	Mi-2	351	564412105	1175	30. 08. 84	BV
HAG-35	Mi-2	358	564414105	1175	26. 08. 86	BV
THG-34	Mi-2	380	562249032	0472	20. 03. 76	MTS LFP
HAG-35	Mi-2	384	562634112	1272	30. 08. 84	BV
THG-34	Mi-2	387	552650122	0173	07. 04. 78	BV
THG-34	Mi-2	395	563149103	1173	23. 03. 78	BV
HAG-35	Mi-2	502	562820043	0673	27. 06. 90	BV
HS-16	Mi-2	302	563402034	0474	03. 10. 90	BGS Ost
HS-16	Mi-2	304	563404044	0474	03. 10. 90	BGS Ost
HS-16	Mi-2	307	563821114	1274	03. 10. 90	BGS Ost
HS-16	Mi-2	311	568837104	1184	03. 10. 90	BGS Ost
HS-16	Mi-2	312	568838109	1184	03. 10. 90	BGS Ost
HS-16	Mi-2	314	569404044	0885	03. 10. 90	BGS Ost
HS-16	Mi-2	322	569342085	0885	03. 10. 90	BGS Ost
HS-16	Mi-2	401	563150103	1173	03. 10. 90	BGS Ost
HS-16	Mi-2	420	562817043	0673	03. 10. 90	BGS Ost
HS-16	Mi-2	500	543048083	0873	03. 10. 90	BGS Ost
HS-16	Mi-2	501	562819043	0673	03. 10. 90	BGS Ost
HS-16	Mi-2	504	562945063	0773	03. 10. 90	BGS Ost
HS-16	Mi-2	555	543620074	0774	03. 10. 90	BGS Ost
HS-16	Mi-2	556	543624074	0774	03. 10. 90	BGS Ost
HS-16	Mi-2	557	543625074	0774	03. 10. 90	BGS Ost
VM	Mi-4MÄ	521	19165	1965	28. 02. 77	Schrott
THG-34	Mi-4	522	07146	0963	01. 12. 79	LASK Ausb.
VM	Mi-4MÄ	524	20165	1965	28. 02. 77	Schrott
THG-34	Mi-4	525	1012	0963	01. 12. 79	MTS Ausb.
VM	Mi-4	528	06146	0963	30. 08. 77	Schrott
THG-34	Mi-4	530	11146	0963	01. 12. 79	LSP Klietz
THG-34	Mi-4	533	02146	0963	25. 06. 79	MTS Brandm.
THG-34	Mi-4	534	04146	0963	01. 12. 79	Ungarn
THG-34	Mi-4	536	09146	0963	01. 12. 79	Schrott
THG-34	Mi-4	538	07142	0963	01. 12. 79	Objekt BB

TT	FzTyp	TaktN	WN	NBeg	Aussond	Grund
THG-34	Mi-4	539	08146	0963	25. 06. 79	Schrott
VM	Mi-4MÄ	540	05174	1966	28. 02. 77	Schrott
VM	Mi-4MÄ	543	06174	1966	28. 02. 77	Schrott
THG-34	Mi-4	546	08142	0963	01. 12. 79	Schrott
THG-34	Mi-4	563	04114	0662	01. 12. 79	LSP Klietz
THG-34	Mi-4	569	13146	1963	01. 12. 79	Mus.Bau.
THG-34	Mi-4	571	09142	1963	01. 12. 79	LaSK Ausb.
THG-34	Mi-4	576	12146	1964	09. 06. 78	BV
THG-34	Mi-4	578	02127	1962	06. 09. 76	BV
THG-34	Mi-4	598	02127	1962	06. 09. 76	BV
VM	Mi-4	746	07127	1964	30. 08. 77	Schrott
VM	Mi-4	753	04127	1962	30. 08. 77	Schrott
VM	Mi-4	759	08127	1964	30. 08. 77	Schrott
VM	Mi-4	769	08127	1964	30. 08. 77	Schrott
VM	Mi-14PL	638	4007	1280	15. 08. 84	BV
MHG-18	Mi-14PL	617	b 4001	0280	24. 04. 91	Üttersen
KHG-5	Mi-24D	407	B 4003	0678	26. 08. 80	BV
KHG-5	Mi-24D	415	B 4070	0779	26. 10. 84	BV
KHG-3	Mi-24D	521	110171	0881	03. 06. 82	BV, MTS LFP
KHG-5	Mi-24D	494	11066	0781	12. 04. 91	ÜG US-LSK
KHG-5	Mi-24P	512	340341	0190	12. 04. 91	ÜG US-LSK
THG-34	Mi-8T	390	0223	0968	15. 09. 80	MTS LFP
THG-34	Mi-8	395	0423	0968	22. 09. 72	MTS LFP
THG-34	Mi-8S	396	0726	1268	26. 09. 81	OHS Sekt.8
THG-34	Mi-8T	636	10519	0571	11. 06. 81	BV MTS LFP
VM	Mi-8TB	820	10750	0777	30. 01. 80	BV
VM	Mi-8TB	824	10571	0777	30. 01. 80	BV
THG-34	Mi-8T	911	10527	0474	06. 04. 76	BV OHS LFP
ZDS-33	Il-28R	180	1418	1954	25. 06. 79	Schrott
ZDS-33	Il-28R	184	5901207	1954	25. 06. 79	Schrott
ZDS-33	Il-28	190	55006937	1154	12. 10. 82	Schrott
ZDS-33	Il-28U	193	0311	1954	30. 03. 79	Schrott
ZDS-33	Il-28	208	55006448	1954	12. 10. 83	Mus. Bau.
ZDS-33	Il-28	224	55006445	0455	09. 12. 77	Schrott
JAG-25	L-29	311	692053	0666	17. 11. 80	Eh. Bau.
JAG-25	L-29	313	692054	0666	17. 11. 80	AMus.Dres.
JAG-25	L-29	315	692055	0666	26. 04. 76	BV
JAG-25	L-29	316	690737	1964	22. 11. 78	Schrott
JAG-25	L-29	317	490738	1964	22. 11. 78	Schrott
JAG-25	L-29	319	692056	0666	26. 04. 76	BV
JAG-24	L-29	321	692057	0666	17. 11. 80	Schrott
JAG-25	L-29	323	691499	0665	17. 11. 80	Schrott
JAG-25	L-29	324	59141000	0665	17. 11. 80	Schrott
JAG-25	L-29	326	591521	0665	16. 10. 80	OHS Lehrt.
JAG-25	L-29	327	692058	0666	17. 11. 80	Schrott
JAG-25	L-29	329	591522	0665	17. 11. 80	Schrott
JAG-25	L-29	330	692059	0666	17. 11. 80	Schrott
JAG-25	L-29	331	591523	0665	17. 11. 80	Schrott
JAG-25	L-29	332	692060	0666	29. 02. 80	Schrott
JAG-25	L-29	336	591524	0665	17. 11. 80	Schrott
JAG-25	L-29	337	490739	1964	17. 11. 80	Schrott
JAG-25	L-29	338	591525	0665	17. 11. 80	Mus. Bau.
JAG-25	L-29	339	692061	0666	17. 11. 80	Schrott
JAG-25	L-29	340	591526	0665	17. 11. 80	Schrott
JAG-25	L-29	341	490740	1964	22. 11. 78	Schrott
JAG-25	L-29	342	490834	1964	22. 11. 78	Schrott
JAG-25	L-29	343	591527	0665	22. 11. 78	Schrott

TT	FzTyp	TaktN	WN	NBeg	Aussond	Grund
JAG-25	L-29	345	591528	0665	17. 11. 80	Schrott
JAG-25	L-29	349	490836	1964	17. 11. 80	Schrott
JAG-25	L-29	350	591529	0665	17. 11. 80	Schrott
JAG-25	L-29	353	591530	0665	16. 10. 80	OHS Lehrt.
JAG-25	L-29	354	490837	1964	22. 11. 78	Schrott
JAG-25	L-29	355	490838	1964	16. 11. 78	OHS Lehrt.
JAG-25	L-29	356	390731	1964	22. 11. 78	Schrott
JAG-25	L-29	357	390732	1964	17. 11. 80	Schrott
JAG-25	L-29	359	591531	0665	17. 11. 80	Schrott
JAG-25	L-29	360	390733	1964	22. 11. 78	Schrott
JAG-25	L-29	361	390734	1964	17. 11. 80	Schrott
JAG-25	L-29	362	591532	0665	17. 11. 80	Schrott
JAG-25	L-29	363	390735	1964	29. 02. 80	Schrott
JAG-25	L-29	364	390736	1964	22. 11. 78	Schrott
JAG-25	L-29	365	591533	1965	17. 11. 80	Schrott
JAG-25	L-29	366	591534	0665	17. 11. 80	Schrott
JAG-25	L-29	367	490839	1964	26. 03. 77	BV
JAG-25	L-29	368	490840	1964	22. 11. 78	Schrott
JAG-25	L-29	369	490841	1964	22. 11. 78	Schrott
JAG-25	L-29	370	591135	0665	17. 11. 80	Schrott
JAG-25	L-29	373	490843	1964	29. 02. 80	Schrott
JAG-25	L-29	374	591536	0565	22. 11. 78	Schrott
JAG-25	L-29	375	490844	1964	22. 11. 78	Schrott
JAG-25	L-29	378	490845	1964	22. 11. 78	Schrott
TG-44	Tu-134A	115	SDL-60108	1177	01. 06. 90	Vietnam
TG-44	Tu-134A	116	SDM-60435	0678	01. 06. 90	Vietnam
TG-44	Tu-134A	117	SDN-60612	0878	01. 06. 90	Vietnam
TG-44	Tu-134A	118	SDO-62259	0579	01. 06. 90	Vietnam
TG-44	Tu-134A	119	SDP-63260	0680	01. 06. 90	Vietnam
TG-44	Tu-134A	123	SDK-49900	0577	01. 06. 90	Vietnam
TG-44	Tu-134A	170	2101	1173	17. 11. 77	IF SCN
TG-44	Tu-134A	171	2106	1273	12. 06. 78	IF SCO
TG-44	Tu-134A	175	2205	0374	13. 10. 78	IF SCP
TG-44	Tu-134A	176	2206	0374	05. 06. 80	IF SCR
TG-44	Tu-134A	178	2207	0374	30. 05. 79	IF SCS
TG-44	Tu-134A	179	13218	0675	27. 05. 82	IF SCW
TG-44	Tu-134A	181	35180	0775	10. 03. 82	IF SBC
TG-44	Tu-134A	182	1305	0771	12. 06. 77	IF SCL
TG-44	Tu-134A	183	38010	0975	24. 03. 83	IF SCE
TG-44	Tu-134A	183	SDT-63998	0383	23. 04. 90	Reexport
TG-44	Tu-134A	185	40150	1075	25. 08. 83	IF SDF
TG-44	Tu-134A	186	46155	0376	15. 12. 88	IF SDG
TG-44	Il-62M	121	4831517	1178	15. 12. 87	IF SEK
TG-44	Il-62M	122	4934734	1279	30. 11. 84	IF SEL
TS-24	Il-14T	405	14803043	0958	01. 05. 81	Schrott
TS-24	Il-14T	409	14803042	0958	25. 05. 81	Schrott
TS-24	Il-14F	411	14803002	0457	07. 01. 83	Schrott
TS-24	Il-14F	416	14803044	0958	07. 01. 83	Schrott
TS-24	Il-14T	421	14803006	0657	04. 04. 80	Schrott
TS-24	Il-14F	422	14803045	0958	07. 01. 83	IF
TS-24	Il-14T	426	14803022	0657	01. 12. 80	Ungarn
TS-24	Il-14T	433	14803031	0658	29. 02. 80	Schrott
TS-24	Il-14P	434	SU 5340-803	0658	08. 11. 79	Schrott
TS-24	Il-14T	444	14803032	0658	08. 11. 79	Schrott
TS-24	Il-14S	470	146000831	0657	01. 12. 80	Schrott
TS-24	Il-14P	471	6341508	0757	10. 03. 80	Schrott

TT	FzTyp	TaktN	WN	NBeg	Aussond	Grund
TS-24	Il-14P	475	14803025	0358	19. 10. 81	Schrott
TS-24	Il-14P	482	14803035	0758	07. 01. 83	Mus. Bau.
TS-24	Il-14S	485	14803-027	1058	01. 12. 80	Schrott
TS-24	Il-14T	488	14803041	0858	15. 04. 81	Schrott
VS-14	An-14	994	600903	0566	01. 11. 80	Mus. Bau.
VS-14	An-14	995	601005	0666	01. 09. 80	Schrott
VS-14	An-14	996	600904	0566	13. 11. 81	AMus.Dres.
VS-14	An-14	997	600902	0566	13. 11. 81	CD Storkow
TAS-45	An-2	453	17311	0357	29. 06. 90	IF
TAS-45	An-2	458	17807	0757	29. 06. 90	IF
TAS-45	An-2	459	18118	0857	26. 04. 90	IF
DYN	An-2	799	1G18041 (TD)	0778	30. 01. 90	IF
DYN	An-2	800	1G18042 (TD)	0778	30. 01. 90	IF
VFK-31	An-2	804	1G16001 (TD)	0375	10. 07. 90	FC Falkensee
DYN	An-2	811	117419	1262	30. 01. 90	IF
VFK-31	An-2	815	19509	0558	26. 04. 90	IF
VFK-31	An-2	826	19908	0657	20. 04. 90	AMus.Dres.
TAS-45	An-2	833	19505	0658	20. 09. 79	BV
VS-14	An-2	839	19318	0458	29. 06. 90	FC Strausberg
DYN	An-2	863	112208	0858	30. 01. 90	IF
VS-14	An-2	866	19317	0558	29. 06. 90	IF
TAS-45	An-2	880	117011	1962	20. 04. 89	BV
TAS-45	An-2	888	17802	0757	01. 08. 90	IF
VS-14	An-2	440	117411	0163	29. 10. 90	Sächs. LF
VS-14	An-2	857	17912	0757	29. 10. 90	Sächs. LF
VFK-33	An-2	457	17805	0757	29. 10. 90	Sächs. LF
TAS-45	An-2	451	17308	0257	29. 10. 90	Sächs. LF
TAS-45	An-2	454	17612	0457	29. 10. 90	Sächs. LF
TAS-45	An-2	456	17812	0657	29. 10. 90	Sächs. LF
TAS-45	An-2	801	12801	0153	29. 10. 90	Sächs. LF
TAS-45	An-2	845	17207	0458	29. 10. 90	Sächs. LF
TAS-45	An-2	855	19319	0458	29. 10. 90	Sächs. LF
VFK-31	An-2	469	113901	1060	08. 11. 90	Concorde
VS-14	An-2	450	17205	0157	21. 09. 90	Wörmlitzer
VFK-33	An-2TD	803	1G15895	0375	21. 09. 90	Wörmlitzer
VFK-31	An-2	455	17710	0557	28. 09. 90	Flug-SV
VS-14	An-2	817	19320	0458	28. 09. 90	R. Krüger
TAS-45	An-2	802	12802	0953	01. 10. 90	Mus.Augsb.
TAS-45	An-2	452	17309	0257	02. 10. 90	Ass. Salis.
TAS-45	An-2TD	805	1G16002	0375	29. 10. 90	Sächs. LF
TAS-45	Z-43	16	0022	0973	30. 09. 90	Sächs. LF
VS-14	Z-43	18	0024	1173	30. 09. 90	Sächs. LF
VFK-33	Z-43	19	0025	1173	30. 09. 90	Sächs. LF
VFK-31	Z-43	20	0026	1173	30. 09. 90	Sächs. LF
VFK-31	Z-43	21	0027	1173	30. 09. 90	Sächs. LF
TAS-45	Z-43	22	0017	0973	30. 09. 90	Sächs. LF
VFK-31	Z-43	23	0018	0973	30. 09. 90	Sächs. LF
VS-14	Z-43	24	0019	0973	30. 09. 90	Sächs. LF
TAS-45	Z-43	25	0012	0973	30. 09. 90	Sächs. LF
VS-14	Z-43	26	0020	1173	30. 09. 90	Sächs. LF
VS-14	Z-43	27	0021	1173	30. 09. 90	Sächs. LF
VFK-33	Z-43	17	0023	1173	01. 12. 90	Schrott

Die mit einem * gekennzeichneten Flugzeuge galten nach offiziellen Unterlagen (mit Verschluß-Charakter) des Kommandos LSK/LV mit dem Datum der Aussonderung als vernichtet. Erst nach der Wende berichtete der verantwortliche Pilot, diese Flugzeuge wären in der Werft Dresden-Klotzsche überholt und mit neuen Bordnummern versehen (in der letzten Spalte auf Seite 169 unter »Grund« aufgeführt) in zerlegtem Zustand im Jahre 1981 nach Mocambique (Tarnbezeichnung Land 58) transportiert worden, wo sie von NVA-Personal montiert, eingeflogen und an die Flieger Mocambiques übergeben worden sind (siehe FLIEGER REVUE 6/92, Seite 16: Jürgen Roske – NVA-Flugzeuge in Afrika).

Die Flugplätze

Flugplatz	Start- und Landebahn Länge m	 Breite m	Decke	Rasen-SLB Länge m	 Breite m	Landekurs	Koordinaten		Höhe über NN	Bemerkungen
Alteno	2350	37,5	Asphalt	2350	40	268°/088°	51°N 51' 04"	13°O 47' 01"	62,49	
Basepohl				600	6	255°/075°	53°N 43'	12°O 54'	53	
Bautzen	2200	50	Beton/Bitumen	2200	50	253°/073°	51°N 11' 38"	14°O 31' 17"	170	
Brandenburg	2442	40	Beton	1300	40	253°/073°	52°N 26' 17"	12°O 27' 21"	31	
Cottbus	2360	60	Beton/Bitumen	2200	35	258°/078°	51°N 46' 07"	14°O 17' 43"	67	
Dresden- Klotzsche	2510	51	Beton	1800	50	221°/041°	51°N 07' 59"	13°O 46' 08"	230	
Drewitz	2500	80	Beton	2000	100 (2 x 50)	249°/069°	51°N 53' 24"	14°O 32' 02"	80	
Garz	2300	40	Beton/Bitumen	2000	40	286°/106°	53°N 52' 45"	14°O 09' 12"	20	
Groß-Mohrdorf (nicht fertig)	1600 2350	betoniert 40	Startstirn- flächen	3 x (2300	40)	306°/126°	54°N 23'	12°O 56'	8,10	
Güstrow				800	100	260°/080°	53°N 47'	12°O 10'		
Holzdorf	2350 2400	37,5 36	Beton	1080	40	274°/094°	51°N 46' 05"	13°O 16'	78	
Kamenz	1080	36	Beton	1100	65	215°/035°	51°N 17' 50"	14°O 07' 46"	150	
Klein-Köris	2350	37,5	Beton	2350	100	260°/080°	51°N 08' 53"	13°O 42' 57"	41	
Laage	2400	57	Beton	1810	80	279°/099°	53°N 55' 07"	12°O 16' 52"	40	
Marxwalde (Neuhardenberg)	2400	50	Beton	1800	40	264°/084°	52°N 36' 48"	14°O 14' 40"	10	
Meiningen				600	400		50°N 34'	10°O 34'		GT
Müncheberg	2350	37,5	Startstirn- flächen westl. 100 m, östl. 400 m Beton	2350	40	239°/059°	52°N 28' 50"	14°O 05' 08"	62	
Neubrandenburg/ Trollenhagen	2293	50	Beton	1800	40	268°/088°	53°N 36' 09"	13°O 18' 29"	68,5	
Nordhausen	80	30	Betonaufsatz- punkt	700	30	285°/105°	51°N 29'	10°O 47'	181,7	Hubschr. GT
Parow	250	30	Beton	800	60	275°/095°	54°N 21'	13°O 03'	5	Hubschr. VM
Pätz-/Königs- wusterhausen	100	6	Beton	260	180	360°/180°	52°N 13'	13°O 39'	37	Hubschr. GT
Peenemünde	2400 665	60 50	Beton Asphalt	1800	40	316°/136°	54°N 09' 34"	13°O 46' 08"	3	
Preschen	2500	80	Beton/Bitumen	2400	50	245°/065°	51°N 39' 50"	14°O 38' 08"	100,2	
Rothenburg	2500	76	Beton	2500 400	100 45	358°/178° 270°	51°N 21' 51"	14°O 57' 10"	157,5	
Salzwedel				100	60	270°/090°	52°N 50'	11°O 09'		Hubschr.
Strausberg	1130	26	Beton	1300	30	229°/049°	52°N 34' 49"	13°O 55' 04"	80,5	
Warbelow	2360	80		2360	80	245°/065°	53°N 59'	12°O 42'	22,5	

GT – Grenztruppen
VM – Volksmarine

Für Start und Landung vorbereitete Autobahnabschnitte

Der NVA zugewiesene ABA:
Kavelstorf 2500 m x 22,5 m
Spreenhagen 2500 m x 22,5 m
Forst 2500 m x 22,5 m

Sonstige, der NVA nicht zugewiesene ABA:
Merseburg
Netzeband (Neuruppin)
Ruhland
Vehlefanz (westlich Berlin, Raum Nauen)
Dresden – Bautzen (2300 m)
Gera – Ohrdruf
Oranienburg

Gelenkte Luft-Luft- und Luft-Boden-Raketen

Typ <NATO-Code>	Tarnbezeichnung	Länge mm	Durchmesser mm	Spannweite mm	Masse kg	Masse Gefechtskopf kg
Luft-Luft						
RS-2 U/K-5 <AA-1 ALKALI>	Gerät I/IS	2500	200	654	83,2	
RS-2 US <AA-1 b ALKALI>	Gerät IS	2500	200	654	83,2	
R-3 S/K 13 A <AA-2 b ATOLL>	Gerät 310 A	2838	127	528	73,3	19,2 (1000 Splitter)
R-3 R <AA-2 c ATOLL>	Gerät 320	3417	127	528	83,5	19,2 (Stabmantel, d-16 m)
R-13 M	Gerät 380	2870	127	632	90,0	27,0 (Stabmantel, d-15 m)
R-23 R <AA-7 a APEX>	Gerät 340	4460	200	1000	223	55,6 (Stabmantel, d 1 – 16 m)
R-23 T <AA-7 b APEX>	Gerät 360	4140	200	1000	215 – 217	55,6 (Stabmantel)
R-24 R <AA-7 c APEX>	Gerät 140	4800	230	972	250	
R-24 T <AA-7 d APEX>	Gerät 160	4800	200	1000	248	
R-60 M/MK <AA-8 a/c APHID>	Gerät 62	2095	120	390	43,5	3,0
R-27 R <AA-10 ALAMO>	Gerät 470	4080	230	772/972,5	253	
R-73 Ä <AA-11 ARCHER>	Gerät 72	2900	170	510	105	
Luft-Boden						
Ch-23 M AS-7 a <KERRY>	Gerät 68	3591,5	275	785	287	63,5
Ch-25 ML	Gerät 713	3880	275	785	320	140
Ch-25 MP	Gerät 711				300	
Ch-25 MR AS-14 a/b <KEDGE>	Gerät 714				300	
Ch-29 ML AS-12 <KEGLER>	Gerät 64 L	3875	380	1100	675	317
Ch-58 U AS-9 <Kyle>	Gerät 112 Antifunkmeßrakete	4800	380	1170	640	146

Ungelenkte Luft-Boden-Raketen

Typ	Kaliber mm	Masse kg	Masse Gefechtsteil kg	V (max) m/s	Art Gefechtsteil	Panzerdurchschlagskraft mm	Betondurchbrechung m	mittlere erforderliche Trefferzahl
S-5 K/S-5 K 1	57	3,64	1,1	540	kumulativ (panzerdurchbrechend)	150	–	3 bei Panzern
S-5 KO	57	4,50	1,36	580	kumulativ/Splitter	170	–	3 bei Panzern
S-5 KPB	57	5,2	1,80	509	kumulativ/Splitter	250	–	3 bei Panzern
S-5-0-1	57	5,0	1,73	500	Leuchtkraft 2 Millionen Candela, Leuchtdauer 15 – 24 s			
S-5 P 1	57	5,08	–	500	Funkmeßstörer			
S-8 A/S-8 M	80	11,6	3,6	622	kumulativ/Splitter	300/400/420	–	1,2
S-24	240	235	123,4	400	Splitterspreng	25, Stein 750	0,8 – 1,0 + 2 m Erdreich	
S-25-0	420/260	370	143	540	Splitter	Gefechtsteil wird bei Detonation in 5500 Splitter mit einer Masse von 2 – 20 g zerlegt. Gegen Raketenstellungen vorgesehen.		
S-250 F/FM	340/260	415	193	500	Splitterspreng	20 Ziegel 750	0,8 – 1,0 Stahlbeton + 2 m Erdboden + 0,4 m Stahlbeton	

Lenksystem	Lenkzeit s	Zünder	Abschußentfernung km	Einsatztypen
Leitstrahl	12,5	Funk	2,5 bis 18	MiG-19 PM
Leitstrahl	12,5	Funk	2,5 bis 20	ab MiG-21 PF/M
Infrarot passiv	21	optisch Aufschlag	bis 21	ab MiG-21 F 13
Radar halbaktiv	21	Funk Aufschlag	bis 17	MiG-21 bis, MiG-23 MF
Infrarot passiv	60	optisch Aufschlag	bis 18	MiG-21, MiG-23 ML
Radar halbaktiv	35	Funk Aufschlag	bis 25	MiG-23
Infrarot passiv	35	Funk Aufschlag		MiG-23
kombiniert	35	Funk Aufschlag		MiG-23
Infrarot passiv	35	Funk Aufschlag		MiG-23
Radar halbaktiv	23	Funk	0,3 bis 12	MiG-21 bis, MiG-23, MiG-29, Su-22
Radar halbaktiv	60	Funk	0,5 bis 60	MiG-29
Infrarot passiv		Funk	4 bis 22	MiG-29
Funkkommando	25	Aufschlag	bis 10	MiG-23
Laser passiv		Kontakt	3 bis 7	Su-22
Radar		Kontakt		Su-22
Funkkommando passiv		Kontakt		Su-22
Laser passiv		Kontakt	3 bis 7	Su-22
Laser		Laser	11 bis 100	Su-22

Technische Daten der Flugzeug- und Hubschrauberwaffen (Maschinengewehre/Kanonen)

Typ	Jahr Einführung	Kaliber mm	Länge Waffe mm	Masse Waffe kg	Anfangsgeschwindigkeit V_0 m/s	theoretische Feuergeschw. Sch/min	Geschoßmasse g	Einsatztypen
MG PKT	1962	7,62	1173	8,99	825	650	9,6	Mi-2
Vierlings-MG 9A622	1985	7,62	800	18	400 – 800	3000 – 6000	9,6	Container 9A669 an Mi-24P (1)
MG UBS	1941	12,7		21,45	860	1000	48	Jak-11
MG A 12,7	1953	12,7	1349	25,5	785 – 820	800 – 1100	48	MiG-15 UTI, Mi-4 MiG-21 U (2)
Vierlings-MG 9A624 (JakB)	1970	12,7	1350	45	780 – 820	4000 – 5000	48	Mi-24 D (Kinnturm) Mi-24 P (Container)
NR-23	1949	23	1980	39	690	850 – 950	200	MIG-15 bis, MiG-17 F, MiG-17 PF, Il-28 R, Il-28
Doppelrohrkanone GSch-23	1965	23	1537	50,5	700 – 735	3200 – 3600	173 – 186	MiG-21 1M, MiG-21 MF, MiG-21 bis (3), alle MiG-23
NR-30	1954	30	2158	66,5	780	850 – 900	410	MiG-19 S, MiG-21 F 13, Su-22 M 4
GSch-30/I 9A4071K	1980	30	2000	50	860	1500 – 1800	410	MiG-29
Doppelrohrkanone GSch-30/II 9A623K	1980	30	2400	123	940	300 – 400 oder 200 – 2600	410	Mi-24P
N-37	1946	37	2451	103	690	400	735	MiG--15 bis, MiG-17 F

(1) Der MG-Container 9A669 der Mi-24P nimmt ein Vierlings-MG 9A624 mit 750 Patronen sowie zwei Vierlings-Waffen 9A622 mit insgesamt 1700 Patronen auf (Gesamtmasse: 500 kg).

(2) Für Strahltrainer MiG-21U wurde die MG-Gondel mit dem A 12,7 von der NVA eingekauft, aber so gut wie nie verwendet.

(3) Ab MiG-21M haben alle weiteren Versionen die GSch-23 fest im Rumpf eingebaut. Die MiG-21SPSK konnte den Unterrumpfcontainer GP-9 mitführen. Alle von der NVA verwendeten MiG-23-Versionen führten ebenfalls die fest im Rumpf eingebaute Doppelrohr-Kanone mit. Zusätzlich konnten an Unterflügelstationen Container UBK-23 mit einer GSch-23 (je 200 Granaten) aufgenommen werden. Die Su-22 M 4 konnte bis zu vier Container SPPU-22-01 mit der GSch-23 und 260 Granaten je Rohr aufnehmen.

Literatur

Busch, L.; Sproßmann, G.; Wutscher, H.: Die Geschichte des Jagdfliegergeschwaders 1 (Ein Beitrag zur Geschichte des Geschwaders von 1956 bis 1982). – Dresden, 1983 (unveröffentlichte Gemeinschafts-Diplomarbeit an der Militärakademie »Friedrich Engels«, Vertrauliche Verschlußsache, Geheimhaltungsgrad 1990 aufgehoben)

Diverse Dienstvorschriften MiG-17, -21, -23, -29, Su-22, Mi-2, -8, 24

Grass, D.; Meyer, M.: DDR-Zivilluftfahrtregister 1953 – 1990. – Berlin, 1990

Kalina; Reifgerste: Funktechnisches Bataillon 61 Müncheberg. – Müncheberg, 1991

Köhler, F.; Voelkner, H.; Schult, T.: 25 Jahre Hubschrauberkräfte der Volksmarine. – Stralsund, 1988

Kopenhagen, W.: Flugzeuge und Hubschrauber der NVA von 1956 bis 1970. – Berlin, 1988

Kopenhagen, W.: Flugzeuge und Hubschrauber der NVA von 1971 bis zur Gegenwart. – Berlin, 1989

Wilpert, P.: Zeittafel zur Bildung und Entwicklung der Volkspolizei Luft der DDR. Zeitraum: Oktober 1950 bis Februar 1956. – Auftragsausarbeitung (14 Seiten). – Berlin, 1991

25 Jahre Offiziershochschule der LSK/LV »Franz Mehring«. – Kamenz, 1988

Fotonachweis

Allgemeiner Deutscher Nachrichtendienst (2) S. 12, 57
Bauer (1) S. 47 ol
Bredow (2) S. 39,106
Eberhardt (1) S. 67
Fröbus (1) S. 24 u
Gebauer (1) S. 146
Geißler (1) S. 159
Grahl (1) S. 45
Grass (4) S. 71 o, 130, 134, 137
Jahn (1) S. 69
Jeromin (2) S. 139, 160
Keck (1) S. 136
Kopatz (1) S. 21
Kopenhagen (39) S. 8 o, 8 m, 13 o, 23, 33, 36, 40 l, 43 l, 54 o, 59 u, 91, 100, 101, 103, 104, 105, 107, 119, 122, 124 u, 126, 140, 141, 143, 151 u, 152, 154, 155, 156, 161
Letectvi + Kosmonautika (1) S. 110
Michna (1) S. 31 u
Militärhistorisches Museum Dresden (1) S. 7
Muchowiak (1) S. 29 r
Patzer (1) S. 53
Sammlung Geißler (1) S. 26
Sammlung Grass (2) S. 62, 64
Sammlung Kopenhagen (104) S. 8 u, 14, 15 r, 15 u, 16, 17, 18, 19, 20, 22, 24 r, 24 l, 27 m, 27 u, 28, 29 l, 30 o, 31 o, 31 m, 34, 35, 40 r, 42, 43 r, 47 ul, 47 or, 49, 51, 52, 54 u, 55, 56, 58 o, 59 o, 60, 65, 66, 70, 71 u, 72, 89, 90, 92, 93, 94, 95, 96, 97, 98, 99, 102, 108, 109, 112, 113, 114, 115, 116, 117, 118, 120, 121, 124 o, 125, 127, 128, 129, 131, 132, 133, 135, 138, 142, 144, 145 o, 147, 148, 149, 150, 151 o, 153, 157, 158, 159, 162
Sammlung Petra Grundmann (2) S. 13 r, 13 u
Sammlung Schröder (2) S. 15 l, 27 o
Stöhr (2) S. 30 u, 38
Tessmer (1) S. 48
Zühlsdorf (3) S. 58 u, 119, 145 u

Register (mit NATO-Bezeichnungen)

Fla-Raketen